Michael Jeinsen

Apotheker

Status, Bedarf und Lösungen:
Chancen zur Spezialisierung

VersicherungsJournal-Zielgruppenanalyse

VersicherungsJournal Verlag GmbH
Rathausstraße 15, 22926 Ahrensburg, Deutschland
Telefon: +49 (0)4102 7777880
E-Mail: kontakt@versicherungsjournal.de
www.versicherungsjournal.de

VersicherungsJournal-Zielgruppenanalyse

Michael Jeinsen
Apotheker
Status, Bedarf und Lösungen: Chancen zur Spezialisierung

ISBN dieser Version: 978-3-938226-39-1

Titelbild: © Robert Kneschke / Fotolia.com
Porträt der Autors: Renate Lorenz, Berlin
Porträt Seite 223: Karin Wahl, Stuttgart
Alle Illustrationen in diesem Buch: Susanne Schubert, Berlin
Grafiken: Guido Schröpel, Frankfurt am Main
Grundrisse: Michael Höferlin, Detmold

Meinen bedeutendsten beruflichen Lehrern mit Dank und Anerkennung.

Lüder Mehren
Alexander Christiani
Gerhard Bachthaler

Die Inspiration durch diese drei Vorbilder trägt dieses Buch.

Vorwort

Versicherungen sind für einen Apotheker ein notwendiges, aber unabdingbares Übel, wenn er eine Apotheke betreiben will. Die gesetzlich vorgeschriebenen und notwendigen Versicherungen werden vor der Eröffnung einer Apotheke abgeschlossen, denn bei der Eröffnungsrevision müssen sie dem hauptamtlichen Kontrolleur vorgelegt werden. Ohne Versicherungen keine Apothekeneröffnung!

In der Regel wird dazu ein Ordner in der Apotheke angelegt (hoffentlich alles säuberlich abgelegt), die für gewöhnlich jährlich anfallenden Prämien werden zähneknirschend überwiesen – und das war es dann. Man widmet sich lieber anderen Themen und Aufgaben, die vermeintlich wichtiger für das laufende Geschäft sind als Versicherungen.

Michael Jeinsen hat nun in dem vorliegenden, sehr launig und flott geschriebenen Sachbuch mit hohem Unterhaltungswert die „Zielgruppe Apotheker“ für seine Maklerkollegen aufbereitet. Als langjährige Apothekenleiterin musste ich beim Lesen oft schmunzeln, häufig zustimmend nicken und wurde mir wieder einmal mehr der Schrulligkeiten meines Berufsstandes bewusst.

Dieses Buch ist einerseits eine „Gebrauchsanweisung“, wie man am besten mit der Spezies „Apotheker“ umgeht; aber es ist auch für Apotheker eine leicht lesbare Lektüre und ein Update über das ungeliebte Thema Versicherungen, das im Ernstfall jedoch über Sein oder Nichtsein einer Apothekerexistenz entscheiden kann.

Offensichtlich konnte ich dem Autor mit meinen Apothekengeschichten viele Aufhänger für Versicherungsthemen bieten. Apotheken sind heute hochkomplexe Betriebe, die ohne eine aufwendige EDV nicht mehr zu führen sind. Jeder Verkaufsvorgang und jede Rezeptabgabe sind nur noch mit Hochleistungsrechnern abrechnungssicher zu bewerkstelligen. Apotheker bedienen sich immer mehr technischer Hilfsmittel, angefangen von der barrierefreien Automatiktüre bis hin zum Kommissionierautomaten, der die Laufstrecken für das Apothekenpersonal zu den Ziehschränken minimiert. Aber wehe, der Computer oder der Kommissionierer streiken oder der Strom fällt aus! In Zeiten von Hightech sind Apotheken verwundbar geworden durch externe Abhängigkeiten, auf die sie keinen Einfluss mehr haben. Also sollten Versicherungen, die Verluste abdecken, nicht wie Stiefkinder behandelt werden, sondern bei den Apothekern einen ganz anderen Stellenwert haben, als ein „notwendiges Übel" zu sein.

Somit kann ich dieses kurzweilig geschriebene, aber sehr informative Sachbuch den Apothekern sowohl als Quelle über alle möglichen und nötigen Versicherungen, als auch als vorzuhaltenden Spiegel empfehlen.

Die Versicherungsbranche erhält eine umfangreiche Gebrauchsanweisung für Apotheker und viele Hintergrundinformationen, wie man sich als kompetenter Versicherungsvermittler unentbehrlich machen kann.

Somit wünsche ich beiden Branchen viel Freude beim Lesen und dem Buch viel Erfolg!

Karin Wahl[1]
Stuttgart, im März 2015

1 Karin Wahl begann ihre Apothekerin-Karriere in einer kleinen Apotheke im Stuttgarter Bohnenviertel, in der sie als Praktikantin arbeitete. 1970 schloss Wahl ihre Lehre mit dem Vorexamen ab. Anschließend studierte sie in Karlsruhe und Heidelberg. 1977 machte sie sich als Apothekerin selbstständig. Ab 1976 engagierte sich Wahl ehrenamtlich im Apothekerverband Baden-Württemberg, von 1980 bis 1984 war sie im Vorstand des Verbands. 1998 wurde sie als erste Frau Präsidentin der Landesapothekerkammer Baden-Württemberg und hielt dieses Amt bis 2002 inne. Von 2000 bis 2004 war sie Vorstandsmitglied der Bundesapothekerkammer. 2005 verkaufte sie ihre Apotheke. Heute ist sie als Unternehmensberaterin tätig und hilft anderen Apothekern in Management- und Marketingfragen. Zu diesen Themen hat sie bereits zwei Sachbücher verfasst. (Quelle: Apotheke-Adhoc, Newsletter vom 11. August 2013.)

Zur Einstimmung: eine Hinleitung

"Verschenktes Gewerbegeschäft: Viele Makler bieten Sachversicherungen nur auf ‚privater Ebene' an. Dabei könnten sie mit Gewerbepolicen bei ihrer Klientel offene Türen einrennen und so den Einstieg in weiterführendes Geschäft generieren." (VersicherungsJournal.de vom 7. Juli 2014)

Gerade zu Beginn der Vermittlerlaufbahn brauchen die meisten Kollegen zunächst das Lebens-, Kranken- oder Rentenversicherungsgeschäft. Gewöhnlich kommen Sachversicherungen oder komplexe Angebote erst später hinzu. Wenngleich ich persönlich genau umgekehrt angefangen habe, erklärt das zumindest das Phänomen, warum auch Apotheker – die bekanntlich nicht in das präferierte Beuteschema der Versicherungsbranche passen – in aller Regel mit Blick auf die Lebensversicherung angesprochen werden.

„Meine" Apothekerinnen und Apotheker sind sich einig: „Wenn es nicht die ApothekenRente ist, dann wollen sie [die Vermittler, Anmerkung des Autors] entweder meine Krankenversicherung verbessern, mir eine Berufsunfähigkeitsversicherung verkaufen oder es gibt ein großartiges Überseeinvestment…". Alles wichtige Themen, jedoch in einer Apotheke deplatziert. Dort stehen Werte, Inhalte, der dort besonders wichtige Ertragsausfallschutz oder Haftpflichten im Fokus. Nur kommt damit so gut wie niemand daher.

Kein Wunder also, dass sich die meisten Versicherungstarife, die man bei Apothekern vorfindet, inklusive der damit zusammenhängenden Risiken und *Nebenwirkungen*, oft den Jahrgang mit dem Apothekeninventar teilen. Und das gilt selbstredend auch für ihre Risikoeinschätzung im privaten Bereich. Denn Apotheker sind auch nur Menschen, die ohne penetrante Werbebotschaften nicht auf die Idee kommen, ihren Generalagenten oder Makler zu befragen.[1]

1 Vergleiche VersicherungsJournal.de vom 5. März 2015.

Das (Überlebens-) Motto erfolgreicher Vermittler ist altbekannt und hat sich tausendfach bewährt: „Leben für's Leben, Sach für den Betrieb". Zum dauerhaften Erfolg braucht es beides. Warum um alles in der Welt, frage ich mich manchmal, nutzen Kollegen nicht beide Chancen, statt die offenkundige einfach liegen zu lassen?

Unter vertrieblichen Aspekten betrachtet, sind Apotheken ein perfektes „Pflaster". Etwas eigen, aber deswegen auch klar in der Ansprache; nicht selten mit einigen Versicherungsleichen im Keller und – den Willen dazu vorausgesetzt – durchaus mit hinreichend Liquidität ausgestattet, um erkannte Mängel umgehend zu ändern oder zu heilen. Für Leben erfüllte Jungs und Mädels müsste es doch ein Leichtes sein, hier über einfachste Sachleistungen zu informieren. Allein, es passiert so gut wie nie.

Warum das so ist, und vor allem wie man das ändern kann, darauf will dieses Buch praxisnahe, schlüssige und auf den Vermittleralltag adaptierbare Lösungen bieten. Sie werden darunter Ansätze finden, von denen einige besser zu Ihnen passen als andere. Zwei Dinge jedoch werden Sie hier vergeblich suchen: Patentrezepte, die immer funktionieren, und Ratings zu den Produktanbietern. Beides wäre hier – mit Verlaub – Unsinn.

Stattdessen gibt es unendlich viele Wege zum Ziel; die chancenreichen finden Sie auf den folgenden rund 230 Seiten. Und auch wenn der Apothekenbereich insgesamt etwas kompliziert zu erfassen ist, gibt es doch – neben einigen sich eher aufdrängenden – noch viele andere Produktlösungen, die ebenfalls in Frage kämen. Das herauszufinden und zu entscheiden, ist vielleicht die einzige Arbeit, die Maklern nicht abgenommen werden darf.

Dieses Buch richtet sich vor allem an Versicherungsmakler, die in der beruflichen Partnerwahl freie Hand haben. Es ist insbesondere für jene gedacht, die ihre Zukunft in der Ausrichtung auf eine homogene Kundschaft sehen und sich deshalb auf einen konkreten Versicherungsbedarf spezialisieren.[1]

1 Dass dies kein brandneuer Ansatz ist, zeigt ein Beitrag auf VersicherungsJournal.de vom 12. Juli 2014.

Hinweis für den Vermittler

Dieses Buch dient weder der Fachausbildung von Vermittlern, noch einer Alibi verschaffenden und mit Weiterbildungspunkten verbrämten Tarifschulung. Erwarten Sie also als Leser keinen profunden Fachlehrgang oder Schnellkurs in Versicherungsgrundlagen und erst recht keinen vergnüglichen Klausel-Lesezirkel im Kollegenkreis. Wer das sucht, dem empfehle ich von Herzen und ausdrücklich das fachliche Aus- und Weiterbildungsprogramm der Deutschen Maklerakademie (DMA). Was Sie jedoch sehr wohl finden werden und jederzeit gern für sich nutzen sollten, das sind:

- haufenweise praxiserprobte Ideen dazu, wie man sich zum allseitigen Nutzen auf eine vertrieblich deutlich breitere Basis stellt, als sich bislang am Monatsende auf der Gehaltsliste zeigt.
- Ein Füllhorn neuer Ideen und Zugänge zu einer spannenden Zielgruppe. Mit reichlich Türöffner-Tipps – ohne durch dieselbe postwendend wieder hinauszufliegen.

Im vorliegenden Werk geht es um Apotheker, weitere Zielgruppen sollen in dieser Verlagsreihe folgen. Damit niemand warten muss, bis die Analyse zur eigenen Wunschkundengruppe erschienen ist, bietet dieses Buch wertvolle Hinweise dazu, was grundsätzlich bei einer Spezialisierung zu beachten ist. Meinen drei Mentoren, denen ich dieses Buch widme, verdanke ich die Einsicht, dass im Vertrieb jederzeit drei Dinge im harmonisch-effektiven Gleichklang stehen müssen: ein verlässliches Netzwerk, das alle Partner trägt; neue, außergewöhnliche Wege, die konsequent gegangen werden; und als solider Unterbau eine fachliche Kompetenz, die das Ganze jederzeit trägt.

Beim Thema „Anrede" sei an Ihr Verständnis dafür appelliert, dass im Folgenden nicht durchgehend „Apothekerin" und „Apotheker" geschrieben steht und auf ermüdende Kunstformen wie „ApothekerIn"

Hinweis für den Apotheker

Falls Ihnen dieses Buch in die Hand fällt – was ich sehr hoffe –, dann seien Sie dazu eingeladen, Apotheken einmal mit den Augen derjenigen Störenfriede zu betrachten, die Sie in Ihrer Offizin so gern nur „von hinten sehen". Betrachten Sie es als gelebte Integration. Denn Sie und Ihre Apotheke können von einer engeren Vernetzung unserer beiden hochspezialisierten Professionen nur profitieren. Sie als der Experte für die Wirkstoffe, die schützen und helfen – wir als Ihre Helfer mit dem Versicherungswissen, die dem Universum Apotheke etwas mehr Sicherheit bieten.

Wie bei Ihnen selbstverständlich, so hat auch für uns Assekuranzexperten die Beratung auf solider Fachkenntnis zu fußen. Empfohlene Lösungen haben bedarfsgerecht zu sein, denn Vermittler haften Ihnen gegenüber für die Qualität, die ohne profunde Kenntnis apothekenspezifischer Risiken nicht zu erzielen ist. Deshalb – fühlen Sie uns ruhig fachlich auf den Zahn. Ob Neuwertersatz, Rezeptverlust, PhR-Klausel, Nachhaftung, Heimbelieferung oder „ellaOne": Das zu beherrschende Themenspektrum ist groß. Wenn Ihnen gegebene Antworten konstruktiv und kompetent erscheinen, gönnen Sie dem Kollegen die Chance, Ihnen seine fachliche Kenntnis beweisen zu dürfen.

oder „Apotheker/innen" fast gänzlich verzichtet wird. Zur Leseerleichterung steht bei allgemeiner Ansprache die männliche Form für alle Apothekerinnen und Apotheker

In diesem Sinne wünsche ich jedem Leser und jeder Leserin viel Vergnügen bei der Lektüre und genau den Erfolg bei der Umsetzung, den er oder sie sich in der Vermittlungstätigkeit zum Ziel gesetzt hat.

Ihr Michael Jeinsen
Berlin, im März 2015

Inhalt

I. „Kannitverstan" – eine Einleitung

> Ein junger Versicherungsbursche besucht zum ersten Mal in seinem Leben die Welt der Apotheke und betrachtet dort mit Erstaunen ein besonders prächtiges Haus und große Auslagen, die mit den kostbarsten Waren beladen sind. Mit kindlicher Neugier fragt er den Besitzer, was er denn hier täte und verkaufe und ob er etwas Zeit für ihn habe. Immer lautet die Antwort „Kannitverstan". (Frei nach Johann Peter Hebel)

Die Erzählung „Kannitverstan" des Dichters Johann Peter Hebel lehrt, dass Menschen mit dem zufrieden sein sollen, was sie haben.[1]

Dieses Buch ist für alle, die dies gerade nicht wollen; die neue Türen aufstoßen und sich auf den Weg zu einer hochinteressanten Zielgruppe machen wollen. Ein Spaziergang wird es nicht. Denn sonst befände sich längst jeder auf diesem Weg – und bisher tut es fast keiner.

Wo startet Ihre Reise? Testen Sie am besten gleich auf der nachfolgenden Seite, wie viel „apothekerisch" Sie heute schon beherrschen. Wahrscheinlich begegnen Sie dabei gleich dem guten alten Kannitverstan. Aber bitte nicht verzagen und die Flinte ins Korn werfen!

Schließlich finden Sie erstens hinten im Buch die wichtigsten Vokabeln aus der Apothekersprache erklärt. (Die im Text *kursiv* hervorgehobenen Begriffe sollten Sie kennen und aktiv anwenden können, um so die fachliche Kompetenz zu zeigen, die für das Apothekengeschäft unabdingbar ist.) Und zweitens verspreche ich Ihnen aus eigener praktischer Erfahrung: Hat man Apotheker einmal für sich gewonnen, gehören sie zu den interessantesten, freundlichsten und dankbarsten Kunden, die man sich nur wünschen kann. Der Weg lohnt sich also.

1 Hebel, Johann Peter: Schatzkästlein des Rheinischen Hausfreundes, herausgegeben von Winfried Theiss, Stuttgart, Reclam 1981 (Universal-Bibliothek 142).

Willkommen im Reich der Apotheke und des Pharmazierates. Erleben Sie die Offizin mit ihrer Frei- und Sichtwahl. Staunen Sie über die Wunder des Labors und des Kommissionierers. Schauen Sie beim Verblistern ebenso zu, wie beim Umverpacken von Drogen aller Art. Lernen Sie, Defekturen von Rezepturen und BTMs von Opiaten zu unterscheiden. Machen Sie sich vertraut mit Allopathie und Homöopathie sowie deren Abgabe in Apotheken. Und Achtung: Das Aut-idem-Feld sollte möglichst leer, das Lager aber voll sein. Reimporte dürfen sein, Retaxationen aber tunlichst nicht. Und bei der Revision muss alles stimmen. Warum nur wird Mehrbesitz gesucht, Fremdbesitz aber verteufelt? Wieso wissen Einkäuferin und Erste Dame immer schon längst, dass ich kein Rezeptbesitzer bin. Und überhaupt – warum darf ich nicht hinter den HV?

Das ist eine Auswahl an ersten Fragen, die vor dem ersten Apothekentermin beantwortet sein sollten. Verinnerlichen Sie den Herzschlag und Tidehub im Apothekenalltag. Werden Sie sicher im Umgang mit den Vorgaben in diesem Beruf. Und vor allem: Verstehen Sie, warum Apotheker so schwer zu akquirieren sind und wie es dennoch geht. Die entscheidenden Fakten dazu finden Sie in diesem Buch.

Sie sehen: Vor uns liegt eine längere Reise in ein unbekanntes Land. Dieses Handbuch soll dabei als Wegweiser dienen; als Hilfe zur Selbsthilfe für mehr Zielgruppen-Vertriebserfolg in Apotheken.

- Wir beschäftigen uns mit Apotheken und Apothekern. Wir streifen durch ihre Welt und erkunden ihr Revier. Denn ohne Branchenwissen ist „Akquise-Frust“ vorprogrammiert.
- Wir lernen eine fremde Sprache, gewachsen in einer beruflichen Nische. Denn Apotheker bilden seit jeher eine Gruppe für sich. Mit all ihren Eigen- und Sonderheiten, die zu beachten sind, wenn ein Apotheken-Bestand aufgebaut werden soll.
- Wir begutachten und erläutern den Alltag in der Apothekenwelt aus versicherungstechnischer Sicht. Denn ohne das Wissen um die

Besonderheiten, stehen Vermittler bei der Absicherung von Apotheken und von deren Inhabern mit mindestens einem Bein in der Haftungsfalle.

- Wir begutachten den Versicherungsmarkt und prüfen, was Versicherer bieten müssen, damit sie Apotheker und Apotheken bedarfs-, fach- und sachgerecht versichern und betreuen können.

Hinweis für den Vermittler

Vor uns liegen rund 230 Seiten, auf denen wir uns richtig „verstan" sollten. Zu Recht erwarten Sie für Ihr Investment einen individuellen Nutzen. Aber: Wie könnte ich ohne Detailkenntnis für die jeweilige konkrete Situation eine Lösung bieten? Das mag zu einem Dilemma führen. Das Buch kann nur bei generellen, aber richtungsweisenden Aussagen bleiben. Sie, der Leser, suchen Antworten für den speziellen Fall. Dieses Werk entwirft einen Grundriss; erwartet werden brennglasscharfe Bilder.

Die Lösung liegt in einer Vereinbarung zwischen Autor und Leser. Es darf übertrieben, wenn es dem Zwecke dient auch kräftig schwarz-weiß gemalt werden. Sie jedoch nehmen die gegebenen Hinweise ganz bewusst nicht als bare Münze, sondern importieren sie in Ihren Vertriebsalltag. Damit werden sie Ihnen vertraut und deshalb nutzbar.

Zur Kraftübertragung wird nur noch der passende Keilriemen benötig. Der besteht, je nach Ihrem aktuellen Standpunkt, aus Erfahrung, Kreativität, Spontaneität, einem guten Schuss vertrieblicher Chuzpe oder dem Vertrauen in Ihre gute Vorbereitung. All das kann, will und wird dieses Buch stärken. Das Umsetzen liegt dann allein in Ihren Händen. Von der Sicherheit des Generellen über die Flexibilität des Augenblicks hinzuführen zur Vertrautheit des Speziellen: Das ist die Kunst des Vermittlers.

II. Besser noch enger – eine Zielgruppendefinition

> „Die Ausgangslagen selbstständiger Versicherungsmakler sind sehr unterschiedlich. Dem vielfach noch anzutreffenden Anspruch, alle denkbaren Kunden (privat/gewerblich) mit den passgenauen Lösungen, ausgewählt aus der Bandbreite des Marktes, versorgen zu können, werden möglicherweise Kollegen mit zehn bis 20 Mitarbeitern gerecht. Kollegen mit wenig Manpower sind entweder schnell überfordert, oder aber der hohe Aufwand schmälert den Ertrag erheblich. Meine Konzentration auf Apotheken ergab sich eher zufällig, ist aber vom Aufwand-Nutzen-Verhältnis her bereits jetzt deutlich effektiver." (Peter Weibezahl, Versicherungsmakler in Coburg)

Wenn Versicherungsvermittler nach ihrer Zielgruppe gefragt werden, hört man oft die folgenden Aussagen: „Alle, die eine Versicherung brauchen", „jeder, der Geld hat und es sinnvoll anlegen möchte", die „Menschen im Umkreis von 20 km". Kurzum: Zur Zielgruppe gehört im Prinzip also jeder.

Wie Kunden denken, ist jedoch bekannt. Sie suchen nach dem passenden Berater, dem einen Experten, dem bekanntesten Fachmann. Derjenige, der bei diesen Überlegungen dem Kunden als Erster in den Sinn kommt, ist mittel- und langfristig der ideale Lösungspartner. Nicht etwa der, der gerade zufällig vorbeischaut.

Jeden Kunden mitzunehmen, mag am Anfang sicher nötig sein. Langfristig ist es für den Versicherungsvermittler jedoch besser, seine Zielgruppe präziser zu definieren.

Wenn eine Vermittlerin sich also zunächst auf die Beratung weiblicher Kunden „von Frau zu Frau" konzentriert, so ist das gewiss eine bessere Idee als „alle" zu beraten. Später jedoch sollte sie den nächsten Schritt machen und sich zum Beispiel auf „Finanz- und Versicherungsberatung für Frauen nach der Scheidung" spezialisieren. Mit

Sicherheit wird sie damit mehr Erfolg haben, denn enge Zielgruppen sind leichter zu durchdringen als weite. Die Rahmenbedingungen sind identisch, es herrschen ähnliche Interessen und klare Organisations- und Kommunikationsstrukturen vor, auf die man sich gezielt einstellen kann.

Kleine, weitgehend interessengleiche Gruppen werden als Kommunikationsgemeinschaft bezeichnet. Das sind homogene Einheiten innerhalb einer Zielgruppe, die über gemeinsame Eigenschaften verfügen und über klar zu definierende Medien anzusprechen sind. Im besten Fall weisen sie auch einzelne Alleinstellungsmerkmale im privaten und/oder beruflichen Kontext auf, die von versicherungstechnischer Relevanz sind. Letzteres ist ausschlaggebend dafür, ob es sinnvoll ist, für eine Kommunikationsgemeinschaft eigene Versicherungskonzepte zu entwickeln.

Für Vermittler von Versicherungen, die sich erfolgreich spezialisieren wollen, kommt es darauf an, die richtige Kommunikationsgemeinschaft auszuwählen. Dies wird in der Regel diejenige sein, die bereits zu ihm passt, zu der er Zugang hat oder zu der er sich diesen leicht beschaffen kann.

Und – besonders wichtig – es sollten genügend potenzielle Kunden da sein, um darauf seine geschäftliche Zukunft aufzubauen. Zuspitzend lässt sich formulieren: Bergleute in Blankenese als Zielgruppe auszuwählen wäre ebenso unsinnig wie Villenbesitzer mit Wassergrundstücken in Wanne-Eickel. So viel zu den soziodemografischen Vorbedingungen.

Idealerweise sollte für einen erfolgreichen Assekuranzvertrieb bei der Definition einer geeigneten Zielgruppe noch eine zweite Komponente beachtet werden. Es sollten nämlich mentale, fachliche, berufliche oder situative Besonderheiten vorhanden sein, die die Gruppe kennzeichnen und die sich versicherungstechnisch lösen oder zumindest optimieren lassen.

Solche Alleinstellungsmerkmale sind manchmal leicht zu entdecken, sie sollten idealerweise dauerhaft sein. Manchmal treten sie aber auch situationsbedingt auf und sind flüchtig, oft auch minimal und erst beim näheren Hinsehen erkennbar. Hier nur einige wenige Beispiele von Tausenden, die hierzulande als Zielgruppenfokussierung möglich sind:

- Ehepaar – Scheidung – Entflechtung steht an – Frau schätzt Hilfe und empfiehlt weiter.
- Familien – Immobilienwunsch – Bausparen – moderne Finanzierungen, die passen.
- Großstadt – Viele Nationalitäten und Kulturen – Beratung in der Heimatsprache.
- Kraftfahrer – Auto-Freaks – Kfz-Versicherung – Oldi Car Cover (OCC) als neue Marke.
- Gesundheitssektor – Ärzte & Zahnärzte – Chirurgen – Einschluss kosmetischer Operationen.
- Handwerk – Baugewerke – Gerüstbauer – verbesserte Abstandsklausel.

Eine der spannendsten Kommunikationsgemeinschaften, die es in Deutschland zu versichern gibt, bilden – man ahnt es – die Apotheken und deren Inhaber. Hier treffen fast alle oben genannten Kriterien zu. Es dreht sich bei dieser Kundengruppe um eine durchaus erfolgreiche Branche mit langer Historie, vielfältigen Eigenheiten und hoher Spezialisierung.

Apotheken gibt es überall, sie sind inhabergeführt und gut zu recherchieren oder bezüglich ihres Bedarfs zu bewerten. Die Absicherungsbedürfnisse sind bekannt und werden zum Teil gesetzlich geregelt. Damit sind Apotheker ein – wenn nicht sogar das –Paradebeispiel für die Bedeutung von Spezial-Versicherungskonzepten im Universum der Gewerbeversicherungen.

Zugegeben: Die Erstansprache erweist sich bei dieser Kundengruppe auch bei Befolgung aller guten Ratschläge nicht als Kinderspiel. Wer jedoch die ungeschriebenen Gesetze, die in dieser sehr besonderen Kommunikationsgemeinschaft herrschen, beachtet, hat große Chancen auf ein erfolgreiches Geschäftsmodell.

III. Der Apotheker – das unbekannte Wesen

1. Eine attraktive Kundschaft, die nicht auf Sie wartet

Bereits im Jahr 2012 zeigte eine Studie zum Versicherungsverhalten, wie wichtig kompetente Beratung für Selbstständige und Freiberufler ist. 79 Prozent der Befragten gaben darin an, sich um Versicherungs-Angelegenheiten nur so viel wie unbedingt nötig zu kümmern. Besonders ausgeprägt war diese Einstellung ausgerechnet bei Apothekern, die ein besonders hohes Absicherungsbedürfnis haben.[1]

> „Apotheker sind meiner Überzeugung nach nicht besser oder schlechter geeignet als andere Zielgruppen. Aber sie haben ihre ganz individuellen Merkmale, die manche Maklerkollegen wohl eher davon abhält, Apotheken gezielt anzusprechen. So ist es meist schwer, einen Apotheker mit den marktüblichen Formen der Erstansprache erfolgreich zu kontaktieren. Weiter ist es in aller Regel unabdingbar, die Sprache des Apothekers nicht nur zu verstehen, sondern auch selbst gezielt anwenden zu können, um Kompetenz zu vermitteln."
> (Christian Ring, Versicherungsmakler in Dresden)

Frei heraus gesagt: Wenn Sie Tipps aus der einschlägigen Vertriebsliteratur oder Lösungen, die in den gängigen Verkaufsveranstaltungen von Versicherern vorgestellt werden, in Apotheken anwenden; ja, selbst wenn Sie Ihre eigenen Erfahrungen nutzen und all das tun, was bei Ihren Firmenkunden und der gehobenen Privatklientel gut funktioniert, genau dann können Sie davon ausgehen, dass Sie bei der Kaltakquise-Ansprache in Apotheken mit hoher Sicherheit scheitern werden.

Denn Apotheker – um das generalisierend zusammenzufassen – erweisen sind von außen und mit Vermittleraugen betrachtet zunächst

1 In: VersicherungsJournal.de vom 12. Juli 2012.

als skurrile, höchst seltsame, ja unnahbare Klientel. Sie sind in ihrer Apotheke schwer zu greifen, schenken Ihnen kaum Gehör und fast unmöglich ist es, einen Termin für ein Beratungsgespräch zu vereinbaren. Kurzum: So elegant wie in Apotheken kann ein Vermittler sonst kaum auf Granit beißen.

„Ach jemine", denken da wohl die meisten, „da lobe ich mir meine Handwerker, Kleinunternehmer und die Wohnbevölkerung in meinem Kiez", und bleiben bis auf Weiteres den Apotheken fern. Weshalb Apotheken im Sach-Bereich relativ selten auf ihre Risikosituation und ihren Versicherungsbedarf aktiv angesprochen werden. Deren Inhaber sind meist massiv fehlversorgt.

Hier das Portfolio an Beobachtungen, die typischerweise in Zusammenhang mit Apotheken gemacht werden können:

- Es gibt selten ein Maklermandat, kaum eine bis keine Betreuung durch einen Versicherungsvermittler. Kein Service im Schadenfall.
- Entweder ist ein einziger Vertreter für alles zuständig – egal, was er wirklich kann; oder alle Verträge wurden wild durcheinander abgeschlossen, je nachdem, wer gerade da war. Oder man findet ein buntes Vertragspatchwork ohne Struktur vor.
- Der Inhaber ist höchst rudimentär abgesichert – Kranken- und Unfallversicherung, Tagegeld für Vertreterkosten. Selten wurde eine Berufsunfähigkeits- oder eine Erwerbsunfähigkeitsversicherung abgeschlossen.
- Es ist kaum private Altersvorsorge vorhanden. Der Apothekeninhaber baut auf das berufsständische Versorgungswerk und den Apothekenwert.
- Selten gezielte und umfassende betriebliche Altersversorgung, Keymen-Policen sind unbekannt, obwohl diese gerade hier besonders sinnvoll sind.
- Oft arbeitet der Ehepartner mit im Betrieb, ohne die Vorteile daraus zu nutzen.

- Apotheken-Policen sind meist genauso alt, wie die Apotheke. Sie werden fast nie durchgesehen und selten angepasst.
- Privatpolicen laufen ebenfalls oft mit uralten Bedingungen.
- In Kfz-Bereich sind Kleinflotten-Lösungen möglich, aber weitgehend unbekannt.
- Vorhandene Werte sind meist deutlich unterversichert, oft in einer Spanne von 100.000 bis 300.000 Euro.
- Wenn der Apotheker nicht unterversichert ist, dann häufiger als sonst üblich doppelt- oder heftig überversichert.
- Sehr selten sind die apothekenspezifischen Risiken rechtsverbindlich eingeschlossen.
- Betriebshaftpflicht ist oft mit zu geringen Deckungssummen versichert.
- Bei *Mehrbesitz* findet man höchst unterschiedliche Versicherungssituationen je Versicherungsort vor.

2. Apotheken im Wandel der Zeit

a) Von Quacksalbern und Marktschreiern

Im Mittelalter kümmerten sich noch Alchemisten, Quacksalber, Bader, Kräuterhexen sowie Hebammen und Mönche mehr oder weniger erfolgreich um Gesundheitsfragen. Mit den großen Entdeckungen und der Weiterentwicklung in der Medizin ging dann auch eine Veränderung des Apothekenwesens einher. Ein höchst attraktiver neuer Beruf entstand.

Als behördlich überwachte Einrichtung, die auch an amtliche Anweisungen gebunden ist, gibt es spätestens seit dem 12. Jahrhundert in Europa Arzneimittelgeschäfte. Die weltweit ältesten, noch immer betriebenen Apotheken sind die Klosterapotheke im Kreuzgang des Franziskanerklosters von Dubrovnik aus dem Jahr 1317 sowie die „Tallinna Raeapteek“ (circa 1400), klassisch direkt am Rathaus und an dem malerischen Marktplatz der estnischen Hauptstadt gelegen.

Hier stellt man immer noch hauseigene Salben und Medikamente her, jedoch wird mittlerweile auch die typische Fertigarzneipalette vorgehalten. In beiden Apotheken wurde der Beginn der modernen Pharmaziegeschichte geschrieben.

Der Aufstieg der Apotheke als Betrieb geht mit dem Aufblühen des Städtewesens im späten Mittelalter und in der frühen Neuzeit in Europa einher. Hier liegen auch die Anfänge der wissenschaftlichen Pharmazie.

Apotheker verstehen sich nicht erst seit der Professionalisierung ihres Berufes als die Hüter der Volksgesundheit, die die hierfür nötigen Medikamente herstellen und *abgeben*, nicht „verkaufen". Die strikte Trennung von ärztlicher Behandlung und der Bereitstellung von *Arzneimitteln* geht zurück auf Friedrich II. und dessen „Edikt von Salerno" von 1231. Der Stauferkaiser trennte darin erstmals in einem Gesetzestext fixiert Ärzte und Apotheker. Er legte damit den Grundstein für die Entwicklung des heutigen Apothekerberufs in Europa.

Kurz darauf – im Jahre 1241 – soll die Existenz einer ersten Apotheke aktenkundig belegt worden sein. In einer Schenkungsurkunde überschrieb ein Fridericus, Gutsverwalter des Bischofs von Trier, seine am Graben in der Stadt Trier befindliche Apotheke nebst angrenzendem Haus dem Frauenkonvent St. Thomas. Doch ob es sich bei dieser „apotheca", die Urkunde ist in Latein abgefasst, wirklich um eine Apotheke nach unserem Verständnis handelt, wird von vielen Historikern bezweifelt.

Denn mit dem Begriff „apotheca" wurde im 13. Jahrhundert noch allgemein ein Lager- oder Vorratsraum bezeichnet. (Das Wort entstammt aus dem Griechischen und bezeichnet hier einen Aufbewahrungsort für Vorräte.)

Erst seit dem 16. Jahrhundert kann die Existenz einer „Einhorn-Apotheke" an der urkundlich bezeichneten Stelle verlässlich nachgewiesen werden. Dennoch wirbt die „Löwen-Apotheke" – diesen Namen trägt sie mittlerweile – am Trierer Hauptmarkt damit, die älteste Apotheke in Deutschland zu sein.

Nach derzeitigen Erkenntnissen stammt das älteste erhaltene Apothekenprivileg aus dem Jahr 1303. Damals wurde einem Bürger im uckermärkischen Prenzlau das Recht zur Leitung einer „apoteka“ übertragen, samt Vererbbarkeit und einem Konkurrenzausschluss, der für einen Umkreis von zehn Meilen galt.

Sicher dürfte auch sein, dass Apotheken lange Zeit eher einem Vorratsraum für *apothekenübliche Waren* geglichen haben. Schließlich wurden Pillen, Salben, Heilkräuter und -getränke über mehrere Jahrhunderte noch auf Jahr- und Wochenmärkten angepriesen und verkauft.[1]

b) Ein sehr honoriger Beruf

Echte Apotheken im heutigen Sinne gibt es erst ab dem 16. Jahrhundert. In dieser Zeit bestanden sie vor allem aus einem Warenlager und einem den alchemistischen Küchen nicht unähnlichen Labor. Hier wurden Medikamente in Handarbeit hergestellt: Tee verschnitten, Heilwässer gebraut, Öle destilliert, Pasten gerührt, Pillen gedreht, Zäpfchen gegossen und vieles mehr.

Der Abgabeort, in Apothekersprache „die Offizin“, war ein meist sehr kleiner, durch hohe Tresen geteilter, in hinteren Bereich mit allerlei Tiegeln, Flaschen und Säckchen gefüllter Raum. Hier fand dann über den sogenannten *Rezepturtisch* – heute HV genannt – hinweg die notwendige Anwendungsberatung statt, wenn Kunden ihre Medikamente abholen kamen.

Apotheker waren vor allem naturwissenschaftliche Gesundheitshandwerker; Pharmakologen mit profundem Wissen in Physiologie, Chemie, Biologie sowie Biochemie und Galenik, also der Lehre von der Zubereitung von Arzneimitteln. Sie waren Hersteller und fachliche Ratgeber. Dies galt für weitere 400 Jahre bis weit in die zweite Hälfte des 20. Jahrhunderts hinein. Apotheker zu sein, galt

1 Schmitz, Rudolf: Geschichte der Pharmazie, Band 1, Govi-Verlag 1998. Siehe auch www.reiselust-tv.com/videos/kroatien/175-Dubrovnik.html oder www.raeapteek.ee/.

als hoch angesehener Männerberuf, mit dem man wie selbstverständlich zum Kreis der örtlichen Honoratioren gehörte.[1]

► Apotheken als Retter in einer besonderen Not: Nicht mit Arzneimitteln, sondern mit einem Leichtbenzin half ein findiger Apotheker der auf dem Trockenen sitzenden Automobilistin Bertha Benz vor rund 130 Jahren.

Zu geradezu historischer Berühmtheit hat es die Stadt-Apotheke Wiesloch, im Rhein-Neckar-Kreis gelegen, gebracht. Dies geschah wie folgt: Man schrieb das Jahr 1888. Bertha Benz (1849 bis 1944), Ehefrau von Carl Benz (1844 bis 1929), wagte die erste Fernfahrt der Automobilgeschichte, hatte aber plötzlich ein Problem: Südlich von Heidelberg ging der unerschrockenen Fahrerin, die noch dazu mit ihren beiden Söhnen unterwegs war, der Kraftstoff aus. Wo sollte sie das für ihre Weiterfahrt nötige Benzin hernehmen? Ein Tankstellennetz, so wie wir es heute kennen, gab es in der Frühphase des Automobils noch nicht.

Zur Rettung Lenkerin war, man ahnt es bereits, die Stadt-Apotheke Wiesloch zur Stelle. Dort konnte Bertha Benz das Leichtbenzin Ligroin – ein Reinigungsmittel seiner Zeit – erwerben und weiterfahren. Damit wurde nebenbei die Tankstelle erfunden. Noch heute werden historische Fahrten abgehalten, auf denen die Teilnehmer bei der mittlerweile in einer Fußgängerzone gelegenen Apotheke den ersten, vor rund 130 Jahren erfolgten Tankstellenstopp nachspielen können.

1 Vergleiche ebenda.

Auch jenseits der Versorgung mit Arzneimitteln prägen Apotheken bis heute unseren Alltag. In ihren Räumen wurden unter anderem Rezepte für Schokolade, Marzipan, Marmelade, diverse Zuckerwaren sowie zahlreiche chemische Produkte kreiert. Und prominente historische Persönlichkeiten haben hier den Grundstein zu ihrer späteren Karriere gelegt.

Der Unternehmer August Oetker (1862 bis 1918), Erfinder des Backpulvers, hat beispielsweise eine Lehre zum Apotheker absolviert. Die pharmazeutische Staatsprüfung zum „Apotheker 1. Klasse" hatte der Industrielle Ernst Christian Friedrich Schering (1824 bis 1889) bestanden. Der Gründer der Firma Merck, Emanuel Merck (1794 bis 1855), war ebenfalls Apotheker, ebenso wie der Entdecker der Coca-Cola-Rezeptur John Pemberton (1831 bis 1888).

Die Raufasertapete erfand Heinrich Wilhelm Hugo Erfurt (1834 bis 1922), er war ebenfalls gelernter Apotheker. Der Astrologe Nostradamus (1503 bis 1566), der für seine Prophezeiungen berühmt oder wohl eher berüchtigt war, begann sein Wanderleben als französischer Apotheker. Dass eine pharmazeutische Ausbildung auch einer künstlerischen Laufbahn nicht im Weg stehen muss, beweisen die Schriftsteller Theodor Fontane (1819 bis 1898), Georg Trakl (1887 bis 1914) und Ludwig Bechstein (1801 bis 1860), aber auch der Maler Carl Spitzweg (1808 bis 1885).[1]

c) „Clash of Clans" – Animositäten unter Apothekern

In Literatur und Medien werden Apotheker gemeinhin als freundliche Menschen porträtiert, die sich vor Ort mit ihrer allseits geschätzten Profession nicht nur um die Gesundheit der Bürger, sondern oft auch das örtliche Leben insgesamt verdient machen. Das scheint in der Regel auch zuzutreffen, besonders in Dörfern und Kleinstädten. Denn dort gehört „der Herr Apotheker" seit ewigen Zeiten neben

1 Quellen: www.welt.de/welt_print/wirtschaft/article6311610/Die-erste-Tankstelle-war-eine-Apotheke.html sowie Wikipedia.

dem Bürgermeister, Pfarrer oder Pastor, Lehrer und – je nach lokalen Besonderheiten – Kaufmann, Großgrundbesitzer oder ortsansässigen Arzt oder Tierarzt zu den klassischen „big five" eines jeden Honoratioren-Stammtisches.

Intern jedoch – also untereinander – bietet sich dem Betrachter des Öfteren ein anderes Bild. Da gönnt dem Anschein nach der eine dem anderen nichts und so manch ehrenwerter Apotheker liegt mit seinen Kollegen in argem Clinch.

► Der „Herr Apotheker" als Vertreter eines allseits geachteten Berufsstands gehörte über die Jahrhunderte hinweg neben anderen Respektspersonen zum Kreis der örtlichen Honoratioren, der sich zum sonntäglichen Stammtisch traf.

Auch Sie werden dies auf Ihrer ersten Akquisetour schnell bemerken. Deshalb seien Sie gewarnt: Sie betreten ein über Jahrzehnte stark vermintes Berufsfeld, auf dem bereits viele Vermittler um die Früchte ihrer Arbeit gebracht worden sind. Immer wieder trifft man welche, die von Apothekern „die Nase gestrichen voll haben". Nachfolgend ein einziges, dieses Minenfeld perfekt beschreibendes Beispiel:

Ein Kollege berichtete mir unlängst von der schmerzhaftesten Mandatskündigung, die er in seiner gesamten Berufskarriere als Versicherungsmakler erlebt hat. Sie kam aus heiterem Himmel per Einschreiben mit Rückschein von einem Apotheker, mit dessen gesamter Familie er bereits in zweiter Generation auf allen Gebieten der Kapitalanlage und des Versicherungssektors zusammengearbeitet hat. Der Vermittlerkollege beschrieb diesen Premium-Stammkunden als netten, fröhlichen und offenen Menschen, der ihm all die Jahre volles Vertrauen entgegengebracht hat.

Genau dieser (auch was das Thema Courtage betrifft) Traumkunde kündigte nun in einem Satz „fristlos alle privaten und beruflichen Geschäftsbeziehungen".

Lehman Brothers? Schiffsbeteiligungen? CHF-Darlehen? Was ist denn da schief gelaufen, werden Sie fragen. Nichts dergleichen, schließlich zeichnen etwas derart Spekulatives vielleicht Zahnärzte und Leistungssportler, aber in aller Regel keine Apotheker. Später erfuhr der Kollege über Dritte, dass seinem Kunden wohl zu Ohren gekommen war, dass er, der Vermittler, unlängst eine gegenüberliegende Apotheke versichert habe. Der verstimmte Apotheker hat nie wieder ein privates Wort mit ihm gewechselt.

Bitte beachten Sie: Das ist vielleicht ein besonders heftiger, aber bei Weitem kein Einzelfall. Sie werden in Situationen kommen, in denen diese oft anzutreffenden Animositäten innerhalb der Apothekerschaft eine entscheidende Rolle spielen. Für den apothekengeneigten Versicherungsvermittler ist es also von wesentlicher Bedeutung, die Gründe und Auswirkungen eines derartigen Gezänks zu kennen und zu beachten.

Zum besseren Verständnis müssen wir in das ausgehende Mittelalter zurückblenden, denn dort liegen die ältesten Wurzeln der skizzierten Fehde. Als sich damals Apotheker niederließen, „besetzte" jeder einzelne seinen Sprengel. Ein Ort – ein Apotheker. Solange dies unangetastet blieb, herrschte hundertjähriger Friede.

Auch als die Ortschaften größer wurden, kamen sich Apotheker noch nicht ins Gehege, denn Anzahl und Lage der Apotheken wurden streng reglementiert. Apothekenrechte waren ein stark begehrtes Gut. Sie wurden nur neu verliehen, wenn der Markt eine weitere Apotheke aufnehmen konnte. Dahinter stand die Befürchtung, dass bei übermäßiger Konkurrenz die Medikamentenherstellung an Qualität verlieren könnte. Gleichzeitig wollten die zuständigen Stellen einem möglichen Rückfall in alte marktschreierische Allüren ein für alle Mal einen Riegel vorschieben.

Apotheker sollten – und das gilt prinzipiell bis zum heutigen Tag – in Ruhe und ohne Zukunftssorgen arbeiten können. Damit sie ihrer Verantwortung für die Volksgesundheit gerecht werden können, wie noch heute die Berufsverbände der Apotheker (übrigens fraglos mit Berechtigung) nicht müde werden zu beteuern.[1]

Die ersten größeren Auseinandersetzungen um Kunden und Marktanteile fanden in Zeiten der industriellen Revolution vor etwa 150 Jahren statt. Wo immer Arbeitsplätze in großem Stil entstanden, kamen auch neue Apothekenkunden in schneller Folge. Die meisten ortsansässigen Apotheken konnten den entstehenden Kapazitätsengpässen nicht durch Expansion begegnen. Ihnen fehlten schlicht die räumlichen Möglichkeiten. Also mussten dringend neue Angebote geschaffen werden.

Selbstverständlich schickten auch die Platzhirsche aus den umliegenden Ortschaften ihre Söhne ins Rennen um die neu zu vergebenden Apothekenlizenzen. Die lokal ansässigen Apotheker waren daran interessiert, eben dies um jeden Preis zu verhindern – aus sicherlich auch heute noch nachzuvollziehenden Gründen.

Glücklich war, wer just in dieser Zeit einen frisch *approbierten* Sohn aufzubieten hatte, der die dringend benötigte neue Apotheke eröffnen durfte. Beliebt hat sich der Neuankömmling von außerhalb jedoch nur selten gemacht. Seitdem hielten Apothekerdynastien traditionell so viele approbierte Sprösslinge vor, wie möglich. Denn man konnte ja nie wissen, wann der nächste „Clash of Clans“ drohte.

Seit den 1960er Jahren des vergangenen Jahrhunderts mischen auch andere mächtig mit im Wettbewerb: an vorderster Front das jeweils zuständige Gesundheitsministerium und der Spitzenverband der gesetzlichen Krankenversicherung (GKV) mit seinen angeschlossenen Krankenkassen. Ihnen folgen die Interessenvertreter der privaten Krankenversicherer und der Ärzteschaft sowie Hersteller und der Großhandel.

1 Quelle: www.abda.de/pressemitteilung/artikel/krankenkassen-setzen-grundkonsens-in-der-gesundheitsversorgung-aufs-spiel/.

Neuerdings gehören auch in- und ausländische Franchiseketten sowie die Internet-Versandapotheken zu den neuen Wettbewerbern am Markt. Sie alle wollen sich ebenfalls einen (nicht unbeträchtlichen) Teil des Kuchens abschneiden.

Währenddessen setzt die Apothekerschaft in Gestalt der Bundesvereinigung Deutscher Apothekerverbände (ABDA) alles daran, die „mittelalterlichen Gildestrukturen" zu erhalten, wie der stellvertretende Vorsitzende des GKV-Spitzenverbandes, Johann-Magnus von Stackelberg, die Branchenlandschaft am 23. Januar 2015 in einer Konferenz vor Medienvertretern stichelnd beschrieb. Um hier die beschriebenen Positionen plastisch herauszuarbeiten, wandeln wir den allseits bekannten Satz aus der Werbung darüber, an wenn sich Kunden im Zweifel wenden sollten, einfach um:

- Der ABDA-Standpunkt beläuft sich auf die Position: „Fragen Sie (nur) Ihren Apotheker in Ihrem Ort – auch in Zukunft immer".
- Die Haltung in der GKV lässt sich wie folgt zusammenfassen: „Fahren Sie (gefälligst) in die nächste Stadt und fragen Sie Ihren Arzt oder laden Sie die Beratungs-App der für Ihren Ort zuständigen Hauptapotheke herunter oder kaufen Sie gleich im Internet. Alternativ warten Sie (gefälligst), bis der nächste Apothekenbus Ihren Ort erreicht."

Die Diskussion um Versorgungsqualität und -niveau ist weiter im Gange. Eine flächendeckende Versorgung der Bevölkerung mit hochwertigen Medikamenten und fachkundiger Beratung direkt vom Apotheker bleibt solange das Ziel der gesundheitspolitischen Debatte, bis nach der weitreichenden Deregulierung des Ärzte- wie Apothekenmarktes – beginnend mit den frühen 1990er Jahren – irgendwann ein neuer Konsens gefunden sein wird.[1]

1 Schmitz, Rudolf: Geschichte der Pharmazie, Band 2, Govi-Verlag 1998, www.gkv-spitzenverband.de/presse/pressemitteilungen_und_statements/pressemitteilung_218624.jsp und www.apotheke-adhoc.de/nachrichten/politik/nachricht-detail-politik/apothekenmarkt-gkv-spitzenverband-kritisiert-strukturen-apothekenketten-filialapotheken-1/.

d) Häuserkampf auf „apothekerisch"

Soviel dürfte nach dem Berichteten jetzt klar sein: Je näher Apotheken räumlich beieinander liegen, desto intensiver ist der Clinch zwischen deren Inhabern – außer natürlich, beide gehören zum selben „Clan". In diesem eng nachbarschaftlichen, zerrütteten Beziehungsgeflecht trugen sich in Zeiten rigider *Apotheken-Betriebsordnungen* bis in die 1990er Jahre hinein harte und teilweise auch absonderliche „Häuserkämpfe" ab.

Dabei ging es zumeist um die Quintessenz aller Immobilienbewertungen: Lage, Lage und nochmals Lage. Dem Vermittlerkreis muss niemand erläutern, wer sich in dieser Frage mit wem und wie um etwas streiten kann. Eine Legion von Möglichkeiten ist denkbar und gerade Apotheker haben sie alle genutzt.

Doch damit nicht genug. Im Kampf um den real existierenden Kunden bieten sich Unternehmern vielfältige Optionen, die Apotheken seit Beendigung der Jahrmarkt-Zeiten lange verboten blieben. Preisaktionen wie im Baumarkt, die Ausweitung der Warenpalette nach Vorbild einer Ladenkette, Billigvertrieb à la Discounter, Werbekampagnen oder Marketingaktionen mit Eventcharakter standen nicht zur Debatte. Selbst semiprivate Apotheken-Tupperpartys wären sofort aufgelöst worden, ebenso wie anlassbezogene Probierstände auf Wochenmärkten.

Auch die Größe der Apothekenschilder, die zulässige Menge an Signets, dem *Apotheken-A*, oder ihre Maximaldistanz zum Apothekengebäude bei der Anbringung waren bis ins Detail vorgeschrieben. Und – um den Reigen komplett zu machen – auch die Anzahl und Größe von Werbeanzeigen in Zeitungen waren genau definiert. Es durfte genau eine zur Eröffnung und die nächste dann zum 25-jährigen Apothekenjubiläum geschaltet werden. Dazwischen herrschte Sendepause.

Soll man ernsthaft glauben, dass sich jede Apotheke jederzeit an all diese Vorgaben und Knebel gehalten hat? Sicher wurde versucht, durch die großzügigere Auslegung der Vorschriften kleinere strategische Vorteile zu ergattern. Doch das ging näherungsweise jedes Mal schief.

> „Dennoch wird der Pharmazierat immer wieder fündig. Ein bodenständiger Apotheker gab Frauen noch ohne Rezept, aber gegen Vorkasse vorab einen Streifen mit, wenn der Frauenarzt wegen einer Entbindung nicht greifbar war. Er dokumentierte alles ganz ordentlich und legte die Packungen samt Beleg ins Abholregal. Für den Pharmazierat ein gefundenes Fressen: Die Verfehlungen bekam er schön nebeneinander aufgereiht auf dem Silbertablett serviert. Die Rechnung bezahlte der Apotheker in Form einer saftigen Geldstrafe." (Wahl, Straub: Rezeptfrei, Achtung Kontrolle)

Und warum lief es so, wie oben geschildert? Weil niemand einen Apotheker so messerscharf kontrolliert, wie die um seine Apotheke herum tätigen, konkurrierenden anderen Apotheker. Fällt etwas auf, wird flink die Kammer anrufen, und schon ist der Spuk vorbei. Es bleibt Ihrer Phantasie überlassen, welche Auswirkungen dies auf das friedliche Miteinander im Sprengel hatte und bis heute hat.

Einiges hat sich inzwischen jedoch geändert. Wesentliche Bestimmungen, die im 20. Jahrhundert dem Apothekengeschäft wie eine Zwangsjacke angelegt worden sind, wurden gelockert. So wurde zum Beispiel durch die Änderung von Ausführungsbestimmungen die Beschränkung auf *rezeptpflichtige Medikamente* und eng definierte apothekenübliche Waren, das *Mehrbesitzverbot* und insbesondere das *Wettbewerbsverbot* abgelegt. *Apothekeninhaber* dürfen heute durchaus ein breites Sortiment vorhalten, am Markt preisaktiv agieren sowie aggressiver werben. Auch die Außenwerbung ist mittlerweile freigegeben, bis auf das Apotheken-A, dessen Gestaltungsrahmen immer noch sehr eng gefasst ist.

Was all die Jahre blieb, ist die Apotheke „von nebenan", die sich in ihrem Umfeld behaupten muss. Daher tobt der Verteilungskampf ungebrochen bis heute weiter. Bevor es die ersten *ERFA-Gruppen*

(Erfahrungsaustauschgruppen) für benachbarte Apotheken und deren betrieblichen Belange gibt, wird noch viel Wasser – nicht nur – den Rhein herunterfließen.

Ein letztes Schmankerl noch, dann sollten Sie alle hinreichend sensibilisiert sein, um in Apotheken nicht über örtliche Erfolge zu plaudern oder nach befreundeten Apotheken in der Umgebung zu fragen. Sie werden ab sofort auch niemals mehr von einer zur anderen Apotheke auf die andere Straßenseite gehen, um dort zu verkünden, „Sie kämen gerade von drüben".

► Im Wettbewerb um Kunden und Marktanteile wird auch mit härteren Bandagen gekämpft. So auch im „Häuserkampf" um die dominierende Position vor Ort, bei dem auch „Geheimdienstmethoden" zur Anwendung kommen.

Doch nun zur Geschichte, die das Problem des „Häuserkampfes" noch einmal deutlich illustriert. Apotheker haben Präsenzpflicht, mindestens ein Approbierter muss sich während der Öffnungszeiten immer in der Apotheke aufhalten. Das stellt für die größeren Apotheken von heute meist kein Problem dar. In den kleinen Familienbetrieben aus der zweiten Hälfte des vorigen Jahrhunderts war die Präsenzpflicht jedoch ein ebenso großes Problem, wie es in kleinen *Kiez-Apotheken* auch heute noch ist.

Findige, liquide Apotheker kamen deshalb auf die hinterlistige wie einfache Idee, mit kreativen Geheimdienstmethoden beobachten zu lassen, ob in konkurrierenden Apotheken der Anwesenheitspflicht Genüge geleistet wird. Die harmlose Methode war noch, diese

Pflichterfüllung mittels Informationen des Flurfunks anzuzweifeln. Ging etwa das Gerücht um, ein Apotheker sei mal wieder auf Reisen, krank oder gar zu einer Beerdigung gegangen, wurde das sofort vom lieben Konkurrenten überprüft.

Auch der Kampf mit weitaus härteren Bandagen ist verbürgt: Dann wurden eigene Testkunden eingesetzt. Oder der Händler von der gegenüberliegenden Straßenseite, der über seine Auslage hinweg einen freien Blick auf die Apothekentür hat, wurde als Kontrolleur „engagiert".

Immer wenn sich das Objekt der Begierde mit Bade- oder Sporttasche, Koffern, Golfschläger, Jagdgepäck, Pferdeanhänger oder was auch immer vom Hofe machte, schlug der Aufpasser Alarm. Waren die Hinweise eindeutig oder dauerte die Abwesenheit in der Tat länger an, wurde flugs der zuständige Pharmazierat informiert. Dieser – und das ist seine Aufgabe – ritt umgehend in der Stadt ein, stellte womöglich einen gravierenden Verstoß gegen die geltende Apotheken-Betriebsordnung fest und schloss die Apotheke stante pede bis auf Weiteres.

Da die Öffnung erst nach dokumentiertem Abstellen des Mangels und einer erneuten *Wiedereröffnungsrevision* durch den Herrn Pharmazierat möglich war, vergingen immer einige Stunden, wenn nicht gar Tage, in denen Rezeptbesitzer und alle anderen Kunden zwingend nur die Apotheke via-à-vis konsultieren konnten.

3. Frauenpower in der Offizin

a) 100 Jahre Apothekerin: Ein Beruf wird weiblich

Seit Beginn des 20. Jahrhunderts befindet sich das Berufsbild des Apothekers im Wandel. Noch vor Hundert Jahren waren Frauen üblicherweise Helferinnen ihrer Apotheker-Ehemänner. Der Erste und dann Zweite Weltkrieg, bei dem auch viele Apotheker eingezogen wurden und gefallen sind, hat Frauen schließlich aus der Not heraus zum Pharmaziestudium geführt. Dies geschah eigentlich ungewollt, aber ganz pragmatisch: Es herrschte Männermangel und die Frauen hatten bereits als Helferinnen die Arbeit gemacht und kennengelernt.

► Die Emanzipation macht vor dem Apothekerstand nicht halt. Immer mehr Frauen studieren Pharmazie und werden Apothekerin. Das Berufsbild hat sich geändert sich und den Bedürfnissen des Marktes angepasst.

Weitere Veränderungen sind zu beobachten. Stand bis in die 1960er Jahre hinein der wissenschaftlich vorgehende Hersteller im Mittelpunkt des Berufsbildes, ist heute mehr und mehr der akademisch gebildete Berater und Verkäufer gefragt. Dies ist mit ein Grund dafür, warum sich die ehemalige Männerdomäne zu einem weiblich dominierten Berufsfeld wandelt. Drastisch formuliert lässt sich sagen, dass Männer lieber Arzneien herstellen, während Frauen diese offensichtlich lieber erklären.

„In Deutschlands Apotheken arbeiten immer mehr Frauen. Von den mehr als 145.000 Beschäftigten in den insgesamt 21.600 Apotheken sind 88 Prozent weiblich – so viele, wie nie zuvor. [...] Wohnortnahe Arbeitsplätze und Teilzeitoptionen in der Apotheke erlauben vielen Frauen, Familie und Beruf in Einklang zu bringen.“[1]

Im Jahr 2013 gab es in Deutschland 20.662 öffentliche Apotheken. Diese wurden von 16.661 selbstständigen Apothekern geführt – knapp die Hälfte davon Frauen. Die statistisch festgehaltene Zahl von 4001 *Filial-Apotheken* verweist auf die zunehmende Verbreitung

1 In: Pharmazeutische Zeitung (PZ), Ausgabe 28/2009.

von Mehrbesitz, meist mit Frauen als Filialleiterin. Insgesamt sind in Deutschland aktuell knapp 50.000 Apotheker beschäftigt, der Frauenanteil liegt bei rund 70 Prozent.[1]

Wir haben es also heute in öffentlichen Apotheken und unter den Hauptbesitzern mit zwei Gruppen zu tun: ältere Männer und jüngere Frauen. Diese beiden „Teilzielgruppen" teilen den Markt weitgehend unter sich auf. Trifft man dennoch auf einen jungen Mann als Inhaber einer Apotheke, so dürfte mit hoher Wahrscheinlichkeit eine der nachfolgenden vier Annahmen auf ihn zutreffen:

- er hat die elterliche Apotheke übernommen oder ist
- eher sozial-kommunikativ als naturwissenschaftlich orientiert,
- er ist ein Apotheker mit ausländischen Wurzeln oder
- ein Apotheker mit besonderer Internet-Affinität.

Praxistipp

Eine kurze Website-Recherche vorab über die Besetzung in der Apotheke hilft. Wer argumentativ auf sein Gegenüber vorbereitet ist, erhöht die Sicherheit in der Erstansprache erheblich.

An den Universitäten studieren aktuell rund 12.000 angehende Apothekerinnen, aber nur noch rund 2.500 Pharmaziestudenten. In Befragungen zu ihren Berufszielen antworten die Männer mit großer Mehrheit, dass es sie „in die Industrie" ziehe, da dort geforscht werde und mittlerweile auch mehr zu verdienen sei.

Bis zum ausgebildeten Apotheker ist es jedoch ein weiter und nicht ganz leichter Weg. Zunächst ist ein recht anspruchsvolles Pharmaziestudium zu absolvieren. Das Studium – so will es die Bundes-Apothekerordnung – ist weiterhin vor allem chemisch-pharmakologisch orientiert. Kaufmännisches oder unternehmerisches Wissen wird eher nachrangig behandelt.

1 Quelle: ABDA, http://www.abda.de.

Es folgt das „PJ", das Praktische Jahr, das mindestens hälftig in einer öffentlichen Apotheke abzuleisten ist. Der Rest darf in der Industrie, der Forschung oder in Laboren stattfinden. Erst im PJ lernen also angehende Apothekerinnen und Apotheker mindestens sechs Monate lang den eigentlichen Apothekenalltag kennen.

Nach dem PJ kann der Antrag auf Approbation gestellt werden. Nur wem diese nach bestandenem dritten Abschnitt der pharmzeutischen Prüfung erteilt wird, darf sich Apotheker nennen und – theoretisch – eine eigene Apotheke betreiben. Nach Abschluss ihres Studiums können sich Apotheker in neun Spezialisierungen weiterbilden. Das zusätzliche Studium ist ebenso freiwillig wie eine sich möglicherweise anschließende Dissertation. Für den Vermittler von Interesse, weil in öffentlichen Apotheken häufig anzutreffen, sei hier nur die berufsbegleitende Weiterbildung zum Fachapotheker für Allgemeinpharmazie, auch *Fachapotheker für Offizinpharmazie* genannt.[1]

> Ich bin mit 26 Jahren – ohne Ahnung von Betriebswirtschaft – selbstständig geworden." (Karin Wahl, in: Apotheke Adhoc, 11. August 2013)

Tatsächlich oder vermeintlich ohne (oder mit zu wenig) kaufmännischem Wissen ausgestattet, folgt in der Regel zunächst eine längere Zeit als angestellter Apotheker.

Da über Jahrhunderte der Besitz und das Betreiben einer – und eben nur einer – Apotheke an die gültige Approbation des Inhabers gebunden war und noch ist, neigen Apotheker seit jeher dazu, ihre Kinder als Nachfolger aufzubauen. So verbleibt die Apotheke im Familienbesitz. Wer nach und nach mit mehreren Apotheken das Geschäft in einem ganzen Ort abdecken wollte, der musste mehrere seiner Kinder erfolgreich durch das Pharmaziestudium bringen.

Erst seit elf Jahren, mit Inkrafttreten der geänderten Apotheken-Betriebsordnung vom 1. Januar 2004, ist es Apothekern erlaubt, bis

1 Siehe www.abda.de/themen/apotheke/fortweiterbildung/weiterbildung/spezialisierungsrichtungen/spezialisierungsgebiete/.

zu vier Apotheken zu besitzen und drei davon von angestellten Filialleitern betreiben zu lassen oder eine Versandapotheke für Online-Bestellungen zu betreiben. Selbstredend müssen alle beschäftigten Filialleiter approbiert sein.

Die Approbation, ihre Berufserlaubnis, kann Apothekern auch entzogen werden, zum Beispiel bei schweren Verfehlungen gegen geltendes Apothekenrecht oder bei Straftaten. Da der Apothekenbetrieb durch eine Unmenge von Gesetzen, Verordnungen und Regularien geprägt ist, deren Einhaltung von unterschiedlichen Institutionen und Autoritäten regelmäßig und meist sehr penibel überprüft werden, stellt die Verhängung eines Berufsverbots für Apotheker eine latente Gefahr dar.

Das Risiko lauert überall: Krankenkassen mit ihren *Retaxationen*, missgünstige Kollegen, Freizeitdetektive unter den Kunden, auf ihr Markenrecht pochende Hersteller wie auch Konkurrenten, die es sich zum Hobby gemacht haben, ein vermeintliches Fehlverhalten anzuprangern. Es lauern regelmäßig Konflikte, die den Apothekern das Leben schwerer als nötig machen.[1]

Unlängst wurde die Apothekerschaft von einer Abmahnwelle überrollt. Ein Apotheker aus Schwäbisch-Hall kam im Dezember 2014 auf die absurde Idee, Tausende Abmahnungen wegen vermeintlicher Verfehlungen gegen Kennzeichnungs- und Offenlegungspflichten im Internet anzustrengen.

Unabhängig vom Ausgang dieses „Abmahn-Tsunamis“, wurde eine Sache sofort gefordert: Es sollte der Approbationsentzug wegen unkollegialen Verhaltens und die Einleitung eines entsprechenden Verfahrens erfolgen. Der Entzug der Berufserlaubnis droht also nicht nur bei einem – durchaus des Öfteren vorkommenden – Abrechnungsbetrugsvorwurf von Krankenkassen oder einem der höchst seltenen Personenschäden.[2]

1 Siehe Apotheke Adhoc, Ausgabe vom 21. Februar 2015.

2 Siehe Deutsche Apothekerzeitung (DAZ) vom 3. Dezember 2014, www.deutsche-apotheker-zeitung.de/recht/news/2014/12/03/apotheken-im-abmahn-tsumani/14503.html.

b) Das Gebot der Zeit: Wertschätzung statt Rabatt

Auch das Marketing rund um Apotheken wird vermehrt durch das Selbstbild der neuen Apothekerin-Generation geprägt. Wo kürzlich noch Defekturen und Eigenmarken fröhlich Urständ feierten oder Rabattschlachten tobten, finden nun ausgeklügelte Kommunikationsstrategien, die die Steigerung des Kundenmehrwerts im Fokus haben, Eingang in die Apothekenwelt. Früher waren sie dort nicht nur unbekannt, sondern sogar absolut verboten.

> „Bedingung für den Beruf ist, Menschen zu mögen, aber auch ein dickes Fell zu haben. Kranke Menschen sind empfindlich und laden ihren Frust beim Nächstbesten, häufig dem Apotheker ab." (Wahl, Straub: Rezeptfrei, Zum Geleit)

In ihrer Außenwirkung hat sich die Ausrichtung der Apotheken in den letzten Jahren stark geändert. Sie hat sich den neuen Herausforderungen angepasst, die es verlangen, sich zu positionieren und vom Wettbewerb abzuheben. Es reicht nicht mehr aus, nur auf den klassischen Rezeptumsatz zu setzen. Niemand weiß, ob und wie Gesetzgeber und Krankenkassen es vorhaben, die Kosten im Gesundheitswesen zu reduzieren. Der Wettbewerb um neue Geschäftsmodelle in Apotheken hat erst begonnen.

Die Offizin, früher eine Art bessere Abhol-Zelle, wird heutzutage nach Regeln der Einkaufspsychologie gestaltet. Es wird Wert gelegt auf eine dezente Wege- und einladende Blickführung. Zu ausgewählten Themen werden kundenspezifische Angebote zusammengestellt und ins rechte Licht gesetzt. Denn nur wenn sich die Kunden wahr- und ernstgenommen fühlen, kommen sie auch gerne wieder.

Eine klare Positionierung kann nur erfolgen, wenn es die Wettbewerbssituation erlaubt und bereits Alleinstellungsmerkmale vorhanden sind. Dabei ist der Produktpreis nur ein Faktor unter vielen; es wird immer einen geben, der ein billigeres Angebot macht. Und auf einen Preiskampf setzen, können nur diejenigen mit einem belastbaren finanziellen Background.

Für alle anderen heißt das Zauberwort Wertschätzung, nicht Rabatt. Ein weiteres heißt Licht. Nur eine ausgeklügelte Beleuchtung setzt Apotheken in Szene und sorgt für die Atmosphäre, die den Verkauf aktiv unterstützt. Ein professionelles Beleuchtungskonzept ist deshalb heute ein fester Bestandteil jeder Apothekenplanung.

Drittens und letztens gilt es, spürbar *Diskretion* für jeden einzelnen Kunden herzustellen. Denn deren subjektives Wohlbefinden ist zum wesentlichen Element der Kundenbindung geworden. Privatsphäre hat seit Einführung der aktuellen Apothekenbetriebsordnung einen anderen, viel höheren Stellenwert gewonnen.

Parallel dazu steigt die Sensibilisierung an: Kunden fordern Diskretion quasi an jedem Ort innerhalb der Apotheke ein. Deshalb wird der Einsatz von Beratungszylindern, die je nach Bedarf zusätzliche Präsentationsfläche oder maximale Vertraulichkeit bieten, immer beliebter. Sie sind echte Raumsparwunder und wurden speziell für kleine Apotheken entwickelt.[1]

c) Berufe in Apotheken: eine Kurz-Übersicht

Frauenpower in der Offizin ist natürlich kein neues Phänomen. Der in Apotheken am häufigsten anzutreffende Beruf hieß über Jahrhunderte hinweg „Apothekenhelferin“, kurz: Helferin. Wie bereits erwähnt, handelte es sich dabei in aller Regel um die Gattin des Apothekers. Und damit war alles gesagt: Das weibliche Personal half den Herren Apothekern (heute zunehmend öfter den Apothekerinnen).

„Helfen“ im Sinne der Apothekersprache bezeichnet jedoch ein eingegrenztes Wirkungsgebiet. Was außen vor zu bleiben hat, ist die formale Eigenverantwortung. Denn in Apotheken verantworten der Inhaber oder die Inhaberin grundsätzlich alles persönlich.

1 Quelle: mit dankenswerten Hinweisen und Fakten von Michael Höferlin, www.die-apothekenplaner.de.

Damit unterliegen alle pharmakologischen Tätigkeiten in Labor, *Rezeptur* und Offizin – soweit sie nicht wegen apothekenrechtlicher Vorgaben ausschließlich von Approbierten ausgeführt werden müssen – dem Chefvorbehalt respektive der Kontrolle und im Zweifel auch Autorisierung durch den jeweils diensthabenden Apotheker.

Jede noch so wohldurchdachte Arbeitsteilung kann jedoch in dem Moment zum betriebswirtschaftlichen Risiko werden, wenn sich dadurch nachhaltige Verzögerungen im Betriebsablauf ergeben, die im Ergebnis unzufriedene Kunden produzieren. Wenn das dann der Pharmazierat mitbekommt, so Karin Wahl, sei aber „der Teufel los". Womit wir bei der apothekeninternen Sollbruchstelle zwischen Markt und Recht wären.[1]

Unverzichtbare Helfer

> Der Botendienst stellt heute ein festes Serviceangebot praktisch jeder Apotheke dar." (Wahl, Straub: Rezeptfrei)

In fast jeder Apotheke gibt es Mitarbeiter, die oft zu Unrecht nicht die ihnen gebührende Beachtung erfahren. Unersetzlich sind hier vor allem die Raumpflegerinnen, denn in Apotheken gelten ganz besonders hohe Hygienestandards.

Ebenso erfolgsentscheidend ist der Bote, oft auch Fahrer genannt, also der Ausfahrer von Packungen. Kommen diese Damen und Herren bei der Kundschaft gut an, binden sie diese nachhaltig an die Apotheke. Deshalb werden all diese guten Geister in ihren Apotheken gehegt und gepflegt.

Größere Apotheken und insbesondere Mehrbesitz-Inhaber beschäftigen oft noch eigenes Personal für die Buchhaltung, manchmal auch Fremdeinsteiger in der Verwaltung oder für das Schaffen von Ordnung in den Regalen. Gelegentlich wird einem Besucher in Apotheken auch ein Technik- oder IT-Mitarbeiter über den Weg laufen.

1 Vergleiche Kapitel IV.1. Der Pharmazierat.

Und hin und wieder soll es auch vorkommen, dass „ausführendes“ Personal für den Apothekernachwuchs oder die vierbeinigen Mitarbeiterlieblinge beschäftigt wird, denn eigene Hunde sieht der Pharmazierat in Apotheken höchst ungern.[1]

Praxistipp

Stichwort Bottom-Up-Cross-Selling: Viele dieser Unersetzlichen sind auf 450-Euro-Basis beschäftigt oder dürfen aus steuerlichen Gründen nicht zu viel verdienen. Hier bietet das Thema betriebliche Altersversorgung (bAV) einen guten Ansatz zur Mitarbeiterbindung, mit Hilfe dessen dem Inhaber die Vorteile einer Beratung anschaulich nähergebracht werden können. Und wenn man schon dabei ist, sollten natürlich auch die übrigen Mitarbeiter beraten werden.

Die PKA

Das „Revier“ der pharmazeutisch-kaufmännischen Angestellten (PKA) – der Beruf entstand im Jahr 1993 aus der damals noch sogenannten Apothekenhelferin – umfasst vor allem Lager, Büro und den Bereich Warenregale.

Das Berufsbild ist klar umrissen: „Pharmazeutisch-kaufmännische Angestellte bestellen Arzneimittel, kontrollieren diese, zeichnen sie aus und sortieren sie in die Regale ein. Zudem erledigen sie Büro- und Verwaltungsaufgaben und wirken in der kaufmännischen Steuerung sowie bei Marketingmaßnahmen mit. Sie beraten Kunden über apothekenübliche Produkte und verkaufen diese.“ Grob übersetzt kann man die PKA also als Logistikerin und Orga-Verantwortliche beschreiben.[2]

1 Wahl, Straub: Rezeptfrei. Apothekengeschichten mit Risiken und Nebenwirkungen.

2 Quelle: http://berufenet.arbeitsagentur.de/berufe/start?dest=profession&prof-id=6717.

Innerhalb der Gruppe der PKA gibt es eine weitere Stellenbeschreibung, die für die Apothekenakquise von besonderer Bedeutung ist. Das ist die sogenannte *Einkäuferin*. Denn immer, wenn ein Vertreter anklopft, kommt diese Fachkraft, meist die erfahrenste PKA, zum Einsatz. Sie erspart dem Inhaber lästige Vertretergespräche.

In aller Regel hat sie das volle Vertrauen des Chefs und ist es gewohnt, ad hoc Kaufentscheidungen zu treffen oder diese auch – wie es sich für jede gute Chefsekretärin gehört – nachdrücklich abzuwehren. Als Vermittler trifft man häufig zunächst auf genau diese PKA, zu einem Teil mit über die Akquisechancen entscheidet.

Die PTA

Nun zum pharmazeutischen Personal, also denjenigen, die auch die pharmakologischen Tätigkeiten, die im Apothekenrecht unter „Apothekervorbehalt" stehen, ausführen dürfen. Das Revier der PTA sind das Labor, die Rezeptur sowie die Beratung in der Offizin.

Auch dieser Beruf ist noch relativ jung. Er wurde 1969 geschaffen, als der Beruf des traditionellen Apothekerassistenten entfiel. Zum Hintergrund: Bis 1969 war die Ausbildung zum Apotheker unterteilt in eine zweijährige Lehre und ein darauf folgendes Studium. Heute wird erst studiert und danach folgt der praktische Teil in Gestalt des Pharmaziepraktikums.

Zurück zu den PTA: „Pharmazeutisch-technische Assistenten und Assistentinnen unterstützen Apotheker/innen bei der Prüfung und Herstellung sowie beim Verkauf von Arzneimitteln sowie Wirk- und Hilfsstoffen. Darüber hinaus führen sie einfache physiologisch-chemische Untersuchungen durch und übernehmen Verwaltungsaufgaben." Grob übersetzt kann man die PTA also als Herstellungsbeauftragte, Adjutant und Kundenservicekraft in Apotheken beschreiben.[1]

Den PTA gleichgestellt sind die sogenannten Apothekenassistenten (nicht zu verwechseln mit den oben erwähnten Apothekerassistenten).

1 Quelle: berufenet.arbeitsagentur.de/berufe/start?dest=profession&prof-id=8910).

Die Apothekenassistenten hatten in der ehemaligen DDR eine ähnliche Funktion wie die PTA im Westen. Formal sind sie jedoch weiterhin höher qualifiziert, denn sie haben nach der Ausbildung zum Apothekenfacharbeiter noch vier Semester studiert – in Neudeutsch würden sie heute wohl mit einem „Bachelor of Pharmacy" bedacht. Der aufbauende Studiengang an der Universität Leipzig wurde nach der Wende eingestellt.

> „Wenn ein Apotheker einem Kunden etwas Falsches mitgibt, kann das sogar tödlich sein." Deshalb gibt es im Gesundheitswesen „zahlreiche Vorkehrungen und Sicherungsmaßnahmen. Und dennoch passieren Fehler. [...] Das erdenklich Mögliche, um meine Apotheke sicher zu führen, war getan. Und doch passierte er. Der eine, folgenschwere Fehler."
> (Wahl, Straub: Rezeptfrei, Risiken und Nebenwirkungen)

In der Offizin sind PTA wie Apothekerassistenten je nach vorherrschendem Führungsstil die „Buddies" oder Zuarbeiter der Approbierten. Zum zentralen Aufgabenbereich gehört hier vor allem die Kundenberatung mit Blick auf die korrekte Anwendung von Produkten.

Darüber hinaus kommen PTA in der Gesundheitsberatung und Prävention zum Einsatz. Sie entlasten damit die Approbierten. Da die PTA gemäß Apothekenbetriebsordnung zum pharmazeutischen Personal gehören, dürfen sie auch – allerdings nur unter Aufsicht eines Apothekers – pharmazeutische Tätigkeiten ausüben und Kunden eigenständig beraten.

Zur Sicherheit, und um die oft gravierenden Konsequenzen, die bei Fehlern in Apotheken entstehen, möglichst auszuschließen, gibt es in vielen Apotheken eine Art interne Qualifikationshierarchie am HV. So dürfen ältere, erfahrene PTA oft fast die gesamte Palette abgeben. Newcomer dagegen ziehen in der Regel viel früher einen Approbierten hinzu oder müssen zumindest bestimmte Rezepte gegenzeichnen lassen. Als Approbierter, der die ungeteilte Verantwortung trägt, muss der Inhaber entscheiden, wem seiner Mitarbeiter er welche Kompetenzen überträgt.

Für Vermittler ist es angeraten, beim Erstkontakt die PTA zunächst – wenn möglich – zu umschiffen. Später dann, mit hinreichendem Bekanntheitsgrad, werden es sicher die wichtigsten Ansprechpartner nach dem Inhaber persönlich sein.[1]

Das mittlere Management

Der zentrale Wirkungskreis des mittleren Managements ist im HV, in der Rezeptur und im Labor gelegen. Während im Labor hergestellt wird, werden im ersteren Kunden beraten, Nebenwirkungen, *Interaktionen* und *Kontraindikationen* erklärt, man hört sich die Geschichten und Berichte der Kunden an und gibt natürlich ab.

Ein drittes und höchst wichtiges Betätigungsfeld stellt die Sicherstellung der Präsenzpflicht dar. Ohne einen anwesenden Vertretungsberechtigten müsste sich eine Apotheke bei der Kammer aus dem *Apothekendienstkalender* austragen lassen und sofort schließen. Ohne pharmazeutisches Personal darf kein einziger Kunde bedient werden.

Das vertretungsberechtige Personal teilt sich in zwei Gruppen: Approbierte und Nicht-Approbierte. Der für Apothekeninhaber entscheidende Unterschied ist folgender: Mitarbeiter mit Approbation sind zum Apothekenbesitz befugt. Sie könnten also irgendwann eine eigene Apotheke eröffnen. An einem anderen Ort, dann wären sie einfach nur weg. Oder schlimmer: gegenüber der eigenen Apotheke, dann wären sie obendrein noch Konkurrenz. Mitarbeiter ohne Approbation wie die vertretungsbefugten Vorexaminierten (Apothekerassistent) oder die Pharmazie-Ingenieuer hingegen können genau das nicht tun. Sie sind auch deutlich billiger in der Beschäftigung.

1 Mein besonderer Dank gilt den beiden Apothekerinnen, die mir zu diesem Kapitel sehr wertvolle Hinweise gegeben haben. Ohne ihre fachliche Durchsicht wäre mir im obigen Absatz ein großer Fehler unterlaufen. Zu allen Berufsbilder in Apotheken: www.abda.de/themen/apotheke/berufeinit/.

Der strategische Vorteil, einen Nicht-Approbierten vertretungsberechtigt zu beschäftigen, liegt damit auf der Hand. Doch leider handelt es sich bei ihnen um eine aussterbende Art, denn ihre Ausbildung endete spätestens mit der deutschen Wiedervereinigung. Der deutlich größte Anteil stammt aus dem Poliklinik zentrierten Gesundheitssystem der ehemaligen DDR.

Zunächst sind die Pharmazie-Ingenieure aus dem DDR-Gesundheitssystem zu nennen. Sie waren die Hersteller und hatten in den Apotheken der Polikliniken das Labor fest im Griff. Ihre Ausbildung war stärker chemisch-pharmakologisch orientiert als die der klassischen Apotheker. Der mit dem Besitz verbundene administrative Ausbildungspart fehlte völlig, denn Ingenieure sollten keine eigene Apotheke führen. Aber sie dürfen heute in Apotheken den Chef bis zu vier Wochen vertreten – nach Anmeldung bei der zuständigen Behörde.

Die „West-Version" des Pharmazie-Ingenieurs sind die sogenannten Apothekerassistenten, auch Vorexaminierte genannt. Bis 1969 war dem Pharmaziestudium eine zweijährige Leere vorgeschaltet, um zunächst Praxiserfahrungen zu sammeln. Danach wurde diese Zeit durch das heutige Praktische Jahr am Studienende ersetzt.

Wer als angehender Pharmaziestudent mit vorheriger Lehre die pharmazeutische Vorprüfung bestanden hat, trägt offiziell die Berufsbezeichnung eines „Apothekerassistenten". Er wird jedoch üblicherweise als Vorexaminierter bezeichnet. Es kam selbstverständlich durchaus vor, dass Einzelne, aus welchen Gründen auch immer, nach der Vorprüfung die Ausbildung beendet oder das Studium abgebrochen haben.

Die Einsatzgebiete der allgemein Vorexaminierten waren in etwa einer heutigen PTA vergleichbar. Das „Gesetz über die Rechtsstellung vorgeprüfter Apothekeranwärter" hat die Einsatzmöglichkeiten der Vorexaminierten dann erweitert. Sie wurden 1973 nachträglich dazu ermächtig, bei Abwesenheit des Apothekeninhabers diesen bis zu vier Wochen zu vertreten.

Angestellte Approbierte erfüllen dieselben Aufgaben wie ihre nicht-approbierten Kollegen. Anders als Letztere, dürfen sie den Inhaber jedoch wesentlich länger vertreten, nämlich bis zu einem halben Jahr minus einen Tag. Außerdem sind sie befugt, Filialapotheken verantwortlich zu leiten, was Pharmazie-Ingenieure nur in Ausnahmefällen nach gesonderter Beantragung dürfen.

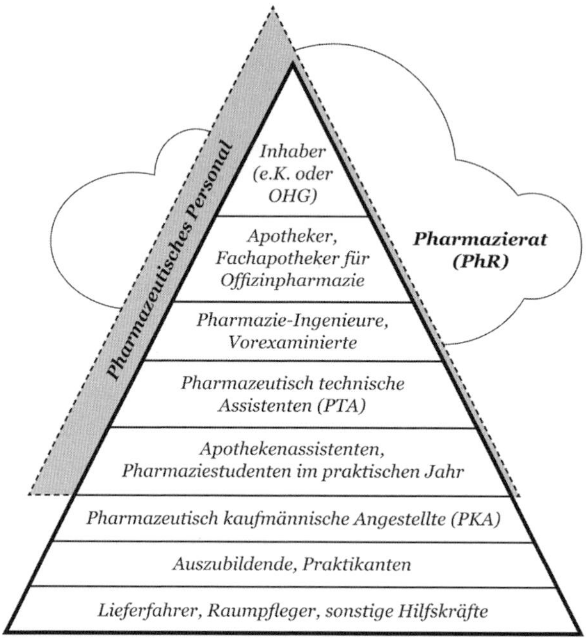

► Die Personalhierachie in einer Apotheke sieht genau definierte Aufgaben für approbierte und nicht-approbierte Mitarbeiter beziehungsweise Hilfskräfte vor. Auf strenge Einhaltung wird geachtet.

Innerhalb der Fraktion der angestellten Apotheker gibt es noch eine Position, die besonders herauszustellen ist, nämlich die der Ersten Dame respektive des Ersten Herren. Diese Bezeichnung trägt diejenige Person, die den Apothekeninhaber in allen seinen persönlich betreffenden Belangen vertritt, sobald dieser die Apotheke, und sei es auch nur für einen kleinen Moment, verlassen hat. Die Erste Dame oder der Erste Herr werden einem also immer dann gegenübertreten, wenn nach dem Inhaber gefragt wird, dieser aber nicht da oder unabkömmlich ist oder, was durchaus vorkommt, keine Lust auf ein Gespräch hat.

Praxistipp

Stellen Sie sich am besten gleich darauf ein: Sie treffen alternativ auf Einkäuferinnen oder Erste Damen und Herren, ansonsten meist zunächst auf die PTA. Eine dieser Hürden ist fast immer zu nehmen.

Die Erstansprache in Apotheken

Nicht nur Vollblutakquisiteure wissen um die Gefahr, die jede weitere zu passierende Zwischenstation zwischen sich und dem Zielobjekt ihrer Bestrebungen darstellt. Sie tun alles, um direkt bei der Zielperson zu landen. Und tatsächlich läuft das in Apotheken ausnahmsweise einfach und die entscheidende Frage ist schnell geklärt: Wer ist denn nun der Chef und wie genau heißt er?

Natürlich ist es zur Vorbereitung höchst angeraten, vorher im Internet zu stöbern und sich die Apotheken-Webseite anzusehen. Allein deswegen, weil man den Namen des Inhabers samt eventuell vorhandener Titel dort bereits herausfinden kann. Und wenn man schon dort ist, kann es nicht schaden, nach einem Porträtbild zu suchen, das die Identitätsfrage klärt. Das gehört sicherlich zum kleinen Einmaleins des Vertriebshandwerks.

Doch für Apotheken gilt: Es reicht auch meist, einfach nur hinzugehen. Und zwar am besten zwischen zehn und zwölf Uhr. Dann herrscht, den Geschäftsbetrieb betreffend, meist ein mittlerer Pegel vor, was sich auf etwa drei bis fünf Kunden in der Offizin beläuft. Perfektes Timing also!

Bitte betrachten Sie vor dem Hineingehen den äußeren Eingangsbereich. Irgendwo, meistens direkt an der Tür, stehen immer die Angaben zum Inhaber angeschlagen, und wenn nicht, dann hilft der Gang zu den Zeitungsauslagen. Auf den allermeisten ausliegenden Druckwerken ist rückwärtig ein Stempelfeld angebracht, dort finden sich die wichtigen Daten. Den Namen bitte merken!

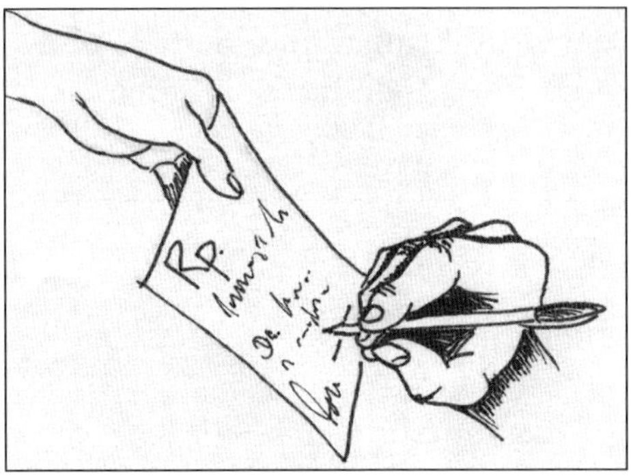

► Nicht jeder Mitarbeiter in einer Apotheke darf per Rezept verschriebene Medikamente abgeben. In einem solchen Fall muss ein approbierter Mitarbeiter oder der Chef die Verschreibung mit seiner Unterschrift abzeichnen.

Nun kommt der schwierige Teil, besonders für Männer, Multitasking-Fähigkeiten sind gefragt. Sie müssen einerseits ganz authentisch wirkend in die *Freiwahl* schauen und die Auswahl betrachten. Trotzdem gilt es, absolut konzentriert am HV hinzuhören – was natürlich niemand merken darf. Sie warten auf ein „Moment, das muss ich eben mal abzeichnen lassen", „Unterschrift holen" oder ein entsprechendes Stichwort.

Jetzt ist es an der Zeit für eine spontane Entscheidung für Bonbon X, Tee Y oder Zahncreme Z. Mit Ihrer Beute nehmen Sie nun den HV ins Visier. Denn Sie wollen sehen, zu wem die Stichwort gebende Person jetzt läuft. Es kann nur einer sein: der Chef (sechs Richtige), allenfalls noch seine aktuell diensthabende Vertretung, was Ihnen zumindest den ganzen Mittelbau erspart, immerhin also ein Fünfer mit Zusatzzahl.

Nun folgt der dritte und finale Akt in der Kaltakquisestrategie: Sehen Sie schnellstens zu, an den Zahltellerplatz zu kommen, an dem die identifizierte Person bedient. Jetzt nur noch schnell die Geschlechtergegenprobe: Passt das, was Sie sehen, zu dem Vornamen von vorhin? Dann können Sie es getrost wagen – und bitte tun Sie es auch, denn diese Chance kommt nicht wieder –, die so mühsam identifizierte Person direkt mit ihrem Namen anzusprechen. Es sei denn, er wäre Ihnen derweil blöderweise schon wieder in Vergessenheit geraten!

Praxistipp

Sie wären kein echter Vertriebler, wenn Sie jetzt nicht nach dem Satz, der zum Geschäft führt, fragen würden. Nun, zur Inspiration:

Ich sage je nach Situation sinngemäß, dass mein Thema nur den Chef persönlich angehe, obwohl er es wahrscheinlich todlangweilig finden werde, es aber dennoch von hoher Bedeutung sei. Dann sollte man seinen verbindlichsten „Dackelblick“ aufsetzen und schweigen, bis das Gegenüber es bricht.

Jetzt folgt der Freistilpart, bei dem es Ihnen gelingen sollte, das Gespräch schnellstens hinter den HV zu steuern. Dazu müssen Sie einen kurzen apothekenfachlich brillanten Gedanken abrufen können, den der Inhaber nicht einfach so übergehen kann. Wer hier schwafelt, ist raus.

Wenn‘s nicht sofort klappt, haben Sie einen letzten Zeitgewinn-Trumpf, um die Situation doch noch zum Guten zu wenden. Kaufen Sie die Sachen, die Sie immer noch in der Hand haben, denn jeder Umsatz stimmt Apotheker milde.

4. Apotheker sein im Hier und Jetzt

a) Die Inhaber: Tauschen will keiner

Apothekeninhaber sind mutige, positiv denkende und den Menschen zugewandte Leute. Sie müssen es sein, denn ihr Beruf – oder korrekter ihr Status als Inhaber – zwingt sie dazu.

Mutig ist es, angesichts der Fesseln, die einem das omnipräsente Apothekenrecht anlegt, à priori die volle Verantwortung für schlichtweg alles zu tragen, was in einer Apotheke passiert. Viel positives Denken ist erforderlich, um heute eine Apotheke neu zu eröffnen oder eine zu übernehmen, sofern sie nicht im gut geführten Familienbesitz ist oder in einer absoluten Eins-a-Lage für Apotheken liegt.

Und wenn Letzteres zutrifft, dann muss auch ein Apotheker heutzutage – Bank sei Dank – erst einmal durch die Finanzierung; was aktuell ebenfalls nicht ganz ohne Mut abgeht. Ebenso muss reichlich Geschick im Umgang mit Menschen vorhanden sein. Denn je mehr Deregulierung auf dem Apothekenmarkt stattfindet, desto wichtiger wird eine gute Kundenbindung für das dauerhafte wirtschaftliche Überleben.

„Wie jetzt", denken Sie vielleicht, „die Apotheker sind doch alle reich?" Das ist – mit Verlaub – altes Denken, sehr altes Denken. Über einige Jahrhunderte, als der Apothekenbetrieb noch voll geregelt und regional aufgeteilt gewesen war, traf diese Vermutung zu. Lange Zeit war eine Apothekenlizenz, neben seiner Kammerversorgung, die beste Rentenversicherung des Inhabers. Sie wurde zum Ende des Arbeitslebens entweder gegen eine Apanage in der Familie weitergegeben, oder – was höchst selten vorkam – zum Höchstpreis am Markt gehandelt.

Dies ist übrigens der Grund, weshalb Apotheker meist auch weitgehend darauf verzichtet haben, andere Kapitalanlagen zu zeichnen. Vielmehr sind Apothekeninhaber im ländlichen und kleinstädtischen Raum zum Teil noch bis heute stark in Immobilien investiert.

► Die Apothekerlizenz galt lang Zeit als beste Rentenversicherung. Aus diesem Grund haben viele Berufsvertreter traditionell in (Apotheken-) Immobilien investiert, vor allem im ländlichen und kleinstädtischen Raum.

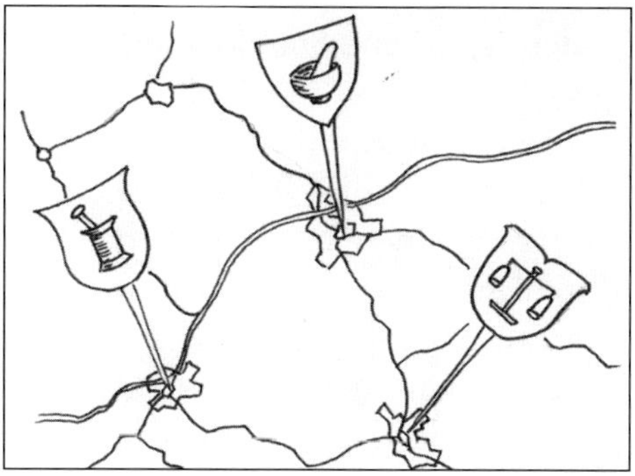

Nicht selten gehören ihnen gleich mehrere Häuser am Marktplatz oder rund um die eigene Apotheke. Diese Investmentstrategie geht im Wesentlichen auf drei sehr apothekertypische Befindlichkeiten zurück:

- auf jeden Fall mögliche Konkurrenz fernhalten. Also lieber selber kaufen und an irgendwen, nur keinen Apotheker vermieten.
- So viele Ärzte wie möglich rund um die Apotheke ansiedeln. Das geht am besten, wenn man selbst der Vermieter ist.
- Den Bedarf alleine abdecken. Also alle geeigneten Standorte innerhalb der Familie besetzen.

Zur verlässlichen und wirtschaftlichen Versorgung der Bevölkerung wird mit einer Quote von rund 4.000 Einwohnern pro betreuender Apotheke gerechnet. Wird der kritische Wert überschritten, droht ab spätestens 6.000 zu versorgenden Personen Konkurrenz. Der örtliche Platzhirsch sieht dann zu, dass er selber eine neue Apotheke eröffnet, selbst wenn die bestehende Unternehmung die Versorgung der Bevölkerung im Einzugskreis ohne großen Aufwand allein sicherstellen könnte. Potenzielle Konkurrenten abzuschrecken, hat immer Vorrang.

Das wird auch so bleiben: Ich habe einen Kunden mit drei gut gehenden Apotheken und einer „Discount-Bude", die deutlich dagegen abfällt. Seine Erklärung, warum er an diesem Modell festhält, ist eindeutig: „Reine Standortsicherung. Die muss nichts bringen, nur da sein."

Heute sind Apothekeninhaber – zumindest ab einer Immobilienlage zweiter Wahl – in aller Regel froh, wenn sie bei der *Apotheken-Abgabe* an einen Nachfolger neben Zahlungen für den konkreten Warenlagerwert und für die zu verhandelnden sonstigen Einrichtungswerte auch eine Abstandszahlung für den Namen, also die Marke oder den ideellen Wert der Apotheke, erhalten.

Selbst eine Arztpraxis in der näheren Nachbarschaft wertet die Apotheke nur dann auf, wenn sie direkt neben oder über den Räumlichkeiten der Apotheke liegt. Aber allein das Gerücht, der Arzt würde bald umziehen oder seine Praxis schließen, kann diese Aufwertung über Nacht pulverisieren. Für den Umsatz – also einen angestammten Kundenkreis – zahlt längst niemand mehr die früher üblichen Mondpreise. Kunden könnten morgen bereits an einem anderen Ort kaufen.

b) Der Erfolg: Was bleibt, ist das Wort

Der Apothekeninhaber von heute reüssiert dann, wenn ihm insbesondere folgende Fertigkeiten – neben Geschick und Fortune – mit in die Wiege gelegt wurden:

- Das Fördern, Fordern und Zusammenhalten eines stimmigen, kompetenten und freundlichen Teams.
- Ein flexibles Lagermanagement: genau das „da haben", was die umliegenden Ärzte zurzeit verschreiben.
- Das Sicherstellen eines maximalen Kundenstammes von Rezeptbesitzern und/oder Laufkundschaft.
- Die Optimierung der Verkaufskraft vor und hinter dem HV.
- Ein geschicktes und gepflegtes Beziehungsmanagement zu den umliegenden Ärzten.
- Eloquenz und Langmut, um die diversen Krankenkassenvorgaben so zu erläutern, dass die Kunden nicht (zu) verärgert sind.

- Serviceorientiertheit durch und durch bei allen Mitarbeitern bis ins letzte Glied trainieren.
- Alleinstellungsmerkale definieren und herausarbeiten: Eigenmarken, Teesortimente, *Homöopathie*, Schüßler-Salze, Kosmetika et cetera.
- Last but not least: ein perfektes Apotheken-Marketing mit angenehmer Offizin-Aura schaffen.

Haben Sie hier – abgesehen von Teilaspckten des vorletzten Punktes – irgendetwas Pharmakologisches entdeckt? Und – gesetzt Sie seien ein Mann – hätten Sie Lust und die Bereitschaft, sich auf alle diese Aufgaben einzulassen? Spätestens jetzt wissen Sie, warum der Apothekerberuf innerhalb nur einer Generation zu einer überwiegend weiblich geprägten Profession geworden ist.

Kunden, die heute in eine Apotheke kommen, bewundern längst nicht mehr die pharmakologische Herstellungskunst ihres Inhabers. Wenn sie überhaupt noch wissen, dass jeder Apotheker nicht nur theoretisch Medikamente herstellen können muss, sondern es in der Praxis auch noch tagtäglich tut, dann halten sie das eher für eine selbstverständliche Nebensächlichkeit.

Die Fähigkeit, selbst Arzneimittel herzustellen, ist in den wenigsten Fällen ausschlaggebend für die Wahl einer speziellen Apotheke. Es sei denn, diese Fähigkeit zeichnet dieses Haus als Alleinstellungsmerkmal aus. Dies kann etwa bei besonders schwierigen Rezepturen der Fall sein wie bei *Zytostatika* oder anderen hochsensiblen Mitteln (beispielsweise für Aidspatienten) und in der *Onkologie*.

Apotheker können des Weiteren mit außergewöhnlichen *Defekturen* punkten, wie zum Beispiel einer Lebertransalbe gegen Babywundsein aus natürlichen Inhaltsstoffen, einem selbstgemischten *Drogensortiment* oder auch nur dem nach apothekeneigener Anleitung hergestellten Magenbitter. Diese erfinderischen Vertreter ihres Berufsstands stellen eine – wenn auch hochmoderne und innovative – Reminiszenz an die langjährige Tradition des labororientierten Apothekers dar. Sie sind heute klar in der Minderheit und es sind fast immer Männer.

Doch statt in allerfeinster mittelalterlicher Tradition einige wenige eigene Pillen, Pasten und Wässerchen an den Mann oder die Frau beziehungsweise deren Nachwuchs zu bringen, geht es heute vor allem darum, mit kommunikativem Geschick Aberhunderte fremdhergestellter Sachen, die ein anderer den Kunden verordnet hat, zu erklären und abzugeben. Geblieben ist das Kundengespräch. Also sind so viel Erklärung, Überzeugung, Beruhigung und Motivation gefordert, wie es der einzelne Kunde in seiner Situation jeweils braucht. Zuspruch, Mitgefühl und Lebenshilfe inklusive.

> Viele Kunden nehmen „ihren Apotheker als eine Art wandelndes Lexikon wahr, den sie alles fragen und dem sie all ihre Probleme und Problemchen anvertrauen können." „Die Kunden trauen uns zu, für jede Schwierigkeit eine kluge Antwort und eine Lösung parat zu haben." Ein Apotheker, der lange genug am gleichen Standort ist, „kennt oft drei Generationen von Kundenfamilien und ist mit ihren Sorgen und Nöten vertraut." (Wahl, Straub: Rezeptfrei)

5. Der öffentliche Teil in Apotheken

a) Die Offizin, das bekannte Wesen

Wir alle kennen Apotheken, wenn überhaupt, meist nur als „Rezeptbesitzer". Zu diesem wird jeder Mensch in demjenigen Moment, in dem sein Arzt ihm ein Rezept ausstellt. Doch dazu später mehr (siehe Kapitel V.2). Wer nur zum Rezept einlösen in die Apotheke geht, der kennt diese nicht wirklich, oder besser: Er kennt nur die Offizin. So heißt der Teil einer Apotheke, den jeder betreten kann und darf.

Die Offizin wird gewöhnlich nur von drei Sorten Menschen aufgesucht. Eben jenen Rezeptbesitzern, des Weiteren von Kunden ohne Rezept, die zum Beispiel etwas gegen kleinere gesundheitliche Beschwerden benötigen oder die sich etwas Hilfreiches zur Erhaltung und Förderung ihrer Gesundheit gönnen möchten. Die dritte und kleinste Gruppe, die in Apotheken ein und aus geht, ist die der *Pharmareferenten* der Industrie.

► Eine Offizin ist in vier Bereiche unterteilt. Kunden bewegen sich für gewöhnlich nur im Eingangsbereich, der Freiwahl, und an den Abgabeplätzen, an denen sie ihre Rezepte vorlegen und sonstige Waren kaufen können.

Wenn Sie also demnächst freudig als Versicherungsvermittler die erste Apotheke zur Kaltakquise betreten, dann werden Sie vom Personal folgendermaßen abgescannt:

- Kein Rezeptbesitzer, weil man ohne flackernden Blick auftritt. Auch zu gesund aussehend, um „mal schnell" etwas zu brauchen.
- Kein uns bekannter Pharmareferent. Folgerichtig also entweder ein gesundheitsbewusster Neukunde – das wäre toll – oder ein neuer Vertreter – das könnte auch spannend sein. Oder irgendein Störenfried, der nur etwas fragen oder verkaufen will.

Deshalb: Glauben Sie bitte niemals, dass Sie in Apotheken zu Wort kommen, ohne dass man Sie bereits „einsortiert" hätte. Darin sind die Mitarbeiter einer Apotheke bestens geschult. Und darin, eventuell vorhandene Krankheiten zu erraten, erst recht.

Zurück zur Offizin: Jede gliedert sich in mindestens vier Bereiche. Im vorderen Teil rund um den Eingang befindet sich die sogenannte Freiwahl. Hier gilt: gucken und anfassen erlaubt. Denn dort werden die frei verkäuflichen Artikel feilgeboten, die früher in § 25 der Apothekenbetriebsordnung (ApBetrO) und heute in § 1a ApBetrO als „apothekenübliche Waren“ erlaubt sind, die aber nicht der Apothekenpflicht unterliegen.

Dieser Bereich einer Apotheke ist relativ jung. Denn das Anbieten von Nahrungsergänzung, Getränken, Hygienewaren, Büchern oder Hilfsmitteln der häuslichen Pflege, von Mess- und Diagnosegeräten war Apotheken vor dem Apothekengesetz von 1960 noch verboten. Durch die aufkommenden *Fertigarzneimittel* und den beginnenden Strukturwandel bei Apotheken vom Herstellen zum beratenden Abgeben stieg der Preisdruck durch Industrie und Großhandel. Auch die Gesundheitsgesetzgebung der letzten 30 Jahre hat die Gewinnmargen bei *apothekenpflichtigen Medikamenten* deutlich reduziert.

Um neue Umsatzchancen zu schaffen, wurde der Bereich der apothekenüblichen Waren im Laufe der Zeit immer weiter gefasst. Heute kann man in gut sortierten Freiwahlen moderner großer Apotheken so ziemlich alles bekommen, was der Gesundheit, Ernährung, Schönheit und dem Wohlbefinden von Mensch und Tier dienlich ist und was es sonst noch an Informationen, Dienstleistungen und Aktionen rund um Gesundheitsfragen und -aufklärung gibt.[1]

Die Freiwahl endet am sogenannten *Handverkaufstisch* – in der Sprache der Apotheker nur HV genannt. Dieser ist der wichtigste Arbeitsplatz des Pharmazeutischen Personals, er bildet die innerapothekische Grenze, die jede Offizin in einen für den Kundenverkehr öffentlich zugänglichen und einen strikt dem Fachpersonal vorbehaltenen Bereich teilt.

Der heutige HV war früher der Tisch, an dem die Rezepturen für die Kunden gefertigt wurden. Ab dem 19. Jahrhundert wurde er zum „Handverkaufstisch“, dort wurden die im Labor hergestellten Waren abgegeben. Da sich die Apothekerschaft die philanthropische Grundidee ihres Berufes erhalten will, wird auch heute noch weitverbreitet das Wort „abgeben“ verwendet, wenn „verkaufen“ gemeint ist.

1 Vergleiche Schmitz, Rudolf, Seite 9544 ff. Govi-Verlag 1998 und ApBetrO 1987, www.gesetze-im-internet.de/apobetro_1987/BJNR005470987.html.

Heute kann der HV immer noch eine echte Barriere aus altem Tresen sein, wie sie es bis 1960 war, oder aber eine moderne Aneinanderreihung von *Abgabeplätzen*, die gelegentlich auch *Zahltellerplätze* genannt werden. Zwischen diesen tun sich manchmal luftige Lücken auf. Doch Achtung: Der unaufgeforderte Grenzübertritt wird vom Apothekenpersonal immer noch – und dies völlig zu Recht – scharf sanktioniert. Hier gilt absolut strikt: nur gucken, nicht anfassen!

Praxistipp

„Vorne" ist es fast unmöglich, ein gutes oder gar längeres Gespräch zu führen. Fassen Sie sich extrem kurz, aber maximieren Sie die Neugier. Denn um das ganze Portefeuille auszubreiten, müssen Sie erst hinter den HV gebeten werden.

Wo immer der „Handverkauf" Regalmeter abschottet, befindet sich die *Sichtwahl*. Im Allgemeinen unterliegen alle dort präsentierten Waren der Apothekenpflicht, sie müssen also unter Aufsicht eines Apothekers abgegeben werden. In der Sichtwahl werden vornehmlich bekannte, gängige oder häufig benötigte Medikamente präsentiert. Der Kunde darf diese Präparate rezeptfrei einkaufen, nur eben aus der Hand von Fachpersonal, um die erforderliche Beratung sicherzustellen. Aus naheliegenden kaufmännischen Gründen finden sich hier meist die Medikamente, für die gerade eine Werbekampagne läuft.

Der vierte und letzte vorgeschriebene Bereich, den eine Offizin vorweisen muss, ist der Beratungsraum. 1987 wurde die Beratungspflicht in der Apothekenbetriebsordnung verankert. In diesem Zusammenhang wurde ein eigener Beratungsraum für persönliche Gespräche gefordert. Wie immer, wurden auch hier großzügige *Übergangsfristen* gewährt, die es bestehenden Apotheken erlauben, eine Übergangslösung zu schaffen. Diese kann zum Beispiel darin liegen, den vorgeschriebenen Beratungsbereich nur schamvoll abzugrenzen, um eine gewisse Diskretion zu schaffen.

In vielen älteren Apotheken ist dieser Zustand noch bis heute erhalten geblieben. 1990 wurde ein optisch erkennbarer und von Kunden einzuhaltender Diskretionsbereich vor den Abgabeplätzen eingeführt, um auch dort persönliche Beratungsgespräche zu ermöglichen.

Praxistipp

Wenn Sie auf eine Apotheke ohne eigenen Beratungsraum stoßen, hat diese Apotheke aller Wahrscheinlichkeit nach seit 1987 immer noch denselben Inhaber. Sie wurde auch garantiert nicht umgebaut. Sie treffen also mit höchster Sicherheit auf einen älteren männlichen Inhaber und für das Inventar gilt fast vollständig nur der Zeitwertersatz.

b) Zwei grundsätzlich andere Offizin-Typen

Es gibt grob unterschieden zwei Offizin-Typen: die historische oder Rezept-Offizin und die freiwahlorientierte Offizin. Die historische ist relativ klein, eng und oft mit typischem Apotheken-Mobiliar eingerichtet, egal ob alt oder neu. Sie ist vor allem auf Rezeptbesitzer ausgerichtet, denn man steht nach Eintritt fast direkt vor dem HV. Solche Apotheken findet man heute noch im ländlichen Raum und in städtischen Rand- und Wohnlagen, sogenannte Kiez-Apotheken, sowie im Erdgeschoss von Ärztehäusern. Auch sind sie in Vierteln mit historischer Bausubstanz und rund um Marktplätze anzutreffen.

Die Freiwahl-Offizin hingegen gleicht einer dem HV vorgelagerten *Drogerie.* (Achtung: Sagen Sie bitte niemals Drogerie, in Apotheken heißt das Freiwahl.) Solche Apotheken sind großzügig, hell, modern eingerichtet und erinnern mit ihrem Sortiment an *Gesundheitstees*, *Naturheilmitteln*, Getränken, Nahrungsergänzung, Pflege-, Hygiene- und Tierprodukten sowie sonstigen Drogerieartikeln aller Art mehr an Einkaufsmärkte als an Apotheken.

Diese Art findet sich in aller Regel in exponierten Lagen mit hoher Frequenz an Laufkunden ohne Rezept sowie an belebten Orten wie Bahnhöfen, Flughäfen oder Einkaufszentren. Hier sorgen Frei- und Sichtwahl für die entscheidenden Umsatzmargen. Gelegentlich findet man auch in *Ärztehäusern* recht großzügige Freiwahlbereiche. Dann haben der oder die Inhaber beide Hauptumsatzträger in Apotheken gleichermaßen ins Visier genommen: die Rezeptbesitzer aus den Arztpraxen und die gesundheitsbewussten Käufer ohne aktuellen Medizinbedarf.

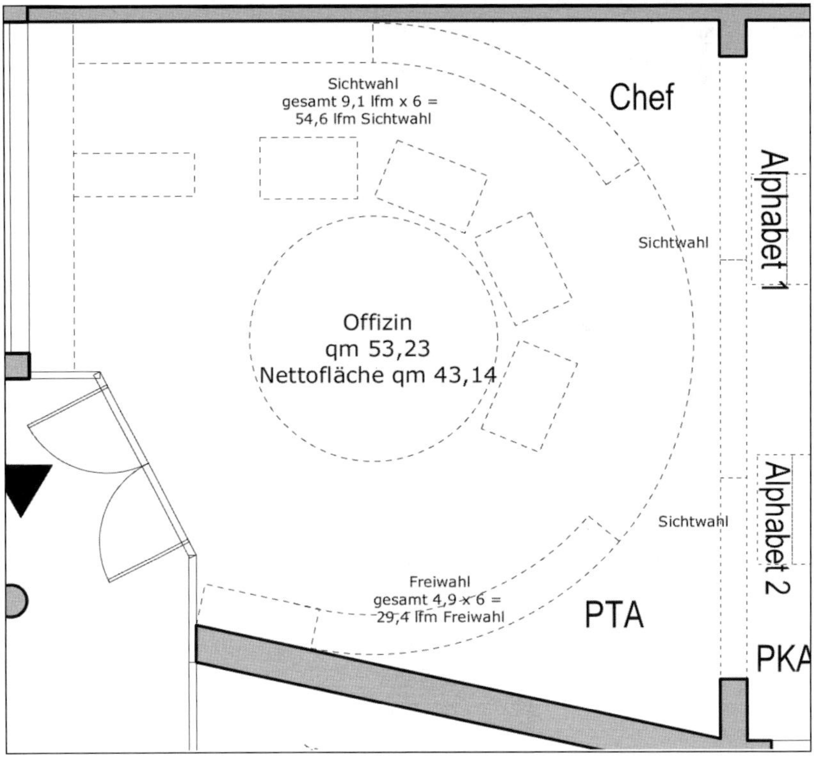

► Die historische oder Rezept-Offizin ist klein und meist in traditionellen Vierteln oder ländlichen Gebieten zu finden. Hier dominiert der HV.

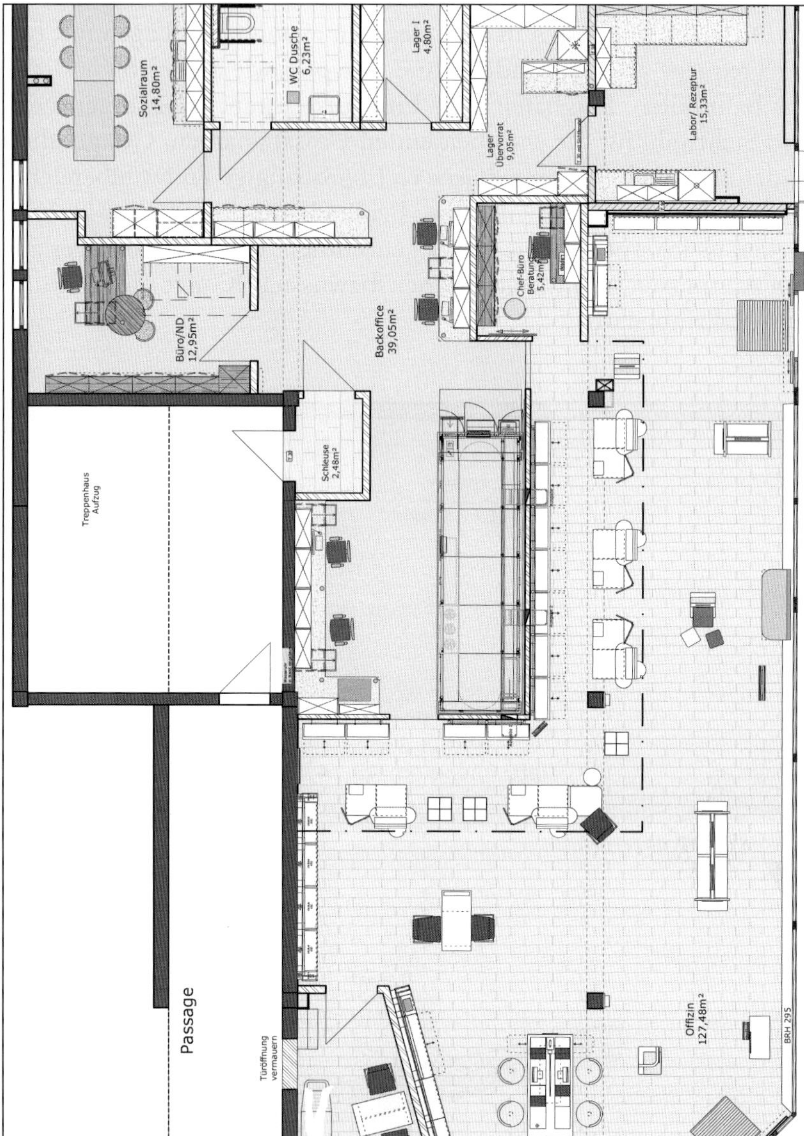

► Die Freiwahl-Offizing ist großzügig und modern angelegt und auf Laufkunden ausgerichtet. Die Freiwahl nimmt einen breiten Platz ein.

IV. Apothekenrecht und -betriebsordnung

1. Der Pharmazierat: „US-Marshall" der Volksgesundheit

Analog zur Lebensmittelbranche unterliegen auch die öffentlichen Apotheken in Deutschland der Kontrolle des Regierungspräsidenten oder Sozialministeriums. Allerdings gibt es für Apotheken eine zweite Kontrollinstanz, die in dieser Form bei keinem anderen Berufszweig vorkommt: den Pharmazierat.

> „Apotheken unterliegen strengen Kontrollen. Sie werden regelmäßig und unangekündigt von unabhängiger Stelle geprüft. Je nach Bundesland heißen die Kontrolleure Pharmazieräte oder Amtsapotheker und sind dem Regierungspräsidenten und dem Sozialministerium unterstellt. Gefürchtet sind sie alle." „Wird eine Apothekenhelferin, die nicht zum pharmazeutischen Personal gehört, bei der Abgabe von Medikamenten erwischt oder gibt ein Mitarbeiter [...] ein verschreibungspflichtiges Medikament ohne Rezept ab, ist der Teufel los." (Wahl, Straub: Rezeptfrei, Achtung Kontrolle)

In vornehmlich den südlicheren Bundesländern sind Pharmazieräte verbeamtet. In den anderen Bundesländern sind es Apotheker, die von den Apothekerkammern ins Ehrenamt auf Zeit berufen werden, um im Zusammenwirken mit der zuständigen Gesundheitsbehörde die notwendigen Kontrollen in Apotheken durchzuführen. In offiziellen Dokumenten sind sie am Namenszusatz PhR zu erkennen, der im Gegensatz zum Doktortitel meist hinter dem Nachnamen geführt wird (Beispiel: Dr. Ernst Mustermann, PhR).

Jede Apotheke muss die im Apothekengesetz, in der Apothekenbetriebsordnung sowie im Arznei- und Betäubungsmittelgesetz und im Arzneibuch klar definierten Anforderungen an Dokumentation,

Lagerung, Herstellung und Abgabe von Medikamenten erfüllen und jederzeit nachweisen können.

Wenn es um die pharmazeutische Beratungsqualität in den Apotheken sowie die Einhaltung der vorgeschriebenen Abgaberichtlinien geht, sind die Damen und Herren Pharmazieräte ebenfalls regelmäßig zur Stelle.

„Apotheker müssen mit vermehrten Besuchen von Testkäufern rechnen. Kammern und Pharmazieräte wollen die Taktzahl in vielen Bundesländern erhöhen", schrieb jüngst etwa die Onlineredaktion von Apotheke Adhoc, dem führenden Branchennachrichtendienst. Müßig zu erwähnen, dass es sich bei diesem Infodienst um die Pflichtlektüre für alle Apothekenspezialisten unter den Versicherungsvermittlern handelt.[1]

Um ihren Kontrollauftrag ausführen zu können, sind die Pharmazieräte mit weitreichenden Kompetenzen ausgestattet. Ihre Besuche in Apotheken werden deshalb so gut wie immer von Aufwand, Aufregung und Stress begleitet. Beim Einsatz von ehrenamtlichen Pharmazieräten wird übrigens aus Wettbewerbsgründen darauf geachtet, dass ihre eigenen Apotheken außerhalb des von ihnen betreuten Zuständigkeitsgebietes liegen.

Beanstandungen bei der Revision sind Apothekern immer äußerst peinlich, wie Karin Wahl in ihrem Buch „Rezeptfrei" in vielen kleinen Episoden plastisch und meist vergnüglich zu lesen darlegt. Gar nicht zum Lachen war ihr jedoch selbst zumute, als der für sie zuständige Pharmazierat bei der *Eröffnungsrevision* angesichts eines für später geplanten Sanierungsumbaus kurz und bündig verkündete: „Entweder Sie erledigen das im nächsten halben Jahr, oder ich mache die Bude dicht."[2]

Meist droht Apothekern nach einer Bemängelung obendrein Ärger mit dem Amt oder eine Nachbesichtigung. Es kann aber auch zur zeitweiligen Schließung der Apotheke kommen. Bei besonders

1 Siehe Apotheke-Adhoc, Newsletter vom 19. Januar 2015, www.apotheke-adhoc.de/nachrichten/nachricht-detail/boehringer-spendiert-testkauf-training/).

2 Quelle: Karin Wahl, a.a.O., „Bombengeschichte".

gravierenden Verstößen ist selbst eine Aberkennung der Approbation vorgesehen.[1]

► Der Pharmazierat wacht über die Kontrollen in Apotheken. In manchen Bundesländern ist der PhR verbeamtet, in anderen wird er von der Apothekerkammer gestellt. Immer jedoch hat er in Zweifelsfällen das letzte Wort.

Für Versicherungsvermittler ist eine zweite Funktion der Pharmazieräte bedeutsam. Diese sind auch der zuständige Entscheider, wenn es in Folge eines Versicherungsschadens darum geht, die Abgebbarkeit von Waren sowie die weitere Betriebsbereitschaft der Apotheke zu beurteilen.

Für Apotheken steckt in diesem eher harmlos daherkommenden Satz eine enorme Sprengkraft. Denn hier geht es im Zweifel sehr schnell um fünfstellige Summen oder die Existenz schlechthin. Zur Verdeutlichung folgt ein kleines Rollenspiel. Bitte betrachten Sie die nächsten drei Absätze aus der Sicht eines Pharmazierates.

Da die Apothekeninhaber wegen der oben genannten Konsequenzen niemals das Votum des Pharmazierates missachten würden, steht die Entscheidung des zuständigen PhR immer über allen Voten der Regulatoren und Gutachter von Versicherungsgesellschaften. Das jedoch ist in den Allgemeinen Versicherungsbedingungen (AVB) der meisten Policen nicht so vorgesehen. Ein Ärgernis, das Apothekern im Schadenfall teuer zu stehen kommen könnte und sie zu einem langwierigen Prozess zwingen würde.

1 Vergleiche PZ, Ausgabe 39/2010, www.pharmazeutische-zeitung.de/index.php?id=35418.

▶ Fall 1: Es brennt in der Apotheke – sagen wir mal im Apotheker-Büro. Dieses entsorgt sich gerade quasi selbst in dickem Qualm und Rauchschwaden. Der Brand kann schnell gelöscht werden. Der Rauch zieht, auch quer durch das Lager, zügig ab. Weitere Schäden außerhalb des Büros des Apothekers gibt es nicht.

Einen Tag später kommen Sie – der für diesen Fall zuständige Pharmazierat – und begutachten den Schaden, damit die Apotheke, die selbstverständlich nach dem Brand vorsorglich geschlossen wurde, wieder öffnen kann. Sie stellen nun fest, dass die Ware unbeschädigt ist und lediglich die Umverpackung ganz leicht riecht.

Wie lautet Ihre Entscheidung zum Warenlager, wenn Sie als Pharmazierat für die Volksgesundheit und einen ordnungsgemäßen Apothekenbetrieb zu garantieren hätten?

▶ Fall 2: Heftiger Wasserschaden. Die Betriebsunterbrechung (BU) dauert schon über zwei Wochen, wegen der lauten Trocknungsgeräte war an Apothekenbetrieb nicht zu denken. Es ist Donnerstag, die Arbeiten sind so gut wie abgeschlossen, die Handwerker seit gestern fort, nur die Reinigungskräfte haben noch ein wenig zu tun.

Die Versicherung hat ohne Wenn und Aber die Kostenübernahme inklusive Betriebsunterbrechung bis zum Ende der Arbeiten voraussichtlich am Freitag zugesagt. Sie kündigen für Samstag die Wiedereröffnungsrevision an und sind pünktlich vor Ort. Alles ist sauber, ordentlich – keine Beanstandungen sind zu erwarten. Kaufmännische und technische Betriebsbereitschaft ist gegeben.

Das Trocknungsprotokoll liegt vor, zwar nicht amtlich bestätigt, aber vollständig und aussagekräftig. Sie hätten zum Schluss gern noch das Pilz- und Sporengutachten gesehen, aber das wurde nicht erstellt.

Herr Pharmazierat: Bitte entscheiden Sie jetzt, ob diese Apotheke nach definitiv vollständiger Erledigung aller Reparaturarbeiten am Montag wieder öffnen darf.

Ende des Rollenspiels. Vergleichen Sie nunmehr Ihre erste Entscheidung mit dem entsprechenden AVB-Passus einer beliebigen Inhaltsversicherung, Stichwort „Gutachterverfahren“. Achten Sie dort bitte insbesondere darauf, wer am Ende die für die Versichererungsgesellschaft verbindliche Entscheidung fällt und ob das der Pharmazierat ist oder nicht.

Bei der zweiten Entscheidung wäre zu klären, wann eine BU bedingungsmäßig endet. In jedem Fall gilt: Der Apotheker hat das umzusetzen, was der PhR entscheidet. Im Zweifel heißt das für ihn, die Kosten zu tragen und/oder den Versicherer zu verklagen. Beides wird er nicht wollen, beides kann auch der betreuende Makler nicht wollen. (Mehr hierzu finden Sie im Kapitel VI.3.d unter der Überschrift „Gutachterverfahren“.)[1]

Praxistipp

Sollten Sie jemals hören, dass eine Revision ansteht, treten Sie besser sofort den geordneten Rückzug an. Meiden Sie diese Apotheke für einen Monat, denn dort bereitet man nun in jeder freien Minute die Revision vor.

2. Das omnipräsente Recht

Die Quintessenz aus dem nachfolgenden Abschnitt sei gleich vorangestellt: Kaum ein anderer Beruf ist derart vielen Gesetzen, Verordnungen und Richtlinien unterworfen, wie der des Apothekers. Man könnte fast behaupten, dass jeder pharmakologisch relevante Handgriff in einer Apotheke exakt vorgeschrieben ist. Wenn Fehler passieren oder Schäden auftreten, liegt also fast immer ein Verstoß gegen mindestens eine Vorschrift vor.

1 Siehe § 64 AMG, www.gesetze-im-internet.de/amg_1976/__64.html.

Aufgrund der unzähligen Paragraphenteufel steigt die Gefahr, dass Apothekern häufiger als Vertretern anderer Berufsgruppen ein wie auch immer geartetes Mitverschulden vorgehalten werden könnte; mit allen negativen Konsequenzen, die aus dem Kammerrecht folgen, und für die gesetzlich oder bedingungsgemäß vorgeschriebene Regulierungspraxis. Diese hohe Dichte an Regelungen und rechtlichen Verordnungen erklärt, warum Apotheker meist absolut genau, ja fast pedantisch, sehr kritisch und verkäuferischen Aussagen gegenüber höchst skeptisch eingestellt sind.

Die wichtigsten Gesetze und Verordnungen zu Apothekern, Apotheken und Arzneimitteln sind zum Beispiel online beim Bundesministerium der Justiz (BMJ) unter bundesrecht.juris.de (www.gesetze-im-internet.de) abrufbar.[1]

Die rechtlichen Vorgaben für den Betrieb einer Apotheke und das Berufsbild des Apothekers finden sich in einer ganzen Reihe von Gesetzen und Verordnungen. Die wichtigsten haben wir Ihnen hier aufgelistet und kurz erläutert.

Das „Gesetz über das Apothekenwesen" (kurz: Apothekengesetz, ApoG) ist das grundlegende Gesetz für Apotheken. Es definiert unter anderem die zentrale Aufgabe von Apotheken: eine ordnungsgemäße Versorgung mit Arzneimitteln. Darüber werden die Bedingungen festgeschrieben, die gelten, um eine Apotheke zu eröffnen, etwa der Besitz einer in Deutschland gültigen Approbation. Die Zahl der maximal möglichen Filialapotheken (drei) wird ebenso festgelegt, wie die Regeln für den Versandhandel.

Die „Verordnung über den Betrieb von Apotheken" (Apothekenbetriebsordnung, ApBetrO) sollte Pflichtlektüre für jeden sein, der Apotheker versichern will. Denn sie regelt gewissermaßen alle wichtigen Details für den Betrieb einer Apotheke. Hier werden die Aufgabenbereiche des Personals ebenso festgelegt, wie die Anforderungen an den Apothekenleiter. Wichtig sind auch die darin gefassten Mindestanforderungen an die Räumlichkeiten und die Herstellung von Arzneien.

1 Siehe auch Anhang.

Die ApBetrO wird bei Bedarf neu gefasst, was gravierende Auswirkungen auf die Werteversicherungen sowie die Altersvorsorge des Inhabers haben kann. Ein Beispiel hierfür ist die zuletzt erfolgte Änderung in der ApBetrO, die festgelegt hat, dass das Labor mit einem Notausgang ausgestattet sein muss.

Viele kleine Stadtapotheken haben jedoch ihr Labor in den Keller verbannt, um oben mehr Platz für die Offizin zu schaffen. Die neue Regelung hatte deswegen zum Teil immense Umbaukosten zur Folge. Wo immer die Nachrüstung mit einem Fluchtweg nicht möglich war, hieß es für den Inhaber: Die Apotheke ist ab sofort nicht mehr verkäuflich. Ihr Wert sank damit auf null, es hat quasi eine Enteignung stattgefunden. (Auf dieses Thema werden wir in Kapitel VI.3.a noch einmal ausführlich zu sprechen kommen.)

Weniger gravierend, aber versicherungstechnisch äußerst relevant war die Anordnung, dass alle Apotheken mit Bestellfunktion im Internet ab dem Stichtag 1. Januar 2011 eine sogenannte Internet-Transportversicherung vorweisen müssen. Versicherungsvermittler, die das wissen, können damit gleich doppelt punkten. Sie können a) ihren Kunden fachbezogen warnen und profilieren sich als verlässlicher Experte, der sich auskennt, und b) eröffnet sich zusätzlichen Cross-Selling-Umsatz.

3. Das Arzneimittelrecht

Die Zeiten, in denen obskure Salben und Säfte zur Heilung menschlicher Leiden angerührt wurden, sind lange vorbei. Heute regelt der moderne Staat über das Arzneimittelrecht die Versorgung der Bevölkerung mit hochwertiger Medizin, indem er die Zulassung und den Herstellungsprozess von Medikamenten streng reglementiert. Damit kommt er seiner Pflicht nach, den Bürger zu schützen.

Das „Gesetz über den Verkehr mit Arzneimitteln“ (Arzneimittelgesetz, AMG) gehört zum Verwaltungsrecht. Im Zentrum des Interesses bei diesem, dem Betäubungsmittelgesetz nahestehenden

Gesetzestext steht die ordnungsgemäße Arzneimittelversorgung von Menschen und Tieren.

Die „Arzneimittelpreisverordnung" (AMPreisV) regelt in erster Linie die Preisbildung für verschreibungspflichtige Fertigarzneien. Es werden aber auch die Preise für Arzneien, die in der Apotheke hergestellt werden, festgelegt. Weiterhin reglementiert die Verordnung die Abgabepreise des Großhandels.

Die „Verordnung über apothekenpflichtige und freiverkäufliche Arzneimittel" (AMVerkRV) schreibt vor, welche Arzneien frei verkäuflich sind und welche unter die Apothekenpflicht fallen.

Die „Verordnung über Standardzulassungen von Arzneimitteln" (StandZV) ermöglicht es dem Bundesministerium für Gesundheit (BMG) seit dem Jahr 1976, bestimmte Arzneien gemäß § 36 AMG von der Zulassungspflicht zu befreien. Voraussetzung dafür ist, dass keine Gefährdung von Mensch oder Tier durch das Mittel zu erwarten ist.

Die „Verordnung über die Verschreibungspflicht von Arzneimitteln" (Arzneimittelverschreibungsverordnung, AMVV) definiert, welche Arzneimittel von Apotheken nur auf Vorlage eines Rezepts abgegeben werden dürfen. Für Betäubungsmittel gilt die Betäubungsmittelverschreibungsverordnung.

Übrigens: Arzneien haben eine pharmakologische Wirkung, Inhaltsstoffe wirken sich auf den Metabolismus (den Stoffwechsel) aus oder setzen am Immunsystem an. Medizinprodukte dagegen sind Gegenstände und Stoffe, die eher physikalische oder physikochemische Wirkungen haben. Man muss also deutlich zwischen Arzneien und Medizinprodukten unterscheiden (siehe auch die nachfolgenden Abschnitte).

4. Das Medizinprodukterecht

Das „Gesetz über Medizinprodukte" (Medizinproduktegesetz, MPG) definiert Gegenstände oder Stoffe, die einem therapeutischen oder einem *diagnostischen* Zweck dienen, jedoch keine Arzneimittel sind. Letztgenannte haben, wie in vorherigen Abschnitt beschrieben, eine primär pharmakologische, metabolische oder eine immunologische Wirkung.

„Die Abgrenzung der Medizinprodukte zu Arzneimitteln ist bedeutsam, da Marktzugang und Verkehrsfähigkeit unterschiedlich geregelt sind", schreibt das Onlinelexikon Wikipedia unter dem Stichwort „Medizinprodukte". Ein tiefer gehender Blick auf diese Seite und Informationen im Internet ist für jeden Vermittler absolut empfehlenswert.

Die „Verordnung über Medizinprodukte" (Medizinprodukteverordnung, MPV) regelt die weiteren Durchführungsbestimmungen im Umgang mit Medizinprodukten. In der „Verordnung zur Regelung der Abgabe von Medizinprodukten" (Medizinprodukte-Abgabeverordnung, MPAV) schließlich werden die Abgabebeschränkungen von Medizinprodukten (unter anderem die Verschreibungs- und Apothekenpflicht oder die Vorgaben für eine sachgerechte Lagerung) abgehandelt.

Bei der „Arzneimittel- und Wirkstoffherstellungsverordnung" (AMWHV) handelt es sich um eine Durchführungsverordnung des Arzneimittelgesetzes. Sie bestimmt Art und Weise der Herstellungspraxis, mit der die Qualität bei der Produktion von Arzneimitteln gesichert werden soll. Das Arzneimittelrecht wird ergänzt durch das noch strengere Betäubungsmittelrecht.

Das „Gesetz über den Verkehr mit Betäubungsmitteln" (Betäubungsmittelgesetz, BtMG) hieß früher *Opiumgesetz*. Versicherungsvermittler sollten mit der Betäubungsmittel- (*BTM-*) Thematik auf jeden Fall vertraut sein. Schließlich gehören BTM-Präparate wie insbesondere *Tilidin*, aber auch Medikamente wie *Methadon* oder *Psychopharmaka* wie *Ritalin* & Co. bei Einbrüchen zur meistgesuchten Beute.

Ein weiteres begehrtes Diebesgut der Eindringlinge ist natürlich das liebe Geld. Übrigens kommen Raub- und ED-Schäden (Einbruchdiebstahl-Schäden) in Apotheken recht häufig vor.

Für Apotheker ist der BTM-Gesetzestext vor allem wegen der darin aufgeführten Definition der verkehrs- und verschreibungsfähigen Betäubungsmittel (Anlage III) wichtig. Morphine oder Barbiturate gehören beispielsweise in diese Gruppe und können daher, sofern ein Rezept vorliegt, an Patienten abgegeben werden. LSD (Lysergsäurediethylamid, nicht verkehrsfähig) oder Cocablätter (verkehrs-, aber nicht verschreibungsfähig) sind dagegen in Apotheken grundsätzlich tabu.

► Für Langfinger oder andere kriminelle Gesellen gibt es in Apotheken einiges zu holen. Besonders interessant ist für sie der Betäubungsmittelschrank. Der Einbruchdiebstahl stellt damit ein ernsthaftes Problem für Apotheken dar.

Die Abgabe derjenigen Betäubungsmittel, die in der Anlage III als verkehrs- und verschreibungsfähig aufgeführt werden, regelt die „Verordnung über das Verschreiben, die Abgabe und den Nachweis des Verbleibs von Betäubungsmitteln" (Betäubungsmittelverschreibungsverordnung, BtMVV). Unter anderem sind hier die Höchstabgabemengen festgelegt.

Da ein Betäubungsmittel in der Regel sehr schnell, spätestens aber nach sieben Tagen, an den Patienten abgegeben werden muss, kann es sein, dass das Rezept, je nach Lieferbarkeit, nach Rücksprache mit dem Arzt geändert werden muss (Achtung: Haftpflicht- und Retaxations-Risiko). Deshalb müssen Apotheker eine umfassende BTM-Dokumentation erstellen, in der jedes Detail rund um die Abgabe von Betäubungsmitteln festgehalten wird.

5. Und weiter so im Recht

Apotheker müssen sich natürlich auch an das Bürgerliche Gesetzbuch (BGB), die Bundes- und Landesgesetze sowie diverse Wirtschaftsvorgaben und Unternehmensregeln halten. Für sie gelten ebenso das Wettbewerbs- und Steuerrecht sowie mannigfaltig weitere Vorschriften. Da dieser Sachverhalt jedoch gleichfalls für jeden anderen Unternehmer gilt, können die erwähnten Verordnungen in diesem Zusammenhang vernachlässigt werden.

Einige weitere Gesetzeswerke sind für Apotheker jedoch noch von besonderer Bedeutung und sollten deswegen dem Versicherungsvermittler bekannt sein. Dazu gehören bespielsweise die Vorgaben des Eichgesetzes (EichG). Denn selbstredend unterliegen auch die geeichten Messinstrumente, die der Apotheker nutzt, einer regelmäßigen Kontrolle. Schließlich geht es bei Medikamenten meist um Milli-Mengen.

Selbst die häufig in der Offizin aufgestellten Personenwaagen müssen geeicht sein – wenn das Wiegen von Personen in einer Apotheke etwas mehr als ein kleiner zusätzlicher Kundenservice sein soll.

Das „Gesetz über die Werbung auf dem Gebiete des Heilwesens“ (Heilmittelwerbegesetz, HWG) wiederum soll verhindern, dass eine Person, die von einer Krankheit betroffen ist, durch irreführende Werbung zur schädlichen Selbstmedikationen verleitet wird. Das Gesetz schränkt unter anderem die Werbung für Arzneimittel, Medizinprodukte und weitere Mittel, Verfahren und Behandlungen ein. In einer Anlage zu diesem Gesetz werden zudem diejenigen Erkrankungen definiert, auf die eine Werbemaßnahme in keinem Fall Bezug nehmen darf.

Die wohl bekannteste Festschreibung, die das Heilmittelwerbegesetz trifft, ist die aus zahlreichen Fernsehspots bekannte – und meist im Eiltempo verlesene – Formel: „Zu Risiken und Nebenwirkungen lesen Sie die Packungsbeilage und fragen Sie Ihren Arzt oder Apotheker“.

V. Eintritt in die Welt der Apotheker und Apotheken

1. Unter der Lupe: die Apotheken-Akquise

a) Mehrere Wege zum Ziel

Welcher Weg ist der beste? Gleich vorweggenommen: Diese Frage ist von Grund auf falsch. Seit Verkaufstrainer, Berater und Coaches mit ihren Ratschlägen unterwegs sind, wird auch der jeweils bevorzugte vermeintliche Königsweg propagiert. Zwar kann im Vertrieb jederzeit nachgemacht werden, was andere als Vorbild anpreisen. Die wort- und bildgewaltig prophezeiten immensen Erfolge bleiben in aller Regel aber aus.

> „Von Beginn an suchte ich nach einer Zielgruppe oder einer Sparte. Schnell war klar, dass es bereits viele Spezialisten, zum Beispiel für bAV, biometrische Risiken, private Krankenversicherung et cetera gibt. Eine berufsspezifische Konzentration, beispielsweise auf IT-Fachkräfte, Bauingenieure, Fitnessstudios oder Autohäuser erschien mir erfolgsversprechender. Die Entscheidung für die Apotheker hat ihre Ursache in meinem sozialen Umfeld, das mir meinen Start und die ersten Schritte erleichterte." (Günter Mayrhofer, Versicherungsmakler aus Niederaichbach)

Fragen Sie sich also besser: Welcher Weg passt zu mir? Für welchen Weg kann ich brennen, womit habe ich in dieser oder jener Zielgruppe oder gar in einer noch enger gefassten Kommunikationsgemeinschaft bereits gepunktet? Stallgeruch, werte Vermittlerkollegen, hat in unserem Fall nichts mit einer Landwirtschaftsversicherung zu tun. Bei unserem Stallgeruch geht es vielmehr um das Dazugehören.

Ja, es gibt tatsächlich höchst erfolgreiche Vermittler, die sich auf Tierversicherungen oder Kfz, auf bAV oder Netto-Tarife, auf Gerüstbauer, Künstler, Zahnärzte oder Apotheker, sogar auf Lehrer oder Steuerberater spezialisiert haben. Sie interessieren sich damit für Kommunikationsgemeinschaften, die die Vermittlerschaft als solche aufgrund diverser Vorurteile gemeinhin meidet. Weil sie, so das kurzsichtige Urteil, entweder nur Arbeit machen würden oder zu fachlich, zu volatil, zu bürokratisch oder schlichtweg zu schwer zufriedenzustellen seien.

Praxistipp

Bevor Sie den ersten Apotheker angehen, beantworten Sie sich bitte die nachstehenden Fragen ganz genau. Kann ich mit Apothekern? Passe ich zu denen? Mag ich die? Kann ich ihre Erwartungen erfüllen? Welchen Mehrwert kann ich bieten, den sie dringend brauchen? Das ist das wertvollste Selbst-Coaching, das Sie jemals durchlaufen können.

Mit der Erfahrung aus vielen Hundert Seminaren, aus Coachings und Beobachtungen kann ich sagen: Die Geschäftserfolge der spezialisierten Kollegen beruhen alle auf einem einzigen interdependenten Faktor. Ihre Klientel passt zu ihnen, und für ihre Kunden sind sie entweder „einer von ihnen“ oder sie sehen im jeweiligen Kollegen „den Experten für ihren Bedarf“. Nur wenn beide Seiten zueinander passen, klappt es auch mit dem dauerhaften Erfolg als Versicherungsvermittler.

Nicht jeder wird sofort für sich entscheiden können, ob er Zugang zum Berufsstand Apotheker finden oder weiterhin mit diesem fremdeln wird. Genau bei dieser Überlegung hilft dieses Buch. Wenn Sie Apotheker gewinnen wollen oder zunächst nur neugierig sind auf diese Spezies, dann beginnt Ihr Weg in den neuen Arbeitsalltag nun hier: bei der Akquiseplanung.

b) Der bekannte Weg: das Telefon

Apotheker sind Menschen, die gemeinhin vieles genauer nehmen als andere. Sie müssen es sein, denn bei Medikamentdosierungen darf es weder „etwas mehr sein" noch etwas weniger. Apotheker lernen früh im Studium, dass es immer um das „Milli" geht, egal ob Gramm, Liter oder sonstige Einheiten. Diese Verpflichtung auf besondere Sorgfalt und Genauigkeit sollten Sie bei der Apotheker-Akquise ernst nehmen. Bei Terminen bedeutet 14.00 Uhr auch 14.00 Uhr. Nicht etwa 13.45 Uhr, weil Sie gut im Straßenverkehr durchgekommen sind, und auch nicht 14.15 Uhr, weil vielleicht nicht.

Großartig, werden Sie nun denken. Ein Kunde, der auf Pünktlichkeit Wert legt. Sie werden sofort alle Apotheken im Umkreis recherchieren, den Inhaber oder die Inhaberin feststellen – und ab ans Telefon, Termine machen. Nur los und viel Erfolg! Die Erfahrung lehrt jedoch: Aus dem Stand heraus klappt das so gut wie nie.

Denn Apotheker müssen es genau nehmen in einem Arbeitsumfeld, das sie nur sehr begrenzt selbst bestimmen und gestalten können. Ständige Störungen kennzeichnen ihren Beruf beziehungsweise Arbeitsalltag, angefangen vom Kunden über Vertreter bis hin zu diversen Aufsichtsinstitutionen. Alle Verantwortung lastet allein auf den Inhabern, denn die Mitarbeiter haben – soweit nicht approbiert – allesamt de jure eben doch nur helfende Funktionen. Um den Apothekenalltag sicher und gefahrlos zu gestalten, gibt es eine überbordende Qualitätsbürokratie, die garantieren soll, dass nichts schief geht.

- ► Gedankenspiel: Wie würden Sie sich fühlen, wenn Sie als Versicherungsmakler mit drei Mitarbeitern trotzdem von jedem Kunden persönlich angefragt werden? Und wenn Ihre Mitarbeiter bei jeder Auskunft, bei jeder Entscheidung und jedem Tarif zu Ihnen kämen, um sich zu vergewissern, dass dies so in Ordnung ist? Wie sähe Ihr Tag aus, wenn Sie alle Beratungsdokumente jederzeit vorzeigbar halten müssten, weil gleich ein Ombudsmann hereinplatzen könnte, um das alles zu prüfen? Und wie fühlten Sie sich, wenn von alledem immer und jederzeit Ihre Existenz als Selbstständiger abhängen würde?

Ehrlich gesagt: Sie und alle anderen Unternehmer oder Freiberufler würden wahrscheinlich die drei Mitarbeiter sofort ermahnen. Sie würden sich, wann immer es geht, außerhalb der Kundensichtweite verschanzen, um schnellstens die letzten Beratungstermine gemäß dem Versicherungsvertragsgesetz (VVG) zu dokumentieren. Selbst ein radikaler Schnitt käme Ihnen vermutlich in den Sinn: Den Laden schließen, um in Zukunft etwas Sinnvolles zu machen.

Das Berufsbild der Apothekers schreibt aber genau diese drei oben karikierten Arbeitsinhalte vor: Nur das pharmazeutische Personal darf rezeptpflichtige Medikamente abgeben. Apotheker haben die Pflicht zur Kundenberatung und sie müssen die strengen Anforderungen im Interesse der Volksgesundheit nicht nur im Rahmen einer *Qualifizierung* nachweisen, sondern auch permanent im *Qualitätsmanagement* dokumentieren. Bei nachgewiesenem Fehlverhalten drohen empfindliche Strafen bis hin zum Approbationsentzug – vulgo dem Berufsverbot.

Was also würden Sie tun, wenn Sie in diesen Rahmenbedingungen arbeiten müssten? Klar erkannt, Sie würden alles daran setzen, sich von einer anderen Seite keine zusätzlichen Themen oder Termine aufnötigen zu lassen. Sie würden einen dauerhaften Abwehrkampf gegen jeden führen, der Sie wegen etwas vermeintlich Marginalem stört und Ihnen damit die Zeit stehlen will.

Bei Apothekern kommt hinzu: Sie vereinbaren höchst ungern Termine, weil sie eben in allem, was sie tun, so korrekt sind. Ein gegebener Termin ist vorzubereiten und pünktlich einzuhalten. Apotheker wissen aber genau, dass ein einziger kranker Mitarbeiter, ein ausuferndes Kundengespräch, gar eine drohende Revision oder einfach nur apothekenfreundliches Erkältungswetter ausreichen, um ihre Planung über den Haufen zu werfen. Wenn sie also, aus ihrer Sicht gesehen, weniger bedeutsame Termine gar nicht erst vereinbaren, brauchen sie diese weder vorzubereiten, noch trotz der Widrigkeiten des Apothekenalltags durchzuführen.

Praxistipp

Wenn Sie einen Termin vereinbaren und früher da sind, dann bestellen Sie beim Bäcker gegenüber lieber noch einen Kaffee und lassen die Zeit bis zum Gespräch verstreichen. Sollten Sie sich verspäten, rufen Sie fünf Minuten vor dem vereinbarten Zeitpunkt in der Apotheke an und avisieren die Verspätung, auf dass man es dem Chef ausrichten möge. Verlangen Sie nicht nach diesem selbst! Das könnte bereits zu viel der Störung sein.

Versicherungstermine gehören im Allgemeinen zu den weniger wichtigen Terminen – jedenfalls so lange, wie noch nichts Konkretes passiert ist. Und so ist es in aller Regel recht unerquicklich, in Apotheken telefonisch um einen Termin mit dem Chef zu bitten. Sind Sie aber ein begnadeter Telefon-Akquisiteur? Dann legen Sie los und viel Erfolg! Sollten Sie einen Apothekentermin bekommen – was nach dem Gesetz der großen Zahl vorkommen wird –, seien Sie bestens vorbereitet und auf die Minute pünktlich.

c) Der formale Weg: das Anschreiben

Briefe von Unternehmer an Unternehmer sind eine sinnvolle Sache; so manches gut gemachte Mailing, das im Laufe meiner Berufspraxis – postalisch oder online – versandt worden ist, war durchaus erfolgreich. Als Beispiel sei hier ein individuell gestaltetes Mailing an Gesellschafter-Geschäftsführer (GGF) erfolgreicher Unternehmen genannt, das in den späten 90er Jahren mit einem Kunden aus Bruchköbel zum Thema „GGF-Versorgung mit Immobilienrückdeckung" umgesetzt wurde. 112 Briefe im Raum Hanau wurden verschickt, immerhin neun GGF antworteten selbst, mit 19 weiteren wurden in einer Nachfassaktion Termine vereinbart. Aus den 28 nunmehr „warmen“ Kontakten zog der Immobilienvermittler 17 kZ-, kI- oder kG-Nieten,[1] aber auch elf tiefer gehende Gespräche. Sechs Interessenten kamen bis zur Berechnung, drei haben gekauft. Insgesamt wurden neun Wohnungen protokolliert. Alle waren zufrieden.

Ich bin mir sicher, dass man in Apotheken mit entsprechend attraktiven Themen, wie zum Beispiel der apothekenintern aktuell heiß diskutierten Rezeptfreigabe der *„Pille danach“*, durchaus postalisch, per Fax oder per Mail Aufmerksamkeit erregen kann. (Übrigens: Das gute alte Faxgerät stellt in Apotheken oft noch den vielversprechendsten Weg dar, denn es bildet häufig die bestgenutzte Kommunikationsachse zwischen Arztpraxen, Apotheken und Großhandel.)

Es könnte gehen – wenn da nicht das vermaledeite Apothekerbüro wäre. Alle, die jemals diesen meist als Büro und Nachtdienstzimmer doppelt genutzten Raum betreten haben, werden wissen, worauf hier anspielt wird.

Die weitaus meisten Apothekerbüros mutieren früher oder später zu besseren Abstellkammern mit Übernachtungsoption und Mini-TV für lange Dienstnächte. Im Extremfall sind sie überfüllt mit allem und jedem, das in den restlichen Apothekenräumen nicht recht Platz fand. Und das ausgerechnet bei einem höchst peniblen Inhaber, dem das Chaos oft sichtbar peinlich ist. (Für Übertreibungen angesichts natürlich existierender Ausnahmen wird an dieser Stelle um Absolution gebeten.)

Das steht im herben Widerspruch zu dem bislang Gesagten und bedarf – nicht zuletzt zur Ehrenrettung aller sich jetzt eventuell ertappt fühlender Apotheker – dringend einer Erläuterung, da der Inhaber in aller Regel daran völlig unschuldig ist. Denn solche Apothekerbüros sind räumliche Fehlplanungen erster Güte. Bei der Einteilung einer neuen oder Übernahme einer bestehenden Apotheke wählt sich der Inhaber, bescheiden wie er ist, meist das hinterste

1 Das heißt: keine Zeit, kein Interesse, kein Geld.

Zimmer, das da ist. Eine massive Fehleinschätzung, wie sich später im Alltag zeigen wird.

So rennen zum Beispiel Mitarbeiter, die die Unterschrift des Prinzipals für ein Rezept brauchen, mehrmals in der Stunde zwischen Offizin und Büro hin und her. Kunden müssen deswegen längere Wartezeiten in Kauf nehmen.

► „Wichtig", „unwichtig", „könnte interessant sein": Die ungelesene Post stapelt sich fein säuberlich gehäuft im Büro des Apothekers. Dort wachsen die Stapel dann gen Decke. Wer hier Abhilfe schafft, macht sich beliebt.

Es dauert nicht lang, und der Chef zieht um. Mit Vorliebe gleich rechts oder links in den vorderen Bereich, von der Offizin nicht einzusehen, hinter die Sichtwahl. Dort wird dann ein kleiner versteckter Durchguck eingebaut, damit der Chef bei interessanten Stammkunden sofort hervorkommen, bei anderen eventuell in der Deckung bleiben kann. Spezialisierte Architekten und Apothekeneinrichter berücksichtigen dies bereits in ihren Planungen und integrieren den Wege optimierenden Chef-Arbeitsplatz mit in ihre Entwürfe.

Damit wird ein separates Chefzimmer eigentlich obsolet. So beginnt dann schnell dessen sukzessive Zweckentfremdung. Der nunmehr deutlich weniger bewohnte Raum wird zunehmend für andere Aufbewahrungszwecke genutzt. Unter anderem auch gern für Post aller Art, außer von Bestellungen und Großhandels-Faxen, versteht sich.

Im hintersten Raum wachsen dann langsam aber unaufhaltbar drei Stalagmiten in Richtung Decke. Über der ersten Säule könnte ein Schild mit der Aufschrift hängen: „Wichtig, aber keine Zeit zum Lesen". Über der zweiten: „Eventuell wichtig, aber keine Zeit das herauszufinden". Die dritte Säule könnte gekennzeichnet sein mit: „Wohl unwichtig, aber keine Zeit zum Entsorgen".

Um es für alle Qualitätstexter deutlich zu sagen: Egal, was Sie schreiben – mit allerhöchster Wahrscheinlichkeit lässt Ihr Brief nur den dritten Stapel noch etwas mehr gen Decke wachsen. Wenn Sie also diesen Weg gehen, dann besser in Verbindung mit einer weiteren Anspracheaktion. Ein Anruf, mit dem Sie Ihr Schreiben in der Apotheke ankündigen, kann helfen.

Praxistipp

Aus den Postbergen in den Büros meiner Kunden habe ich persönlich bereits diverse Regulierungsschecks „herausoperiert". Einige musste ich tatsächlich reanimieren – also diejenigen von Versicherungsunternehmen mit einem neuen Datum neu ausstellen lassen. Meine Versicherer habe ich gebeten, alle Post direkt an mich zu schicken (da zieren sich einige Gesellschaften sehr). Seitdem klappt es bestens und alle sind zufrieden. Einige Kunden geben mir jetzt all ihre Versicherungspost „zur Durchsicht". Dies wird von ihnen als extrem entlastend empfunden. Als Vermittler sieht man dabei sofort, welches Thema von wem gerade besonders gepusht wird. 80 Prozent der Versicherungspost landen übrigens stante pede in der Rundablage.

Noch besser wäre es jedoch, das Schreiben selbst abzugeben. Geben Sie der Mitarbeiterin, die sich Ihnen nicht entziehen kann, eine kurze Erklärung und drücken Sie dann, wenn es geht, Ihre Post dem Chef persönlich in die Hand. Oder Sie lassen ihm Ihr Schreiben zumindest persönlich aushändigen. So stören Sie nicht allzu sehr, der Boss merkt, dass Sie „extra da waren“ und die Chancen stehen gut, dass er Ihre Post tatsächlich wahrnimmt und liest.

Für besonders engagierte Kollegen könnte auch der Nacht- und *Notdienstkalender* eine weitere Planungshilfe sein, denn sehr oft nutzen die Inhaber diese Dienste, um aufgelaufene Stapel abzuarbeiten. Sie sind also persönlich anwesend und haben eventuell sogar etwas Zeit und Neugier auf die Nachrichten, die ihnen gerade durch die Notdienstklappe überreicht wurden.

d) Der heiße Tanz: die Kaltakquise

Nehmen wir an, Sie haben tatsächlich einen ersten Termin vereinbart oder sich für den Tag einige unangekündigte Apothekenbesuche vorgenommen. In der Offizin angekommen, wäre es jedoch falsch von Ihnen, sofort auf den Termin hinzuweisen oder nach dem Inhaber zu verlangen. Denn nun gilt es, sich erst einmal „richtig zu benehmen“.

Das beginnt mit der korrekten Platzwahl. Ideal ist, sich im Eingangsbereich rechts oder links in der am wenigsten frequentierten Freiwahlecke zu postieren. Das wirkt unaufdringlich, wahrt die Diskretion und zeigt den Mitarbeitern am HV, dass Sie etwas anderes wollen, als nur eine Medikamentenpackung abzuholen. Sie werden also meist bei den Zahnbürsten, Windeln oder bei den Tierprodukten landen.

Allerdings wissen die Apothekenmitarbeiter nicht erst seit Sie sich dezent in einer menschenleeren Ecke der Offizin aufgebaut haben, was Ihr Anliegen ist. Da das Personal tagtäglich mit kranken oder kränkelnden Menschen zu tun hat, ist es geschult, deren Malaisen frühzeitig zu erkennen. Wir Vermittler outen uns deshalb meist schon beim Eintreten.

Ein freundlicher Blick oder ein kurzes Nicken signalisieren Ihnen, dass Sie vortreten und Ihr Begehr der meist schon von hinten herankommenden Einkäuferin vortragen können. Ihr Verhalten entspricht dem eines Pharmareferenten, und als solcher sind Sie dann auch zunächst einmal klassifiziert worden. Bitte lassen Sie die Dame oder den Herren im HV wissen, dass es um ein Thema geht, dass den Inhaber persönlich betrifft. Wenn dann prompt und bestimmt nachgefragt wird, um was es denn gehe, haben Sie genau drei Möglichkeiten.

Erstens, Sie antworten sinngemäß „um Versicherungen". Der Mitarbeiter verschwindet nach hinten, ist in Sekundenbruchteilen zurück und belehrt Sie, dass es in dieser Apotheke Versicherungen bereits gebe und keine weiteren benötigt würden. Oder, zweitens, Sie bleiben stur und beharren darauf, Ihr Anliegen nur Frau oder Herrn (gegebenenfalls Titel, Inhabername) persönlich eröffnen zu können. Dies kann funktionieren, muss es aber nicht.

Drittens ist dann die hohe Schule des Vertriebs. Sie verfallen in den konspirativen Akquisemodus, indem Sie mit bedeutungsschwerer Stimme einige apothekenspezifische Stichworte erwähnen, die mit Ihrem Besuch zu tun hätten.

Aber Achtung: Um nicht Schiffbruch zu erleiden, müssen Sie spätestens jetzt in der Apotheken-Welt und -sprache sicher zu Hause und in der Lage sein, deren Belange für Apotheker kurz und schlüssig nachvollziehbar mit den entsprechenden Versicherungslösungen zu verbinden. Sie sollten also die wichtigsten apothekenspezifischen Risiken kennen und der Apotheke, in der Sie gerade stehen, auch richtig zuordnen können.

Nun kommt der Ihnen bisher unbekannte Inhaber aus dem hinten liegenden Bereich auf Sie zu und schaut Sie halb gespannt, halb genervt an. Der Blick spricht Bände: „Was dieser Zeitstehler wohl von mir will?". Das ficht gestandene Vermittler bekanntlich nicht an, denn so beginnt fast jede kalte Akquise.

In Apotheken gilt es nun jedoch, die gesamte anfängliche Small-Talk-Phase ersatzlos zu streichen und fachlich sowie klar und deutlich direkt auf den Punkt zu kommen. Denn Sie haben im günstigsten Fall drei Minuten.

Apothekeninhaber in der Offizin haben grundsätzlich nie die Zeit oder die Lust für längere Gespräche. Weder mit einem Kunden, sollte es nicht um die Beratung zu konkreten Medikamenten oder Hilfsmitteln gehen, noch mit Vertretern und zu allerletzt mit uns Versicherungsvermittlern.

Doch es geht erstaunlich gut, wenn der Apotheker in Ihnen sofort einen Top-Fachmann erkennt, der, wie er selbst, exakt und genau die Symptome umreißt und die nötigen Wirkstoffe punktgenau benennen kann.

Praxistipp

Das Gespräch mit dem Inhaber in der Offizin sollte also kurz gehalten werden. Am besten ist, Sie kündigen in Ihrem Satz gleich die konkrete Zeit an, die Sie benötigen – und die dann keinesfalls überzogen wird. Führen Sie zum Beispiel an: „Im Interesse Ihrer Zeit: zwei Minuten für“ oder „nur eine Minute, um nicht zu lange zu stören“ oder „drei Fakten in drei Minuten, die Sie interessieren dürften“. Dann benennen Sie kompakt die am stärksten ins Auge fallenden versicherungstechnischen Risiken der Apotheke Ihres Gesprächspartners und machen mit einem Stichwort neugierig auf Ihre Lösungsvorschläge.

Das erste Gespräch in der Offizin kann nur einem einzigen Zweck dienen: Vom Inhaber hinter den sogenannten Handverkauf gebeten zu werden. Für den Fall, dass es klappt, werden Sie Ihren Augen und Ohren nicht trauen, in welcher Rekordzeit sich der eben noch genervte, skeptische und ablehnende Approbierte zu einem neugierigen, netten, offenen und kompetenten Gesprächspartner mausert. Wenn Sie es erst nach hinten oder – noch besser – tatsächlich bis ganz hinten in sein Apothekerbüro geschafft haben.

e) Der gordische Knoten oder „aus kalt mach' warm"

Der Vermittler zieht in aller Regel „wärmere" Gesprächseinstiege den ganz „kalten" vor. Schon leicht erwärmte, ja selbst laue Kontakte gelten gemeinhin als chancenreicher, erfüllt von der Hoffnung darauf, tatsächlich neues Geschäft zu schreiben. Und dies ist auch gerechtfertigt, denn – besteht bereits eine Beziehung – fällt der Vertragsschluss deutlich leichter. Deshalb ist es nun an der Zeit, nach den frostigen Tipps aus dem Kaltakquise-Repertoire für ein etwas wohligeres Vertriebsklima zu sorgen.

„Eigene" Apotheker

Natürlich werden Sie zunächst „Ihre" Apotheker angehen. Sie haben gegebenenfalls bereits einen oder zwei im Firmen- oder Privat-Bestand, und sei es nur als Kfz- oder Tierhalterhaftpflichtkunde. Und wenn kein Apothekeninhaber dabei ist, dann eventuell ein Approbierter, eine PTA oder PKA, ein Rentner, der regelmäßig Medikamente ausfährt, oder eine Raumpflegerin, die für die Einhaltung der Hygienevorschriften in einer Apotheke zu sorgen hat.

Prüfen Sie das als Allererstes. Dann pflügen Sie Ihren Ärztebestand durch, denn Ärzte kennen Apotheker (und vice versa). Und schließlich sind auch Sie oder Ihre Familie gelegentlich Rezeptbesitzer. Fragen Sie die „Gesundheitsbeauftragten" in der Verwandtschaft und im Bekanntenkreis, welche Apotheke sie typischerweise konsultieren. Eine erste Beziehung wäre also schnell geknüpft.

Empfehlungen

Empfehlungen gehören zum Einmaleins des Versicherungsvertriebs und sollten deshalb wie selbstverständlich genutzt werden. Aber nicht bei Apothekern.

Hier führt das sonst so bewährte Empfehlungsmarketing regelmäßig in die Katastrophe. Eine Frage wie „Sagen Sie, Herr Dr. Müller, welche anderen Apotheker kennen Sie denn so gut, dass Sie Ihnen diese Vorteile auch gönnen würden?“ kann – wenn auch arglos gemeint – zur abrupten Beendigung des Gesprächs führen.

Zwar kennt Apotheker Müller alle Kollegen im Umkreis von mehreren Kilometern ganz genau. Er gönnt ihnen aber nichts. Das liegt nicht nur an der unternehmerischen Konkurrenzsituation, sondern an den Auswirkungen des bereits bekannten Heilmittelwerbegesetz.[1]

> Innerhalb meiner Familie, Freunde und Bekannten waren nicht nur einige Apotheker und Apothekenbeschäftigte, sondern auch Ärzte, ein Pharmareferent, Mitarbeiter von Pflegeheimen. Diese Informanten sind gerade in der ersten Phase sehr wichtig, weil sie neutrale Informationen und damit auch ein Stück Orientierung geben. (Günther Mayrhofer, Versicherungsmakler aus Niederaichbach)

ERFA

Auch Apotheker haben sogenannte ERFA-Gruppen. Doch ihre Erfahrungs-Austausch-Zirkel zeigen signifikant andere Merkmale, als diejenigen anderer Berufsgruppen. Wenn sich zum Beispiel Handwerker als Interessengruppe treffen, dann innerhalb von Innungsgrenzen. Bei Hausärzten stammen die Teilnehmer meist aus einer einzelnen Stadt oder Gemeinde. Sie sind sowieso auf Zusammenarbeit angewiesen. ERFA-Gruppen von Zahnärzten sind homogen aufgebaut. Ihre Mitglieder verfügen jeweils über ähnlich große Praxen oder dieselben Spezialisierungen. Hier ist der Einzugsradius etwas weiter gefasst.

Wenn Apotheker eine ERFA-Gruppe bilden, dann sind die Mitglieder – etwas überzogen formuliert – in Flensburg, Weißwasser,

1 Siehe Kapitel III.

Garmisch und Aachen zu Hause. Man trifft sich in Kassel oder Fulda. Je weiter weg von der eigenen Apotheke eine Aktion stattfindet, desto kooperativer werden Apotheker. Wer also auf ERFA-Gruppen als Warmakquise-Radiator setzt (was durchaus sehr erfolgreich sein kann), sollte entsprechend gut motorisiert beziehungsweise flexibel sein.

Vorträge

Vorträge sind großartig! Viele potenzielle Kunden versammeln sich an einem Ort, um einem zuzuhören, man kann als Experte glänzen. Vortragstermine zu verabreden, ist insbesondere bei Apothekern jedoch schwierig. Die ERFA-Gruppen als Forum zu nutzen, ist mit Kilometerschinderei verbunden.

Besser wäre, die Kammern anzugehen. Diese sind jedoch aller Erfahrung nach Versicherungen gegenüber dermaßen skeptisch eingestellt, dass sie Absicherungsthemen in ihren Veranstaltungen kaum behandeln und wenn doch, dann von branchenfremder Seite aus gesehen, also zum Beispiel durch die Brille des Verbraucherschutzes oder von Institutionen wie Stiftung Warentest.

Bessere Chancen, in einer Veranstaltung vortragen zu dürfen, bieten die Landesapothekervereine (LAV). Diese nehmen sich der wirtschaftlichen und unternehmerischen Belange ihrer Mitglieder an und haben Weiterbildungsangebote im Programm.

Als geeignetes Forum zur Akquise bleibt noch, Apothekermessen und andere öffentliche Veranstaltungen zu nennen. Die Teilnahme an Ersteren ist allerdings äußerst kostspielig; Letztere sind schwierig (rechtzeitig) zu recherchieren, als dass man als Referent noch hinzukommen könnte.

Und doch ist genau der Gang über diese Veranstaltungen ein sehr empfehlenswerter Weg, denn selbstredend müssen auch Apotheker erhebliche Mengen an Weiterbildungspunkten sammeln. Es gibt also unzählige Weiterbildungsmaßnahmen diverser Anbieter mit Punktevergabe, was meist für eine hohe Besucherzahl spricht.

Bei der Auswahl einer Veranstaltung gilt: je exotischer, desto einfacher. Der Apothekerberuf wandelt sich nicht nur zu einer weiblichen, sondern auch zu einer globalisierten Profession. Kunden wünschen sich Gesundheitsberatung in ihrer Muttersprache, weshalb in Multi-Kulti-Gegenden und Touristikzentren viele kleinere Apotheken gedrängt an einem Ort zu finden sind. Und alle leben wunderbar von ihren türkischen, arabischen, kroatischen, italienischen, polnischen, russischen oder sonstigen Landsleuten. Sie alle brauchen auch Weiterbildungspunkte, dann gern auch „unter sich“. Folgerichtig eröffnet sich hier entschlossenen Vermittlern ein breites Spektrum an Möglichkeiten bis hin zur fast schon „heißen Akquise“. Sie müssen nur NDH-Apotheker[1] kennen, die auf sie schwören.

Praxistipp

Berlin ist unstreitig das Mekka der NDH-Apotheker. Ein knappes Viertel der hier Tätigen gehört sicher zu dieser Gruppe. Ich frage regelmäßig gezielt nach Weiterbildungsterminen. Auf Empfehlung eines „meiner“ Apotheker wurde ich dreimal von der Palästinensischen Ärzte- und Apothekervereinigung Deutschland e.V. (PÄAV), Arbeitsgruppe Berlin, eingeladen. Zwar kam ich hier immer nur einige Minuten zu Wort. Das war jedoch genug, um mittlerweile so gut wie alle palästinensischen Apotheker in Berlin und obendrein diverse Ärzte versichert zu haben. Die Abschlussquote liegt übrigens bei 100 Prozent, bisher stornofrei.

Unternehmerische Investition

Wer in einer Kommunikationsgemeinschaft dauerhaft erfolgreich sein will, der braucht Kontakte. Hat er keine oder will er sie nicht mühsam

1 Apotheker nicht deutscher Herkunft mit hierzulande gültiger Approbation.

selbst anbahnen, dann sollte ein Vermittler darüber nachdenken, sich jemanden an Bord zu holen, der über den nötigen Bekanntheitsgrad in dieser Zielgruppe verfügt, um Erstkontakte herzustellen.

Im Gesundheitssektor bieten sich ehemalige Pharmareferenten für eine Zusammenarbeit an. Am besten solche, die ihren Job lange gern und gut gemacht haben sowie alle Praxen oder Apotheken im weiten Umkreis in- und auswendig kennen. Sie sollten noch nicht lange aus dem Geschäft raus sein (und am besten bei sich zu Hause nur partiell geduldet). Schon ist es fertig, das Briefing für die Stellenanzeige. Um einen geeigneten Kandidaten auszuwählen, reicht es völlig, seinen Namen in der einen oder anderen Praxis oder Apotheke beiläufig fallen zu lassen. Dann müssen Sie nur noch hinhören, was passiert:

- Antwort A: „Kenne ich nicht“ – voraussichtlich falsch,
- Antwort B: „Gut, dass der weg ist“ – garantiert falsch,
- Antwort C: „Wo ist der denn jetzt?“ – möglicherweise richtig,
- Antwort D: „Was, den kennen Sie?“ – ziemlich sicher richtig,
- Antwort E: „Schade, dass der in Rente ist“ – Volltreffer.

Nur seien Sie sich bitte von Anfang an darüber klar, dass sich die wirklich guten Pharmareferenten ebenfalls vollkommen dessen bewusst sind, über welchen Schatz an Informationen sie verfügen.

Praxistipp

Diesen Weg bin ich gegangen. „Mein“ Pharmareferent a.D. heißt Bernd Teschner, ihm allein verdanke ich die ersten 20 Apotheken. Heute ist dieser exzellente Apothekerversteher als Info-Sammler, Datenerheber, Schadenaufnehmer, Kummerkasten, Regulierungsscheckbote eine unverzichtbare Stütze in der Bestandsbetreuung. Im Zweitjob als Troubleshooter bei Schadenfällen kümmert er sich um die Koordination und den Einsatz unseres Handwerkerservices.

f) Resümmee: zehn Gebote der Apotheken-Akquise

Es gibt zehn Verhaltensnormen, welche die Wahrscheinlichkeit, die Offizin erfolgreich zu durchqueren und in Richtung Apothekerbüro oder Nachtdienstzimmer zu gelangen, steigern. Wie Sie dies akquiseunfallfrei gestalten, ist nachfolgend in einer verkürzten stichwortartigen Abhandlung aufgeführt:

1. Sei nicht nervig – Versuchen Sie in allem, was Sie tun und sagen, so wenig wie möglich zu stören.
2. Sei Dienstleister – Erreichbarkeit, Pünktlichkeit, vorbereitet sein, alles da haben, was gebraucht wird, sollten selbstverständlich sein.
3. Betrete keine volle Offizin – Sind mehr Kunden da als Beratungsstellen, lassen Sie es sein.
4. Niemals zu zweit – Wenn ein anderer Vertreter in der Apotheke ist, bleiben Sie draußen, bis er geht.
5. Mache Platz – Verlassen Sie diskret die Offizin, wenn nach Ihnen viele Kunden kommen und darauf warten, bedient zu werden.
6. Sei immer der Letzte – Lassen Sie jeden Kunden vor, der sonst noch da ist oder gerade in die Apotheke kommt.
7. Sei aufmerksam – Wenn Kunden auf den Apothekeninhaber warten, unterbrechen Sie sofort und lassen diese vor.
8. Fasse Dich kurz – Präsentieren Sie Kompetenz pur und bieten Sie ein eindeutiges Qualitätsversprechen.
9. Halte Augenhöhe – Bieten Sie „Zeit sparen“ und „Sicherheit gewinnen“. Machen Sie deutlich, dass Sie die Verantwortung für Ihre Arbeit übernehmen und für Ihren Rat dem Apotheker gegenüber haften.
10. Schön rar machen – Kommen Sie nur vorbei, wenn es nötig ist, und vermeiden Sie jeden Druckverkauf.

Praxistipp

Ein Apotheker findet es großartig, wenn es Ihnen gelingt, immer dann da zu sein, wenn er Sie braucht oder etwas Aktuelles ansteht. Ansonsten sollten Sie abtauchen und keine weiteren Fragen aufwerfen. Das macht Cross-Selling extrem schwierig. Deshalb ist es sinnvoll, gleich zu Anfang deutlich zu machen: Wenn Sie kommen, geht es um die Apotheke. Wenn der Apotheker mag, darf er Sie gern zu allen anderen Versicherungsthemen anrufen. Man wird das zu schätzen wissen – und die Vollmandate kommen später von allein. Wenn nicht, fragen Sie nach der ersten geglückten Schadenbearbeitung erneut an: „Wie wichtig wäre Ihnen dieser Service auch im privaten Bereich?“ In dieser Situation stört das niemanden.

2. Unter der Lupe: der Apothekenalltag

a) Die Offizin: Kundenstrom und Tidehub

Jeder Apothekentag beginnt mit dem *Aufschließen*. Da jedoch in der sogenannten Aufschlusszeit bis 9.00 Uhr für gewöhnlich keine Rezeptbesitzer auftauchen, da die Arztpraxen noch keine „produzieren“, ist der Inhaber vor dieser Zeit meist nicht da oder aber im Labor. Für den Vermittler ist er also nicht anzutreffen.

Leider wird es über den Tag hinweg nicht sonderlich besser. Die Zeiten, in denen ein Inhaber störungsarm – und das ist entscheidend – anzusprechen ist, beschränken sich auf einige wenige kleine Zeitfenster. Ich nenne sie die „Apotheken-Ebbe“, denn im Apothekentag regiert der Tidehub der Rezeptbesitzer.

Lassen Sie uns diesen Apotheken-Tidehub am Beispiel einer kleineren Kiez-Apotheke verfolgen, in der der Inhaber zwingend auch am HV sein muss, weil er wenig Approbierte und insgesamt nicht

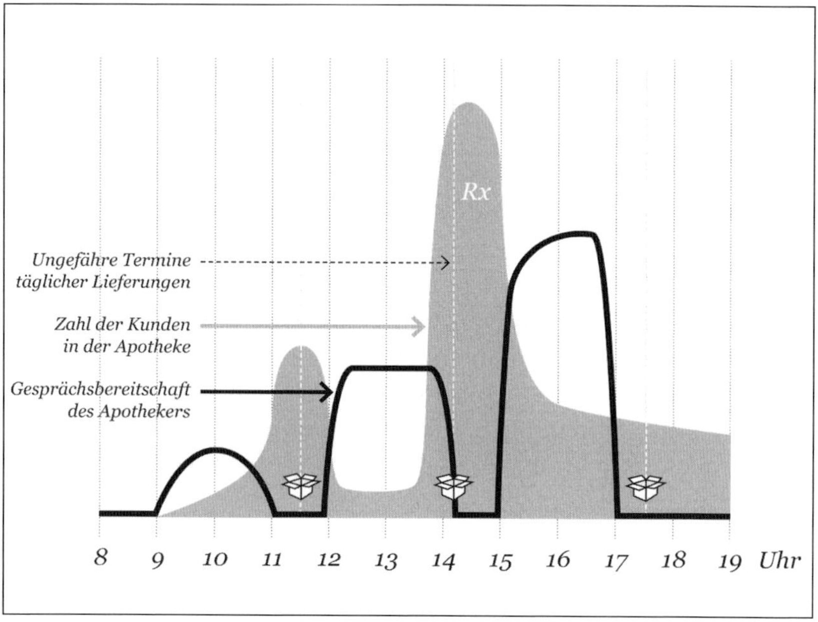

▶ Kundenströme und (mögliche) Ansprechzeiten verlaufen gegensätzlich. Es empfiehlt sich also, Apotheker antizyklisch zur Besuchsfrequenz ansprechen.

viel pharmazeutisches Personal beschäftigt. Die nachfolgende Aufstellung zeichnet exemplarisch einen typischen Tagesablauf in der Apotheke nach:

- Aufschließen bis 9.00 Uhr: totale Ebbe, der Chef ist aber in aller Regel nicht anzutreffen.
- 9.00 bis 11.15 Uhr: auflaufende Flut. Rezeptbesitzer kommen regelmäßig. Der Chef hat dazwischen Zeit.
- 11.15 bis 12.00 Uhr: Mittagslieferung: Flut. Niemand hat Zeit.
- 12.00 bis 13.45 Uhr: Ebbe. Gute Zeit zur Akquise (es sei denn, der Apotheker hat über Mittag zu).
- 13.45 bis 14.00 Uhr: Vorbereiten der Springflut. Apotheken meiden.

- 14.00 bis 14.45 Uhr: Springflut. Alle Rezeptbesitzer vom Vormittag sind wieder da.
- 14.15 bis 17.00 Uhr: ablaufendes Wasser. Rezeptfrei-Kundschaft. Der Chef ist frei – gute Zeit.
- 17.00 Uhr bis Ende: ruhig. Der Chef ist aber unabkömmlich, da er mit der Rezeptprüfung beschäftigt ist.

Für ein perfektes Timing in der Apothekenakquise ist weiterhin entscheidend, über die exakten Lieferzeiten Bescheid zu wissen. Da man Apotheker mit seiner Ansprache niemals ernsthaft stören darf, sind die Zeiten zu vermeiden, in denen die pharmazeutischen Fachkräfte intensiv in Kundengesprächen eingebunden sind. Das ist immer dann der Fall, wenn Rezeptbesitzer in größerem Pulk in der Offizin auftauchen – was regelmäßig genau zu den Lieferterminen der Fall ist.

Praxistipp

Gehen Sie vormittags in irgendeine Apotheke. Betrachten Sie in Ruhe die *Drogen-Auslage* oder das Halsbonbon-Sortiment. Kaufen Sie ein Päckchen aus der *Schütte*, damit Sie Umsatzkunde werden, was sich später eventuell auszahlt. (Und Vermittler sollten eh immer etwas für den Nachwuchs des nächsten Privatkunden dabei haben.) Bis zum Bezahlen haben Sie den im nachfolgenden Absatz präsentierten Satz mindestens dreimal gehört und kennen damit die Lieferzeit im Radius von fünf Kilometer.

Als Vermittler kommen Sie also nicht umhin, die Liefertermine für Ihre Ziel-Apotheken zu recherchieren. Das ist nicht so kompliziert, wie es zunächst den Anschein hat. Folgendes Ritual ist Ihnen sicher vertraut: Der Kunde übergibt sein Rezept. Der Apotheker liest es, schaut im Monitor unter Lagerwirtschaft nach und sagt: „Habe ich nicht da, muss ich bestellen, kommt um 14.00 Uhr". Nun wissen Sie: Die nächste Hochflut ist um 14.00 Uhr. Denn was machen Rezeptbesitzer, wenn sie wissen, dass ihre Medikamente um diese Zeit abholbereit in der Apotheke liegen? Sie sind um 13.55 Uhr da. Alle!

Warum der Tidehub in allen Apotheken existiert, bedarf weiterer Erklärung. Dazu sind drei ineinandergreifende Tatbestände zu betrachten: die besondere Mentalität der Rezeptbesitzer, die Warenwirtschaft in Apotheken sowie die Lieferlogistik des Apothekengroßhandels. Diesen Themen widmen sich die folgenden Kapitel.

b) Der gemeine Rezeptbesitzer: kleine Charakterkunde

Niemand ist davor gefeit, jeden kann es treffen und manchmal braucht es dazu nur einen herbstlichen Spaziergang ohne Mütze und Mantel oder ein aus den Fugen geratenes abendliches Gelage. Die Folgesymptome zwingen uns zum Arzt – und schon sind wir Rezeptbesitzer.

Der gemeine Rezeptbesitzer an sich ist an einem flackernden Tunnelblick zu erkennen, mit dem er das ersehnte Apotheken-A sucht. Er trachtet danach, sein frisch ausgestelltes Rezept möglichst in der exakt nächstgelegenen Apotheke einzulösen. Der Rezeptbesitzer an sich ist ungeduldig, will sofort drankommen und sein Rezept loswerden. Das ist der Grund, weshalb erhöhtes Rezeptbesitzeraufkommen in jeder Apotheke immer sofort hektische Betriebsamkeit auslöst.

Dann werden alle pharmazeutischen Mitarbeiter nach vorn beordert, damit das höchstfragile Kundenbeziehungsgeflecht auch diese Rezeptflut heil übersteht. Denn rezepterprobte Exemplare neigen dazu, solange sie noch gut bei Kräften sind und die Erkrankung sie nicht voll im Griff hat, bei langen Wartezeiten die nächstliegende Apotheke anzuvisieren, um postwendend dorthin zu verschwinden.

Da jeder Apothekenmitarbeiter um diese Disposition der Rezeptbesitzer weiß, versuchen alle, möglichst viele von ihnen sofort in ein intensives Gespräch zu verwickeln und gleichzeitig den weiter hinten Wartenden das gute Gefühl zu vermitteln, im Nu dran zu sein.

Da jedoch nur pharmazeutisches Personal rezeptpflichtige Medikamente abgeben darf, herrscht bei Kunden-Flut gerade in kleineren Apotheken ein umgekehrt reziprokes Verhältnis anwesender Pharmazeuten zu den Rezeptbesitzern. Dieser neudeutsch „bottleneck" genannte Effekt führt zwangsläufig in das apothekenbekannte Dilemma von zugleich geforderter zügiger Bedienung und intensiver Beratung.

► Zu gewissen Zeiten ballen sich in den Apotheken die Rezeptbesitzer und der Stress für alle Mitarbeiter steigt. Denn die Kunden wollen zügig bedient und zugleich gut beraten werden. Was sie nicht hören wollen, ist die Aussage „nicht da".

Was Rezeptbesitzer noch mehr abschreckt als Warten, ist das ebenso unvermeidliche wie stereotype Satzfragment „nicht da ... muss ich bestellen". Wenn ein Rezept nicht sofort in Gänze abgegeben werden kann, kommt der Großhandel ins Spiel, der den Rest in Windeseile herbeischaffen muss.

Doch damit ist das Problem nicht gelöst, denn das Rezept liegt ja noch auf dem Zahlteller und der Rezeptbesitzer hat längst überlegt, in welcher Apotheke er alles sofort bekäme. Dies ahnend, geht die Fachkraft hinter dem Tresen in die Offensive und bietet Zusatznutzen vom Feinsten: „Wir können es Ihnen gern bringen". Dieses Angebot trifft genau die Erwartungen, denn noch einmal los zu müssen, im kranken Zustand? Nein, Danke. Dann gerne liefern: „Albrechtstraße 17, Hinterhaus links, dritter Stock. Aber janz feste klingeln! Wissen'se, meine

Frau, ja... die hört nämlich so schlecht". Jetzt atmet die Apothekenfachkraft verstohlen mächtig auf, denn gerade hat sich der Rezeptbesitzer zu einem ganz normalen Kunden zurückverwandelt.

c) Die Lager: viele, nicht eines

> Die Kunden können sich oft den Namen des jeweiligen neuen Präparates aus der Werbung nicht merken, erinnern sich aber an einzelne Bilder oder an die Story. Und wehe, uns in der Apotheke ist die nicht geläufig! Das wirft schnell die Frage auf, ob wir überhaupt auf dem neuesten Stand sind." (Wahl, Straub: Rezeptfrei, Fragen Sie Ihren Arzt oder Apotheker)

Die betriebswirtschaftliche Glanzleistung, die jeder Apothekeninhaber tagtäglich bewältigen muss, ist das Sicherstellen einer nachfragegerechten Warenwirtschaft. Hierbei sind mehrere Dinge zu berücksichtigen: zunächst die aktuelle Wetter- und Pollenflugvorhersage. Denn rollt eine Grippewelle an oder blühen Birke, Hasel, Raps oder irgendwelche Gräser, gibt es reichlich Sonne oder Glatteis, muss schnellstens gehandelt werden. Die ersten Nachfrager und Rezeptbesitzer sind dann schließlich nicht mehr fern.

Fernsehen zu schauen wäre insgesamt eine gute Idee. Denn Apotheker sollten wissen, welcher Hersteller gerade welches Produkt, das sich in seiner Sicht- oder Freiwahl befindet, in den Medien bewirbt. Joggt zum Beispiel – vorzugsweise kurz nach Neujahr oder kurz vor den Sommerferien und einschaltquotenstark direkt vor der Tagesschau – eine höchst attraktive junge Frau mit einem nicht ganz so ansehnlichen Hund am Strand durch das Fernsehprogramm, dann sollte der Apotheker am Folgetag das entsprechende Produkt im Eingangsbereich der Freiwahl feilbieten. (In unserem Beispiel ein Drink zum Abnehmen.)

Da Medienbeobachtung jedoch nicht in das Zeitbudget von Apothekern passt, sind solche Kampagnen neben neuen Produkten regelmäßig Thema beim Besuch von Pharmareferenten. Apothekerin Wahl hat zur Sicherheit gleich eine eigene „Fernsehbeauftragte" inthronisiert, die eine Liste der jeweils aktuell beworbenen Präparate führte. „Den Fernsehmuffeln half zumeist ein gezielter Blick in ihr Protokoll, solche Kundenanfragen zu beantworten."[1]

Ein Apotheker sollte mit den Ärzten der umliegenden Praxen in regelmäßigem Dialog stehen oder zumindest deren Verschreibungsverhalten aufmerksam beobachten. Insbesondere neu hinzugezogenen Ärzten muss sofort auf den Rezeptblock geschaut werden, denn die Apotheke, die als Erstes das Richtige da hat, gewinnt den Rezeptbesitzer-Stammkunden.

Langfristig kommt es bei der Langerplanung auch auf den Direktbezug an. Einzelne Hersteller bieten immer mal wieder Sonderangebote, die – in großen Chargen geordert – derart attraktive Margen versprechen, dass der weitsichtige Apotheker versucht wird, sich einen Jahresbedarf oder mehr auf Lager zu legen.

Praxistipp

Apotheken haben keinen homogenen Lagerbestand, er schwankt täglich. Differenzen von mehreren Zehntausend Euro sind keine Seltenheit. Um das Risiko einer Unterversicherung auszuschließen, müssten Apotheken immer den theoretisch höchsten Lagerwert versichert haben, was so gut wie nie vorkommt. Nutzen Sie den Wetterbericht oder die Pollenflugvorhersage zu wunderbar aktuellen Aufhängern für ein Akquisegespräch.

Das Vorschriften-Unwesen in Apotheken ist Ihnen mittlerweile vertraut. Der Paragrafenteufel macht auch vor dem Lager nicht Halt, er teilt selbiges in viele kleine Lager. Da ist zunächst das Alphabet, das offiziell Generalalphabet heißt, in dem sich die rezeptpflichtigen

1 Quelle siehe oben, www.youtube.com/watch?v=JkqHny_yqLs.

Medikamente ohne Sonderaufbewahrung in alphabetischer Reihenfolge und in meist deckenhohen Schubeinheiten des Apothekerschrankes verbergen. Diese Sortierung erlaubt den gezielten Zugriff auf jedes Präparat in kürzester Zeit. Noch schneller kann dies nur ein Kommissionierautomat. Das ist ein hochmoderner Mini-Regallager-Roboter, der aus rund 5.000 Präparaten treffsicher die gewünschte Packung findet und via Transportband in die Offizin befördert.

Praxistipp

Wenn in einer Apotheke kaum ein Mitarbeiter nach hinten läuft, dafür aber ständig irgendwelche Packungen aus der Wand fallen, dann ist ein Kommissionierer am Werk. Addieren Sie pauschal 100.000 Euro auf die zu versichernde Inhaltssumme und Sie verspüren spontan die Lust, den BU-Schutz und die Elektronikversicherung dieser Apotheke näher kennenzulernen.

Die Vorschriften zum korrekten Lagern gehen weiter, kompakt nachzulesen in einer PTA-Fachzeitschift: Arzneimittel, die unter 20° C zu lagern sind, werden in einem entsprechend kühlen Raum aufbewahrt. Ein Muss ist ein Kühlschrank, in dem alle Arzneimittel, die unter 8° C gelagert werden sollen, Platz finden.

Zur Ausstattung jeder Apotheke gehört auch ein Betäubungsmittelschrank. Er muss, gegen Diebstahl gesichert, außerhalb der Kundensicht platziert sein. Wenn nicht benötigt, hat er ständig verschlossen zu sein.[1]

In Fällen von Einbruchdiebstahl, die auf das Lager zielen, interessiert sich der ungern gesehene Gast hauptsächlich für den BTM-Schrank, den Kühlschrank und den Safe. Denn da sollten

1 Vergleiche „Das korrekt geführte Lager. Die PTA in der Apotheke", www.pta-aktuell.de/media/pdf/2007/08_07/PTA_08_Intern_PKA_2_3.pdf.

(zumindest dem Vernehmen nach und in meiner Region auch weitgehend so praktiziert) die neuerdings so gefragten Mittel wie Tilidin & Co. gelagert sein.

Praxistipp

Versicherungstechnisch besonders relevant sind die Kühlschränke. Genauer: die Medikamentenkühlschränke nach Din 58345. Sie enthalten oft teuerste Ware. 20.000 Euro Warenwert sind eher die Regel. Meine am reichlichsten mit Kühlgut ausgestattete Apotheke hat 60.000 Euro versichert. Sie liefert in großem Stil Impfstoffe. Wer Apotheken versichert, muss also auch Kühlschränke umfassend absichern können. Da reicht der Versicherungsschutz bei Ausfall der öffentlichen Stromversorgung, wie er gelegentlich vorkommt, bei Weitem nicht aus. Doch selbst dann genügt meist ein ernüchternder Blick auf die Höchstsummenbegrenzung.

Aus Sicht eines Versicherers ist es jedoch seit jeher von ambivalentem Wert, wenn Einbrecher genau wissen, wo sich die gesuchten Objekte befinden. Einerseits verhindert der zielsichere Zugriff erhebliche Kollateralschäden durch Vandalismus; andererseits jedoch sollten Versicherte tunlichst nicht „alle Eier in ein Nest legen“.

Das genau ist jedoch der Fall, wenn Bargeld, die begehrten Medikamente und auch noch der wertvollste Schatz des Apothekers, nämlich seine Rezepte, nächtens gebündelt an einem einzigen Ort zu finden sind. In entsprechend interessierten Kreisen macht es schnell die Runde, wenn es kriminellen Besuchern zu einfach gemacht wird. Im Jahr 2013 hat dies allein in meinem Bestand zu 32 ED-Fällen nach identischem Muster geführt. Jedes Mal ging es an den Safe, immer wurde Geld gefunden und meistens auch Tilidin. Zum Schluss haben die Einbrecher vorsichtshalber immer noch kurz den Buchstaben T im Generalalphabet zu konsultieren. Die Rezepte, obwohl für Diebe wertlos, waren dann natürlich auch weg.

Zur zweiten nächtlichen Besuchergruppe gehören die Geldschrankknacker. Sie ignorieren das Lager und widmen sich stattdessen den Kassenladen, dem Apothekerbüro und natürlich dem Safe. Und das mit identischem Resultat für Betäubungsmittel und Rezepte.

d) Das Alphabet: immer voll und doch nie da

In Deutschland wurden in den letzten zehn Jahren mit ziemlicher Regelmäßigkeit jährlich 2.000 bis 3.000 neue rezeptpflichtige Medikamente zugelassen. Aktuell geht man von rund 120.000 unterschiedlichen Präparaten aus, von denen jedoch selbst der Großhandel nur knapp die Hälfte liefern kann. Apotheken haben natürlich nochmal deutlich weniger vorrätig. Doch damit ist es nicht getan: Es sind auch unterschiedliche *Darreichungsformen* sowie die drei üblichen *Verpackungseinheiten* N1 (klein), N2 (mittel) und N3 (groß) zu berücksichtigen.[1]

Ein perfektes Beispiel für die rätselhafte Medizinvermehrung ist das allseits bekannte Mittel Aspirin. Würden alle Darreichungsmöglichkeiten ausgeschöpft, gäbe es allein für Aspirin insgesamt 46 verschiedene Produktnummern im *Arzneimittelverzeichnis*.

Hier seien nur die häufigsten genannt: Aspirin gibt es als Tablette (Film-, Kau- oder Brausetablette) *Retard-Kapsel*, Komplex, Granulat oder Spritze für die intravenöse Anwendung. Jeweils mit oder ohne Koffein und dann in drei und manchmal auch vier verschiedenen Verpackungseinheiten. Jede einzelne Einheit ist ein gesonderter Posten in der Warenwirtschaft. Wenn eine Apotheke also alle Aspirin-Versionen bevorraten wollte, wäre – abgesehen von der ruinösen Kostenbelastung – leicht ein ganzer Regalmeter zur Lagerung vonnöten.[2]

1 Quellen: http://de.statista.com/statistik/daten/studie/30506/umfrage/anzahl-der-nach-amg-zugelassenen-arzneimittel/ und http://online.rote-liste.de/.

2 Quelle: Apotheker Dr. Jens-Uwe Junghanns, Apotheken-Berater, Berlin.

Wenn man nur die 1.000 gängigsten Medikamente mit im Schnitt vier Darreichungsformen und drei Verpackungseinheiten multipliziert, kommt man auf etwa 12.000 verschiedene Variationen, die ein Arzt auf Rezept verschreiben könnte. Wenn dann, wie üblich, noch weitere Präparate mit auf dem Rezept aufgeführt sind, explodiert die Zahl der Möglichkeiten. Schnell steht es dann eins zu hundert, dass die Apotheke genau zu diesem Zeitpunkt auch genau diese Medikamente in der gewünschten Form und Menge vorrätig hat.

Bei rund 15.000 bis 20.000 Positionen, die kleine und mittlere Apotheken üblicherweise auf Lager haben, ist es fast ausgeschlossen, dass alle Rezepte sofort abgegeben werden können. Kaum jemand also hat den Apotheken-Standardsatz („nicht da… muss ich bestellen“) noch nicht gehört.

Praxistipp

Ich benutze diese verkäuferisch höchst bedenklichen Formulierungen absichtlich, denn sie scheinen in Apotheken nicht auszurotten zu sein. Wie viel „kundischer“ wären Sätze wie „Gern hole ich Ihnen das bis 15 Uhr“, „Ihre Medizin ist schon bei der nächsten Lieferung dabei“ oder „Sehr gern… um 15 Uhr ist es da“. Heerscharen von Coaches sind darüber verzweifelt. Im Apothekenalltag ist und bleibt einfach alles immer „nicht da“.

Den Hintergrund für die vermeintliche Schwäche in Sortiment- und Lagerhaltung kennen Sie nun. Und wenn Sie dann noch berücksichtigen, dass das Auseinzeln, also zum Beispiel das Entnehmen von etwa 20 Pillen (= N1) aus einer 50er-Packung (= N2) nicht erlaubt ist, dann werden Sie die Nöte eines Apothekers verstehen, wenn einem Kunden das Mittel XY in N1 rezeptiert wurde, er aber nur XY in N2 da hat. Entweder er bietet an, N1 beim Großhandel zu bestellen und riskiert die Antwort: „Dann schau ich mal gegenüber, ob die das da haben". Oder er einzelt aus, stellt seinen Kunden zufrieden und sichert sich den Umsatz.

e) Großhandel: Lebensader und Knebelung zugleich

In Deutschland existiert ein perfektes Logistiksystem für Arzneimittel, das jede Apotheke mindestens dreimal täglich planbar und pünktlich beliefert. Überall wird mittags (meist zwischen 12.00 und 14.00 Uhr), nachmittags (oft gegen 16.00 Uhr) und irgendwann in der Nacht geliefert. Wo Apotheken über 18.00 Uhr hinaus geöffnet haben, gibt es gegen 18.00 Uhr noch eine zusätzliche Abendlieferung. Hier beispielhaft der Weg einer Bestellung im Schnelldurchlauf:

- 9.20 Uhr: Das Rezept kommt in der Apotheke an.
- 9.28 Uhr: Die Bestellung beim Großhandel per PC oder Fax erfolgt.
- 10.30 Uhr: Im Hauptlager werden alle Bestellungen dieser Apotheke in eine Kiste gepackt. Lkw bringen alle Kisten einer Lieferregion zu einem bestimmten Parkplatz des Autobahnnetzes.
- 13.30 Uhr: Schnelles Umpacken dieser Kisten in kleine Lieferwagen.
- 13.35 Uhr: Die Lieferfahrer starten zur Sternfahrt.
- 13.54 Uhr: Das Lieferfahrzeug erreicht die Lieferregion, die erste Apotheke wird beliefert.
- 13.57 Uhr: Die zweite Apotheke wird beliefert.
- 14.00 Uhr: Die dritte Apotheke. Unser Medikament ist da! Danach geht es im Drei- bis Fünfminutentakt so weiter.

Aus Versicherungssicht besonders interessant ist eine spezielle bauliche Einrichtung für späte Stunden der Medikamentenlieferung. Gerade in älteren Apotheken ist die sogenannte Schleuse, also der Weg, den die nächtliche Warenlieferung in die Apotheke nimmt, eine Einladung zum Einbruchdiebstahl par excellence. Es muss schließlich auch des Nachts einen Weg in die Apotheke geben, dergestalt angelegt, dass die Ware nächtens sicher verschlossen und morgens durch die Mitarbeiter problemlos in Empfang zu nehmen ist. Sie werden diesbezüglich überraschende Entdeckungen machen. Denn bei der Gestaltung dieser Schleuse scheint sich eine jahrzehntelang aufgestaute Kreativität auszutoben.

Praxistipp

In großen Einkaufszentren, Flughäfen, Bahnhöfen und anderen Orten mit vielen Läden gibt es oft eine zentrale Schleuse für alle. Wenn Sie auf so eine Apotheke treffen, stehen die Chancen mehr als gut, dass dieser gesonderte Versicherungsort bisher noch nie dokumentiert wurde. Und Apotheker finden es zutiefst suboptimal, wenn wesentliche Teile ihrer Ware beim Versicherungsschutz nur wegen handwerklicher Mängel des Vorvermittlers ausgeschlossen bleiben.

Kein Wunder, dass Einbruchsprofis, wenn sie nicht gleich die für ihren kriminellen Ausbildungsstand minimal gewappnete übliche Automatikeingangstür benutzen, am zweitliebsten durch die Schleuse eindringen. Also: Schauen Sie sich die Schleuse an. Auch für die Automatiktür sollten Sie spätestens nach dem ersten Schaden eine Lösung nach Maß haben. (Dazu mehr sowie weitere Service-ideen finden Sie weiter unten im Kapitel VI.5. über Services, die ankommen.)

Wenn kleinere Lieferwagen, immer wieder gern verkehrsbehindernd, direkt vor der Apotheke halten, dann ist das der Lieferservice des Großhandels. Bitte gehen Sie jetzt nicht hinein, denn in der Apotheke herrscht dann gerade Springflut.

Der Großhandel ist jedoch nur eine von mehreren Möglichkeiten, wie Apotheken an ihre Ware kommen. Wenn der Hersteller es vorsieht, besteht auch die Möglichkeit des Direktbezugs. Einen Direkteinkauf bieten vor allem Hersteller mit eigenem Außendienst, also eher die namhafteren Adressen. Einen weiteren Bezugsweg stellt der sogenannte Überweiser dar. Der Apotheker ordert dann zwar auch beim Hersteller-Außendienst, geliefert wird aber durch den Großhandel.

Den letzten, eher seltenen, jedoch für unsere Belange höchst interessanten Bezugsweg stellt die Sammelbestellung dar. Hier ordern mehrere Apotheker gemeinsam, um so maximale Mengenrabatte zu generieren.

Dieses Verfahren ist für den Vermittler aus zweierlei Hinsicht spannend. Zum einen wegen des damit verbundenen Empfehlungspotenzials. Es sind schließlich ausnahmsweise einmal viele – oft dynastisch verbandelte – Apotheker aus der Umgebung beteiligt, die kooperieren. Über lange Distanzen würde sich das Modell sonst nicht rentieren. Und zum anderen sollte der Sach-Mann sogleich elektrisiert sein und sich sehr dafür interessieren, wie denn im Zweifel diese Kommissionsware an jedem Versicherungsort aktuell versichert ist.

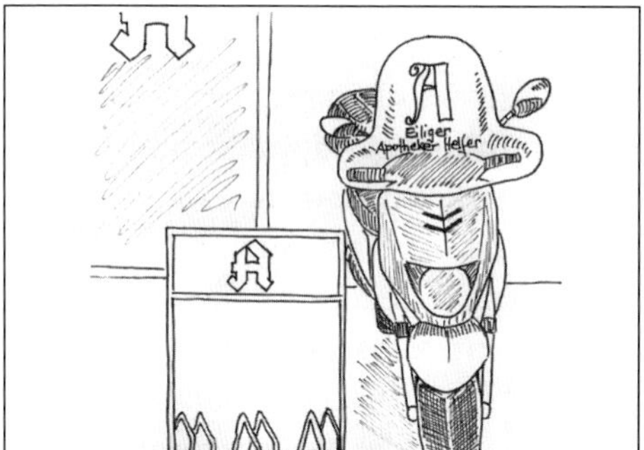

► Wer die rund um eine Apotheke parkenden Fahrzeuge betrachtet, kann leicht feststellen, wer gerade zu Besuch ist. Aufkleber und ein Logo verraten die Herkunft der Halter. Als „Eiliger Apotheker-Helfer" findet man immer eine gute Ausgangsposition.

Zurück zur Parksituation rund um Apotheken. Der Kfz-affine Vermittler sollte im Apothekenumfeld parkende Pkw ins Auge nehmen und auf Markenzeichen wie das Bayer-Kreuz, die „geistreiche"

Klosterfrau als Autoaufkleber oder ein Großhändler-Logo wie zum Beispiel Phönix, Noweda oder Gehe achten. Wenn ein entsprechender Wagen gar auf dem Apotheken-Parkplatz steht, was allgemein gar nicht gern gesehen wird, dann steht bereits ein Vertreter am HV. Ein ungeschriebenes Gesetz verlangt: Wer danach kommt, wartet draußen.

Praxistipp

Erscheinen Sie nicht zu früh. Wenn der Vertreter wieder draußen ist, lassen Sie dem Inhaber am besten etwas Zeit, um das zu verarbeiten, mit was er gerade „zugetextet" worden ist. Denn nach dem Apotheker-Stoßgebet „Bitte nicht noch einer" nun sogar 120 statt 100 Prozent geben zu müssen, ist anstrengender und frustrierender – und zwar für beide Protagonisten!

Beim Vertreter-Fingerhakeln um die wertvolle Apothekerzeit mische ich natürlich kräftig mit, indem ich meinen Motorroller mit Vorliebe direkt vor dem Apothekeneingang parke. Dort, wo meist unmissverständlich mit dem Apotheken-A Platz für Fahrräder vorgehalten wird. Mein breiter „Eiliger Apotheker-Helfer"-Hinweis auf den Windshield kommt hier richtig zur Geltung. „Du nicht! Jetzt bin ich am Drücker", ist jeder gewarnt, der im Begriff ist, meinen Termin zu stören. Der zweite Job meines Großstadtflitzers kommt auch gelegen: Er bietet immer wieder eine echte Steilvorlage für entspannten Smalltalk.

Übrigens: Wenn Sie nun glauben, der Großhandel sei bei Apothekern besonders beliebt, irren Sie gewaltig. Denn der Großhandel diktiert heute, wie im Einzelhandel die großen Discounter, die Preise und Bedingungen, natürlich zulasten der Margen des Apothekers. Insbesondere kleinere und mittlere Apotheken mit geringerem Bestellaufkommen können ein Lied davon singen. Apotheke Adhoc brachte es in seinem Newsletter vom 31. Januar in einer lesenswerten Fiktion mit dem Titel „Lebenslängliche Geiselhaft" perfekt auf den Punkt:

„Eine Apothekerin sitzt erschöpft an ihrem Schreibtisch im Büro. Die Verhandlungen waren hart, der Großhandelsvertreter hat keine Stellung kampflos geräumt. Nach viereinhalb Stunden steht das Paket. Es ist dasselbe Paket, wie mit dem anderen Großhändler gestern, aber wen wundert das noch. Zwei Prozent noch auf Rx, solange der durchschnittliche Packungspreis stimmt, und 1,5 Prozent Skonto, wenn die Ware einen Tag vor Lieferung bezahlt wird – mehr war nicht drin in dieser Woche."

f) Rezeptur & Labor: seit jeher die Apothekerwelt

In der Rezeptur werden Medikamente hergestellt, im Labor wird untersucht. Lassen wir die frühere Zeiten verklärende Dosen-, Kolben-, Tiegel- und Fläschchen-Romantik beiseite: Das Labor von heute ist funktional. Je nach Bedarf und tatsächlicher Nutzung, variiert es zwischen Alibi-Funktion und Hightech-Reinraum.

Alibi-Labore enthalten genau die Technik, die Apotheken laut Betriebsordnung vorzuhalten haben: diverse Analyse-, Test- und Produktionsgeräte, Labor-Kleingerät, Sicherheits- und Erste-Hilfe-Set, das Laborbuch und ein extra gesicherter BTM-Giftschrank. Hinzu kommen amtlich geeichte Waagen, eine zugelassene Abzugsanlage und ein Notausgang nach außen.

All das will der Pharmazierat bei der Revision sehen und nur dafür ist es auch da. Da gerade ganz kleine Apotheken heute fast ausschließlich Fertigarzneimittel abgeben, reichen Mini-Labore und den Mindestanforderungen genügende Rezepturen aus. Solche Apotheken haben sich dem Verschreibungsverhalten der umliegenden Ärzteschaft angepasst, die vornehmlich Fertigarznei verordnet.

Wer sich jedoch heute mit eigener Herstellung profilieren will, und das kann sehr lukrativ sein, muss fast eine industrielle Rezeptur vorhalten. Und ein Labor, vollgestopft mit neuester Technik, *Reinraumarbeitsplätzen*, elektronischen Dokumentationssystemen, speziellen Kühlsystemen und eventuell eigenen *Blisterautomaten*. (Hier weiter ins Detail zugehen, führe zu weit.)

Praxistipp

Lassen Sie sich Rezeptur und Labor immer zeigen. Dies erlaubt wichtige Rückschlüsse auf die Risikostruktur der konkreten Apotheke. Auch Ihre Einschätzung des Versicherungswertes komplettiert sich dann sofort.

In der Rezeptur stellen Apotheker zwei Produktgruppen mit unterschiedlicher versicherungstechnischer Relevanz her. Als Vermittler müssen Sie beide kennen, um den Inhaber korrekt versichern zu können.

Rezepturen

Rezepturen sind auch Präparate aller Art, die in Apotheken auf Basis eines konkret vorliegenden Rezeptes hergestellt werden. Nehmen wir beispielsweise einen Augenarzt, der für einen Patienten bestimmte Augentropfen verordnet. Der Rezeptbesitzer trägt das Rezept in die Apotheke und das Fachpersonal stellt diese nach den Vorgaben des Arztes her. Solche quasi Auftragsarbeiten für Ärzte werden Rezeptur genannt. Sie sind in jeder normalen Betriebshaftpflicht mitversichert.

Nehmen wir weiter an, das Medikament bewährt sich und mit der Zeit kommen im Wochenschnitt zehn Verschreibungen. Dem weitsichtigen Apotheker entgeht das natürlich nicht und er fängt an, über Rationalisierung nachzudenken. Die Angestellten sollen effektiv eingesetzt werden, die Patienten ihre Tropfen sofort bekommen und die Laborbelegung soll sinken. Die Idee, montags zehn Portionen auf einmal ansetzen, ist einfach zu verlockend. Nur ist die Rezeptur damit zu einer Defektur geworden.

Defektur

Ein Präparat, das der Apotheker nur im Hinblick auf wahrscheinlich kommende Rezepte eigenverantwortlich auf Vorrat herstellt, wird als Defektur bezeichnet. Damit ist er zum Hersteller geworden und braucht zusätzlich zur bestehenden Betriebshaftpflicht noch eine spezielle *Herstellerhaftpflicht* nach AMG. Wer das als Vermittler nicht beachtet, steht unmittelbar beidbeinig in der Haftungsfalle.

Als Argument für einen Abschluss scheinen Defekturen wunderbar zu taugen. Tatsächlich ist es in der Praxis jedoch sehr schwer bis manchmal unmöglich, Apothekern die Notwendigkeit der sogenannten *AMG-Deckung* so zu erklären, dass sie uneingeschränkt zustimmen. Das hängt mit einer von Apothekern oft geübten etwas schwammigen Auslegung von §8 ApBetrO zusammen. Sie bewirkt, dass mittlerweile recht abenteuerliche Erklärungen dafür herangezogen werden, warum man trotz Defekturenherstellung doch keine AMG-Deckung benötige.

Sie sollten für sich bewerten, wie gerichtsfest die nachfolgend geschilderte Hilfskonstruktion daherkommt. Zwei Auslegungspassagen erregen Anstoß: „Defekturen [...] dürfen nur angefertigt werden, wenn sie nachweislich häufig verschrieben werden, [...] maximal 100 abgabefertige Packungen täglich [...] hergestellt werden (*Hunderterregel*).“[1]

Als Apotheker würde man wahrscheinlich ungern vor Gericht darauf hoffen müssen, welchen Grenzwert der Richter als „häufig“ ansieht. Ebenso wäre es belastend, tagtäglich mit Argusaugen darüber wachen zu müssen, ob ja nicht die einhundertunderste Einheit hergestellt wird. Nicht bei den Augentropfen aus unserem Beispiel,

1 Quelle: http://de.wikipedia.org/wiki/Defektur.

nicht bei den Babyzäpfchen des Kinderarztes, auf die immer mehr Mütter schwören, und erst Recht nicht bei der Lieblingscreme des Hautarztes, die zu den Sommerferien hin massenhaft gefragt ist. Und all dies, nur um sich pro Jahr etwa 160 Euro für die zusätzliche AMG-Vorsorgedeckung, das wären also weniger als 50 Cent pro Tag, zu sparen.

Praxistipp

Treten Sie klar ein für den AMG-Schutz. Wenn dieser vom Apotheker nicht gewollt ist, übernehmen Sie gern die obigen Passagen sinngemäß für Ihre Dokumentation und lassen Sie sich den Vermerk vom Apotheker gesondert abzeichnen. Dieses Vorgehen kann wahre Wunder bewirken – und Sie entkommen der Haftungsfalle.

g) Einfach alles: auf einen Blick

Es wären noch viele interessante Dinge aus dem Innenleben der (Rest-) Apotheke jenseits der Offizin zu berichten, was jedoch das Format dieses Buches sprengen würde. Zur besseren Orientierung noch einige Grundrisse von Apotheken, die der Detmolder Apothekenausstatter Michael Höferlin dem Autor für diesen Zweck übersichtlich – weil vertrieblich vereinfacht – zur Verfügung gestellt hat.

Als Erstes von drei Beispielen wird auf den folgenden Seiten der Grundriss einer etwas größeren Apotheke aus den 80er Jahren des vergangenen Jahrhunderts mit beginnender Freiwahl-Ausrichtung gezeigt. Kleine (Land-) Apotheken würden in aller Regel nur über zwei Abgabestellen am Handverkauf verfügen. Hier sieht man bereits den aufgelockerten HV. In der 1960er Jahren wäre dieser einmal quer durch den ganzen Raum gelaufen. Einen eigenen Beratungsbereich gibt es noch nicht, ebenso wenig wie einen Wartebereich oder Aktionsflächen.

Als zweites Beispiel findet sich der Grundriss einer modernen Kiez-Apotheke, die über einen Kommissionierautomat statt dem typischen Apotheken-Alphabet verfügt (um die Servicegeschwindigkeit am HV zu verbessern) und mit einem Beratungszylinder. So kann trotz des geringen Platzvolumens die geforderte Beratungsdiskretion sichergestellt werden. Als Letztes folgt der Grundriss einer modernen Ärztehaus-Apotheke mit den gefordert möglichst vielen Abgabeplätzen für Rezeptbesitzer. Auch diese Apotheke ist ausgestattet mit einem Kommissionierer und einen Beratungszylinder.

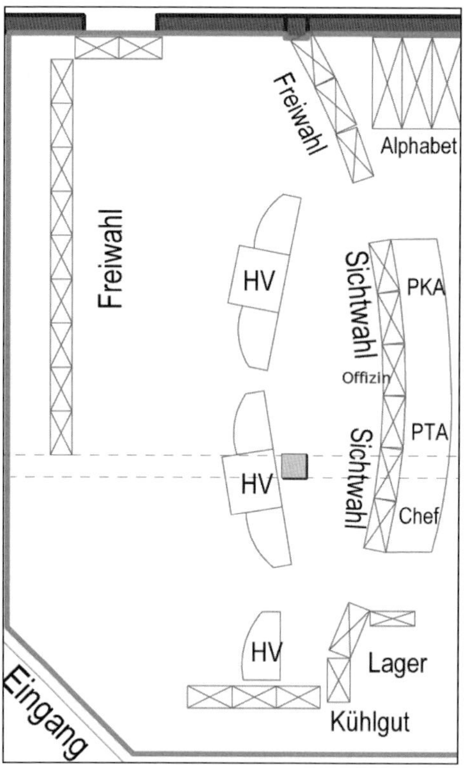

► Der Grundriss zeigt eine Apotheke aus den 1980er Jahren mit beginnender Freiwahl-Ausrichtung. Es ist bereits der aufgelockerte HV zu sehen. Ein eigener Beratungsbereich wie auch ein Wartebereich oder Aktionsflächen fehlen.

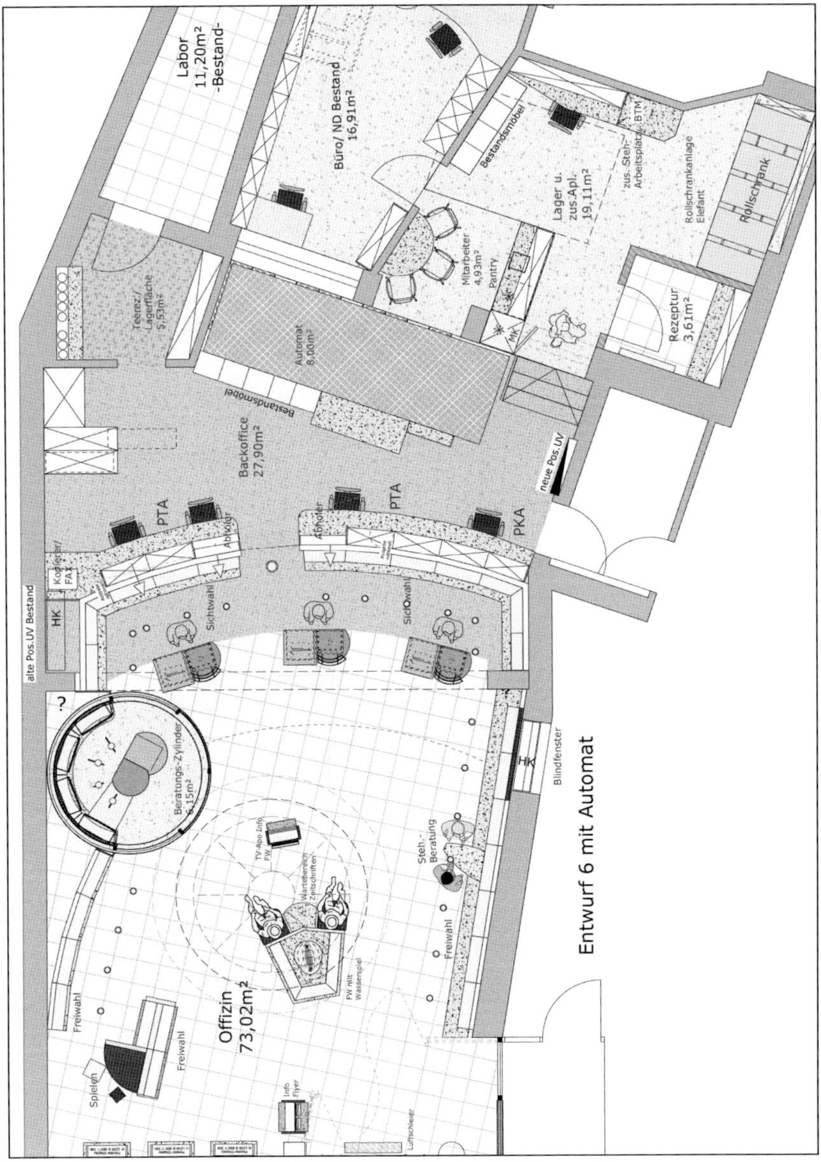

► Eine Kiez-Apotheke mit Kommissionierautomat statt Apotheken-Alphabet und mit einem Beratungszylinder.

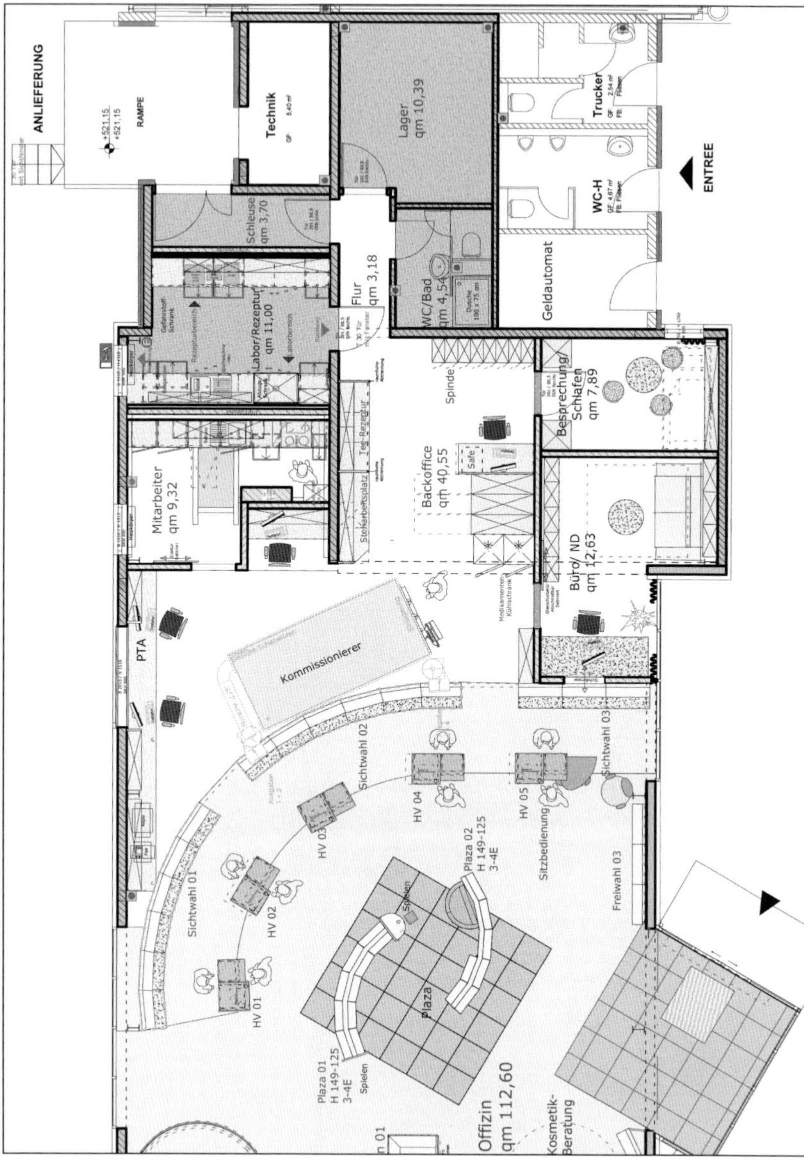

► Der Grundriss einer modernen Ärztehaus-Apotheke mit vielen Abgabeplätzen für Rezeptbesitzer.

VI. Apotheken richtig versichert

Glauben Sie nicht alles, was vermeintliche Experten oder die Fachpresse schreiben, und legen Sie deren Empfehlungen nicht ungeprüft Ihrer Beratung zugrunde. Denn manchmal irren auch jene Fachleute und Branchenbeobachter. Wie zum Beispiel einer Darstellung des Branchenportals Procontra online zum Thema Sachversicherungen zu entnehmen ist:

„Branche ist nicht gleich Branche und Betrieb ist nicht gleich Betrieb. Jedes Unternehmen hat einen individuellen Versicherungsbedarf, aber dennoch gibt es Sachversicherungen, die praktisch jedes Unternehmen braucht. Eine Betriebshaftpflicht zählt hierzu. Die Haftung erstreckt sich auf Fehler, die dem Chef oder seinen Mitarbeitern passieren können. Wenn beim Apotheker Salben falsch gemischt werden und es deswegen zu gesundheitlichen Schäden kommt, ist dies der Fall.“[1]

Zu Beginn stimmt das Zitat, doch der haftungsrelevante Fehlgriff steckt im letzten Satz, dem Apotheker-Beispiel. Denn genau hier greift die Betriebshaftpflicht eben nicht immer, siehe Defekturen. Spezielle Berufe brauchen eben immer Maßanzüge statt allgemeines Risk-Management von der Stange.

1. Von der Stange oder auf Maß

Versicherungen begrenzen Risiken ihrer Kunden, um diese vor einer überdurchschnittlichen Belastung durch Schadensfälle zu schützen. Je nach Strategie und Zielgruppe einer Versicherung, kann der Schutz eher allgemein oder spezifisch definiert sein. Die Wahl der Strategie hängt im Wesentlichen von der Größe der zugrunde liegenden Grundgesamtheit ab. Generell werden Tarife so gestaltet, dass sie

1 Siehe Procontra online, Verschenktes Gewerbegeschäft, 7. Juli 2014.

auf eine möglichst große Personenzahl passen. Klassisch zum Beispiel für Familien, Kraftfahrer oder Gewerbetreibende; heute immer öfter auch für Frauen, Singles oder Senioren.

Die Art und Anzahl der versicherten Risiken sowie der generelle Umfang des Versicherungsschutzes ist in den Allgemeinen Versicherungsbedingungen (AVB) geregelt. Spezielle Abweichungen können in Besonderen Versicherungsbedingungen (BVB) individuell vereinbart werden.

Dieses System hat enge Grenzen, wie bereits vor 110 Jahren deutlich wurde. Als Robert W. Gerling sich 1904 als Versicherungsmakler niederließ, gründete er kurz darauf den Rheinischen Versicherten-Verband. Der Grund hierfür war einleuchtend: Die Industriekunden – eine kleine aber elitäre Zielgruppe – fanden unter den Schirm der damals verfügbaren Policen nicht den Schutz, den sie benötigten. Entweder war das Gebotene deutlich zu teuer, oder aber das abzusichernde Gut war als nicht versicherbares Risiko ausgeschlossen.

Robert W. Gerling änderte dies, indem er zunächst mit einem Rabattverfahren die Prämien reduzierte und anschließend mit den frei gewordenen Mitteln Sonderrisiken eindeckte. Ein höchst attraktives Zielgruppenkonzept war geboren. Diesmal für die Großindustrie, die ihn nur fünf Jahre später dazu drängte, ein eigenes Versicherungsunternehmen zu gründen. Der Gerling-Konzern schließt seitdem – heute als Know-how-Träger unter dem Dach der HDI-Gruppe – mit individuellem Risikomanagement Deckungslücken bei der deutschen Großindustrie.

Ähnlich ergeht es gegenwärtig den Apotheken. Auch sie sind eine zu kleine Zielgruppe, als dass sich alle Versicherer ihrer mit eigenen Tarifen annehmen würden. Einige große Namen wie die Württembergische, Helvetia oder eben der HDI haben es gewagt, spezielle Konzepte zu entwickeln. Für die allermeisten Aktuare klang jedoch anscheinend „Grundgesamtheit der Heilberufe“ deutlich attraktiver, so dass Apotheker sich in dieser Kategorie einfinden müssen.

Bei der Mehrheit der über 200 in Deutschland zugelassenen Sachversicherer[1] gibt es keinerlei Möglichkeiten, apothekenspezifische Risiken mit den AVB rechtsverbindlich abzudecken. Der individuelle Einschluss über die BVB gestaltet sich in der Praxis größtenteils äußerst schwer, denn die meisten Gesellschaften zeigen sich hier wenig kooperativ. Und wenn es doch gelingt, dann fast immer zu unübersichtlichen Konditionen oder gar nur mit nicht hinnehmbaren Einschränkungen.

So findet sich etwa gelegentlich uneingeschränkter Versicherungsschutz nur, „wenn kein Verstoß gegen Vorschriften" vorliegt. Wie soll es aber beispielsweise eine Fehlbedienung geben, ohne dass irgendeine der vielen hundert Vorschriften, die in Apotheken gelten, verletzt wäre? Oder der Kühlschrankinhalt wird nur unter der Vorgabe mitversichert, dass der Kühlschrank „ständig gewartet und gepflegt" wird. Ständig – das ist immer, nicht wahr?

Damit haben wir zwei von über 20 Risiken benannt, die entweder häufig oder ausschließlich in Apotheken vorkommen. Diese müssen Sie nicht nur kennen, sondern auch in ihrer Tragweite verinnerlicht haben, wenn Sie in Apotheken als Experte für Versicherungsangelegenheiten auftreten wollen.

2. Produktpartner: wen nehmen?

a) Passende Partner finden: eine Hilfe zur Selbsthilfe

Sie werden vielleicht enttäuscht sein, dass ich jetzt keine Unternehmensnamen aufliste, erst recht nicht als Ranking. Doch dazu bin ich weder befugt noch in der Lage. Außerdem wäre es nur eine Momentaufnahme, denn auch dieser Markt ist natürlich in Bewegung. Wichtiger noch: Im Gegensatz zur Ausschließlichkeitsorganisation und den Mehrfach-General-Kollegen ist für uns Versicherungsmakler die eigenständige Auswahl unserer Produktpartner wichtiger als

1 Quelle: Bundesanstalt für Finanzdienstleistungsaufsicht.

die Dienstwagenausstattung. Diese Leistung kann und wird uns niemand abnehmen.

„Als unabhängiger Versicherungsmakler beobachte ich für meine Apothekenkunden selbstverständlich den Markt. Das ist leichter als gedacht, denn nur wenige Anbieter liefern für die Zielgruppe der Apotheken überzeugende Lösungen. Meist wird diese Risikogruppe mit den anderen Heilberufen zusammengefasst. Das ist für Apotheker mit ihren speziellen Risiken nicht ausreichend. Meist sind auf Apotheker abgestellte Deckungskonzepte zu präferieren, die die Absicherung der individuellen Risiken nicht nur in Aussicht stellen, sondern tatsächlich rechtsverbindlich hinterlegen. Deshalb kann ich dem Apotheker in aller Regel kurzfristig und detailliert erläutern, wo seine Risiken nicht oder nicht ausreichend abgesichert sind.“ (Karl-Heinz Keim, Versicherungsmakler aus Coburg)

Was Sie im Folgenden jedoch erhalten werden, ist ein praxisbezogen entwickeltes Korsett als Grundlage für Ihre eigene Entscheidung. Es enthält alle Stangen und Stäbchen, um Ihrer Vermittlungsarbeit am Ende die richtige Form zu verleihen. Zur möglichst objektiven Beschreibung der aktuellen Lage stütze ich mich auch auf die Erfahrungen und Fachkenntnisse der Kollegen der Interessenvereinigung Apotheken- und Praxisschutz e.V. (IAP), die mir für dieses und das folgende Kapitel dankenswerterweise beratend zur Seite standen. Im IAP haben sich jüngst gestandene Apotheken-Spezialmakler organisiert, um eine einheitliche Gesprächsbasis mit den Versicherern zu schaffen.[1]

1 Mein Dank für viele wertvolle Tipps und Hinweise gilt insbesondere den Herren: Christian Ring, CfM GmbH & Co. KG, Dresden (www.cfmgmbh.de/); Karl-Heinz Keim & Peter Weibelzahl, AVC GmbH Assekuranz- und Vorsorgemakler Coburg (www.avc-coburg.de/); Günter Mayrhofer, Mayrhofer Versicherungsmakler e.K., Niederaichbach (www.mayrhofer-versicherungsmakler.de/); Daniel Nömayr, Finanz- und Versicherungsmakler, Gangkofen (www.fvm-noemayr.de/).

„Die eigene Spezialisierung war der erste Schritt, der logische zweite ist die Bündelung ähnlicher Kompetenzen, um gemeinsame Marktmacht zum Vorteil unserer Kunden darzustellen. Auch Professionalisierung nach innen und verstärkte Außendarstellung sind wichtige Ziele. Sicherlich: Jeder von uns verfolgt ein etwas anderes Geschäftsmodell, jedoch von sehr ähnlicher Basis aus. Gemeinsam werden wir mit Versicherern jenseits der vorhandenen Spezial-Deckungskonzepte weitere Lösungen für sonstigen Versicherungsbedarf von Apotheken entwickeln. Angedacht sind hier im Leben-Bereich gegebenenfalls vereinfachte Annahmebedingungen und bei Sachthemen beispielsweise den wichtigen Kfz-Bereich sowie die Stichworte Reinraum und Kühlung. Eine Ausweitung der Zielgruppe auf die Ärzteschaft erfolgt im dritten Schritt, denn wer Apotheker hat, der hat in der Regel auch Ärzte – oder eben umgekehrt. Der Verein ist Programm. Jeder kann beitreten, der etwas beitragen und natürlich auch von allen profitieren möchte." (Günther Mayrhofer, Versicherungsmakler aus Niederaichbach)

Wenn es um die Versicherung ganz spezieller Berufsbilder geht, kennt der Vermittler die konkreten Absicherungsbedürfnisse in aller Regel besser und deutlich präziser als die versichernde Gesellschaft. Und Apotheken weisen unter den etablierten Berufen unstreitig ein sehr spezielles Berufsbild auf.

Sie können also für die Apotheken-Eindeckung getrost alle Standard-Checklisten, mit denen Sie sonst arbeiten, zu Hause lassen. Denn diese führen zwangsläufig in Haftungsfallen, die mit Blick auf die Vermittlerrichtlinie und sich ändernde Rechtsprechung heute wirklich niemand mehr leichtfertig in Kauf nehmen kann. Oder erwarten Sie, dass Sie nach einer umfassenden, kompetenten und risikogerechten Apothekenbegehung samt entsprechender Dokumentation auch nur einen Inhaber dazu bewegen können, genau die

Risiken aus dem Versicherungsschutz auszuschließen, die ihm am meisten schaden können?

Werten Sie den oben geschilderten Ansatz bitte nicht als eine Art Arbeitsbeschaffungsmaßnahme für Versicherungsvermittler, sondern als große Chance, Ihre Kompetenz zu beweisen – mit gewaltiger Schubkraft für Ihren Expertenstatus. „Experte ist, wer von anderen dafür gehalten wird"[1]. Damit weist Christiani auf die Tatsache hin, dass es am Ende immer nur unsere Kunden sind, die darüber entscheiden, ob wir als vertrauenswürdige und sachkundige Autoritäten gelten.

Da es bisher jedoch nicht viele in den Status eines „Experten für Apothekenversicherungen" gebracht haben, sind – trotz der genannten kompetenten Kollegen – immer noch zu viele Apotheker, was die apothekenspezifischen Risiken angeht, laienhaft versichert. Laienhaft versteht sich in dem Sinne, dass weder der Versicherungsnehmer noch sein Berater einen blassen Schimmer davon haben, was versicherungstechnisch angeraten, machbar und bezahlbar ist.

Praxistipp

Wenn Sie exakt den Teil dieses Buches konsequent umsetzen, der zu Ihnen passt, werden Sie keinerlei Probleme haben, hinreichend Apotheker derart von Ihrer Fachkompetenz für Apothekenabsicherung zu beeindrucken, dass sie Ihnen das Maklermandat antragen.

Es gilt also, Versicherer einer apothekengerechten Flexibilitätsprobe zu unterziehen, was im Prinzip kein Hexenwerk ist. Denn ein erklecklicher Teil des Abänderungsbedarfes ließe sich grundsätzlich mit einfachen Präzisierungen einzelner Punkte in den Allgemeinen Versicherungsbedinungen oder mit Hilfe ergänzender BVB-Vereinbarungen lösen. Andere Risiken erfordern gesonderte

1 Zitiert nach meinem Lehrer und Mentor Alexander Christiani.

Vereinbarungen mit den Produktlieferanten, um den Standardversicherungsschutz apothekengerecht zu erweitern.

Es sind einige wenige, für eine angemessene Apotheken-Inhaltsversicherung aber entscheidende Passagen, die einer Mehrheit unter den Gesellschaften immer wieder Eindeckungsprobleme bereiten. Allen voran die Abbedingung der Unterversicherung sowie der 40-Prozent-Klausel im Versicherungswert (AVB-Stichwort: Zeitwertersatz).

Auch mit der Begrenzung des Eigenschadens auf alle Approbierten oder gar den Inhaber allein tun sich die meisten Häuser schwer. Ebenso mit dem Einschluss der Pharmazierat-Klausel in der Warenlager-Deckung. Auch die Regelungen bei der Betriebsunterbrechung sowie der Ertragsausfallversicherung bieten oft ein willkommenes Optimierungspotenzial. Ganz zu schweigen von einem hinreichenden Versicherungswert für den Inhalt der Medikamentenkühlschränke, um hier vorgreifend die wichtigsten Punkte zu nennen.

Deutlich weniger schwer tun sich damit diejenigen Versicherer, Assekuradeure und Deckungskonzeptgeber, die eigene Branchenlösungen für Apotheken anbieten. Hier begänne für den Vermittler dann die Klein-klein-Arbeit des Bedingungs- und Klauselvergleichens. Doch keine Sorge, wenn dies nur einmal konzentriert angegangen wird, sind die wichtigsten Kriterien in kürzester Zeit identifiziert. Diese Aufgabe selbst zu erledigen, darum werden Sie nicht herumkommen. Patentlösungen sind hier nicht zu erwarten.

Stattdessen wird Ihnen jetzt ein passables Küchenrezept geboten, wie sich die (eh nicht sonderlich überfüllte) Marktstandauslage der Spezialanbieter schnell auf eine überschaubaren Essenz attraktiver Lösungen einkochen lässt. Gehen wir einfach davon aus, dass nach dem Kochen in Ihrer „Consommé royale“ maximal drei alternative „Versicherer-Filetstücke“ schwimmen sollten. Ansonsten sollten Ihre Küche schnell wieder sauber, die Küchenabfälle kompostiert und alle unerwünschten Geschmacksrichtungen für immer und ewig VVG-tauglich vakuumiert und weggeschlossen sein.

Um die in Frage kommenden Zutaten an Gesellschaften, Konzepten und Tarifen, die später den Basis-Fond bilden sollen, am Markt zu finden, sind keine Spezialkenntnisse vonnöten. Man sollte einfach durch den Markt „googlen", um dort dann mit einigen gezielt ausgesuchten Stichworten genau die richtigen Ingredienzien herauszupicken.

Wenn Sie bei Ihrer Internetsuche nach einem geeigneten Partner mit dem Begriff „Apothekenversicherung" anfangen, über „Spezialkonzept Apothekenabsicherung" weitersuchen, um bei „Zielgruppenpolicen Apotheke" aufzuhören, haben Sie alle denkbaren Schlüsselworte durchprobiert und Ihr „Einkauf" wäre erledigt. Nachfolgend wird Ihnen nun das Entree der aktuell Verdächtigen (in alphabetischer Reihenfolge und ohne Anspruch auf Vollständigkeit) präsentiert:

- Ampas Aachener und Münchener Partner-Service GmbH, Hamburg,
- Allianz Versicherungs-AG, Berlin,
- ApoRisk GmbH, Karlsruhe,
- Basler Sachversicherungs AG, Bad Homburg v.d.H.,
- CuraPharm Versicherungsmakler GmbH, Bremervörde,
- CuraPharm Arnz & Co. Versicherungsmakler oHG, Mettmann,
- Deutsche Ärzteversicherung AG, Köln,
- Ergo Versicherung AG, Düsseldorf,
- Gothaer Versicherungsbank VVaG, Köln,
- Helvetia Business Pharma, Frankfurt am Main,
- HDI Versicherung AG, Hannover,
- MLP AG, Wiesloch,
- Nürnberger Allgemeine Versicherungs-AG, Nürnberg,
- PharmAssec Apotheken Assekuranz, Kirchheim unter Teck,
- R+V Versicherung AG, Wiesbaden,
- Wüstenrot & Württembergische AG, Stuttgart,
- Zurich AG (Deutschland), Frankfurt am Main.

Vom Weltkonzern bis zum Deckungskonzeptmakler ist in dieser Liste so ziemlich alles vertreten, wahrlich eine Riesen-Bandbreite. Und ich kann Ihnen bereits jetzt verraten, dass Sie bei der näheren Analyse eine ebenso große Bandbreite in Sachen Qualität feststellen werden. Eine sorgfältige Auswahl und Dokumentation ist also auch aus Haftungserwägungen heraus dringend angeraten.

Apropos Haftung: Zu einer sorgfältigen Prüfung gehört auch immer die Analyse der potenziellen Partnergesellschaft. Auch hier gibt es große Unterschiede.

Die formalen Kriterien, die anzulegen sind, kennen Sie zur Genüge: Gesellschaftsform, Bilanz, Geschäftssitz et cetera. Unter dem Gesichtspunkt der Enthaftung gesehen, ist es durchaus ein großer, bei Insolvenz existenzieller Unterschied, ob Sie sich für einen Deckungskonzeptmakler oder einen Assekuradeur entscheiden.

Ersterer, also der deckungskonzeptgebende Makler, haftet allein und persönlich, während Assekuradeure im Auftrag einer Gesellschaft oder mehrerer Versicherungsunternehmen agieren, die dann das Haftungsrisiko tragen. Welches System für ihn und seine Kunden sicherer ist, dürfte dem erfahrenen Vermittler klar sein.

Das zweite Basis-Risiko ist mit der Solvenz des auszuwählenden Partners verbunden. Während eine solche bei Aktiengesellschaften und Versicherungsvereinen auf Gegenseitigkeit sicherlich in hinreichender Form vorausgesetzt werden kann, empfiehlt es sich für den partnersuchenden Vesicherungsvermittler, bei einer GmbH oder OHG grundsätzlich entsprechende Informationen bei den Gesellschaften anzufragen und einen prüfenden Blick in die veröffentlichungspflichtigen Handelsbilanzen zu werfen. Wofür, außer vielleicht, um eine ladungsfähige Adresse zu recherchieren, gäbe es diese schließlich sonst?

Das ist dann auch schon alles, was an Soliditätsgrundlagen einer Vorprüfung unterzogen werden sollte. Wer jetzt noch übrig ist, kann getrost mit in den großen Kochtopf zum „Partner-Einkochen".

b) Zur Partnerwahl: ein Kochduell

Die nötigen Zutaten

- *Je einen Zettel mit den Namen der jeweiligen Anbieter oder Tarife vorbereiten. Wichtig: Schließen Sie hier bitte keinen Produzenten aus, auch wenn er ihnen noch nie so richtig „geschmeckt" hat.*
- *Nicht zu knapp portionieren. Lassen Sie Platz für Beilagen und die Garnitur.*
- *Die Bedingungswerke dieser Anbieter (rechtzeitig vorher) auf dem Markt anfordern oder sich die entsprechenden Downloads besorgen.*
- *Die Checkliste aus diesem Buch (siehe Anhang).*
- *Wählen Sie ganz nach Ihrem Geschmack vier bis fünf (für eine Stunde) oder acht bis zehn (für zwei Stunden) apothekenspezifische Risiken aus.*
- *Notizblock (für ungeübte Köche empfohlen), Stifte – gern in mehreren Farben, ein Papierkorb.*

Die Vorbereitung

- *Definieren Sie ein Störungs-, PC- und telefonfreies Stündchen, maximal zwei. Länger köcheln soll es nicht.*
- *Sorgen Sie für angenehmes Ambiente und vitaminreiche Snacks, einen gesunden Tee oder für den Abendgenießer eine gute Flasche Wein (vielleicht).*

Das Vorgaren

- *Sortieren Sie die Zettel zunächst nach dem Alter der Konzepte. Die älteren oben, das jüngste unten.*
- *Begutachten Sie die Filetstückchen der drei bis fünf ältesten Konzepte und beschränken Sie sich dabei ausschließlich auf*

die weiter unten vorgestellten apothekenspezifischen Risiken (Für Schnellkochtöpfe: Konsultieren Sie hierzu das Inhaltsverzeichnis).

- *Notieren Sie die gefundenen Stichworte auf den entsprechenden vorbereiteten Zetteln.*
- *Vergleichen Sie nichts und bewerten Sie bis hierher kein einziges Detail – selbst wenn es jetzt schon etwas schal riecht.*
- *Wenn Sie damit durch sind, lassen Sie das Filetierte bei Tee oder Wein gut durchziehen.*
- *Was haben Sie gefunden, was nicht? Was war klar, was trübe? Was ging einfach, was schwer?*
- *Nun vergeben Sie bitte Ihre ganz eigenen Geschmacksnoten, Schulsystem genügt.*
- *Schreiben Sie diese auf die vorbereiteten Zettel und legen Sie sie in Notenreihenfolge bereit.*

Das Ausbeinen

- *Stellen Sie nun den Papierkorb bereit.*
- *Beginnen Sie dieselbe Prozedur noch einmal, diesmal starten Sie mit dem jüngst angefertigten Gericht.*
- *Arbeiten Sie zügig! Die Handgriffe sollen präzise sitzen, die Ware ist verderblich.*
- *Köche, die ganz auf Nummer sicher gehen wollen, sollten sich Notizen machen.*
- *Kommt Ihnen eine Passage bekannt vor, unterbrechen Sie den Garvorgang sofort.*
- *Stellen Sie fest, woher Sie diese Stelle kennen. Prüfen Sie dann, ob es weitere Parallelen gibt.*
- *Entsorgen Sie faule Äpfel in den Papierkorb. Gerade auch abgeschriebene Tippfehler!*
- *Was übrig bleibt, wird wie beim Vorgaren benotet und dann unter die entsprechenden Notenhaufen gezogen.*

Das Auftischen

- *Schärfen Sie nach mit den Voten der Vorkoster aus der einschlägigen Fachpresse und/oder den würzigen Kommentaren im Internet.*
- *Tauschen Sie Ihr Rezept und Ihre Erfahrungen mit denen anderer Restauranttester aus, am besten beim gemeinsamen Essen und Trinken.*
- *Eleminieren Sie jetzt die Produzenten, die Ihnen keinesfalls auf den Tisch kommen, im Papierkorb. Aber vorher Ihr Urteil für Ihr Kochbuch dokumentieren, um den schalen Haftungsnachgeschmack im Entstehen zu neutralisieren.*
- *Nehmen Sie sich sodann die drei verbliebenen besten Filetstücke vor und lösen Sie Ihre Vermittleranfragen aus.*
- *Fordern Sie frisch vom Wochenmarkt alle Beilagen wie auch die Garnitur an. Bewerten Sie deren Anlieferung streng. Was und wie schnell wird Ihnen aufgetischt?*

Das Fertiggaren

- *Mixen Sie die eingegangenen Zutaten mit Ihren Urteilen und kochen Sie so Ihre Consommé immer weiter ein.*
- *Ziehen Sie eine Handvoll Gewürze in Form von weichen Faktoren unter die Suppe und waschen Sie die Garnitur gründlich durch.*
- *Wenn Sie mögen, lassen Sie den Smutje kommen, der Ihnen zukünftig assistieren soll.*
- *Lassen Sie alles noch ein letztes Mal gut einköcheln.*

Die Consommé royale kann aufgetragen werden

- *Jetzt allseits guten Appetit! Vergessen Sie jedoch niemals, Ihr Rezept Ihren Kunden zu präsentieren.*
- *Keine Angst, sie werden es nicht nachkochen. Aber alle sollen erfahren, warum es in Ihrer Küche so besonders gut schmeckt.*

c) Flexibilität ist Trumpf

Versichererbedarf ≠ Ärztebedarf ≠ Apothekerbedarf

Dass einmal kalkulierte Tarife als solche nicht verändert werden können, dürfte allen Lesern klar sein. Die meisten Verbesserungswünsche der Versicherungsvermittler betreffen ohnehin Vertriebliches, zum Beispiel bezüglich individualisierbarer Werbemittel, zielgruppengerechter Texte oder spezieller Fachunterstützung aus dem jeweiligen Haus.

Noch mehr Wünsche betreffen den Betrieb beziehungsweise die Verwaltung, etwa beim Postversand oder der Erstellung vereinfachter, weil entschlackter Formulare. Gern diskutiert und wichtig sind in diesem Zusammenhang auch die Prozesse in der Schadensregulierung oder der Umgang mit einigen Obliegenheiten, die Behandlung von Fristen oder zumindest beispielhafte Aussagen zu möglicher Kulanz.

Generell kann man mit Fug und Recht behaupten, dass die größten Gesellschaften mit Sonderwünschen für gewöhnlich auch die größten Probleme haben. Je kleiner der Produktgeber, desto eher bekommt man ein belastbares Votum für Sonderwünsche. Jedenfalls gesetzt den Fall, dass man sich bei dieser Adresse als Vermittler bereits einen Namen gemacht hat.

Natürlich gibt es auch diverse große Adressen mit eigenen Spezialkonzepten. Diese sind in aller Regel auf den Gesundheitssektor in seiner Gesamtheit abgestellt. Wenn Aktuare jedoch an Policen für das Heilwesen denken, dann geht es fast immer um Ärzte, genauer: um Fachärzte. Die Apotheker gelten dabei ebenso als Beifang, wie zum Beispiel Haus- oder Kinderärzte.

An Psychologen, Physiotherapeuten, Sanitätsfachhäuser et cetera denkt anscheinend niemand. Lediglich der Berufsstand der selbstständigen Hebammen wurde offensichtlich einer gründlichen Analyse unterzogen – weswegen diese seit Kurzem von bezahlbarem Haftpflichtschutz de facto ausgeschlossen sind.

Die Logik dieser Ärzteorientierung ist sachlich durchaus nachvollziehbar. Bilden Ärzte doch die mit Abstand größte Gruppe innerhalb des medizinischen Personals. Sie tragen obendrein das weitaus größte Risiko.

Die Folge dieser Arztfokussierung ist allerdings, dass kleinere Entitäten mit geringerem Risikopotenzial innerhalb einer Versichertengemeinschaft nun mal, versicherungsmathematisch hergeleitet, schlicht und ergreifend in Relation zum tatsächlich vorhandenen Risiko zu hohe Prämien zu zahlen haben. Apotheken in allgemeinen Heilwesentarifen unterliegen deshalb dem Apriori-Verdacht, im Verhältnis zu den tatsächlich hinterlegten Werten und Leistungen zu teuer versichert zu sein.

Praxistipp

Machen Sie es sich ganz einfach. Erklären Sie heilwesentarifierten Apothekern diese Logik der Preisfindung. Apotheker kennen sich in Statistik aus, können rechnen und wollen garantiert nicht für Ärzte mitbezahlen.

Zwei Anekdoten zur Einstimmung

Ein wunderbares Lehrstück in Sachen „Wie man's nicht macht" lieferte einer der großen Marktteilnehmer. Bei dem in Frage stehenden Druckstück, aus Apothekersicht ein Formular reif fürs Gruselkabinett, handelt es sich um einen profanen „Fragebogen zur endgültigen Beitragsanpassung nach Ziffer 13 AHB", so, wie er alljährlich die Versicherten verwirrt.

Der hier zitierte Fragebogen jedoch bringt Apotheker in absoluter Rekordzeit auf einen Puls von deutlich über 180. Denn das Formular befragt sie nicht nur (völlig berechtigt) nach der Anzahl der beschäftigten Personen und Lieferungen pharmazeutischer Produkte nach

Übersee. Jemand hat also bei der Zusammanstellung der Fragen mitgedacht. Wäre hier das Ende – alles wäre gut gewesen.

Doch nicht so bei diesem Versicherer: Hier fand wohl mitten im Aufsetzen des Formulars ein Schichtwechsel statt. Ein Kollege aus der „Kundenbetreuung Land" muss übernommen haben. Der fragte dann unseren bis dahin völlig arglosen Apotheker im Weiteren nach der Anzahl von Gabelstaplern, der Kopfzahl an Pferden – inklusive Ponys – und der aktuellen Größe der apothekeninternen Hunderotte.

Der Kommentar des Apothekers auf dem mir vorliegenden Exemplar lautet: „Danke, dass ich mich mit diesem Mist beschäftigen darf!". Und ich frage mich trotz dieser der Landwirtschaft durchaus Sympahtie beweisenden Antwort des Apothekers („Mist!"), ob der Kollege von der „Landsparte" das am Ende richtig verstanden hat.

► Wenn der Amtsschimmel wiehert: Die Versicherer-Bürokratie kann so manch einen Apotheker zur Verzweifelung bringen, wenn er Anfragen zu Tierhaltung und Landwirtschaft beantworten muss.

Wer die treue und ihre Prämien immer pünktlich zahlende Apothekerschaft zu seinen Kunden zählen möchte, der sollte auch passende Formularblätter erstellen, die nicht an der Zurechnungsfähigkeit des Ausstellers zweifeln lassen. Dies sollte weder am Geld scheitern, noch als untergeordnetes organisatorisches Problem angesehen werden.

Den angeschriebenen Apothekern jedenfalls signalisieren solche inhaltlich unpassenden Formblattfragen nichts anderes als Desinteresse, gepaart mit einer gehörigen Portion Ahnungslosigkeit. Denn der Absender merkt offensichtlich nicht einmal, dass Gabelstapler in Apotheken – wenn überhaupt – nur zu Abrisszwecken eingesetzt werden und Tierhaltung höchstapothekenrechtlich strengstens verboten ist.

Das weiß selbst jener sprichwörtliche Gaul, den man bekanntlich bereits vor der Apotheke hat „kotzen sehen" – anstatt sich drinnen einfach ein rezeptfreies Anti-Brechmittel oder (für den homöopathischen Zossen) eine gepflegte dicke Ingwerknolle zum Kauen zu besorgen.

Praxistipp

Gehen Sie genau dann auf Akquise, wenn Sie merken, dass solche Briefe wieder einmal kursieren. Rund um das Jahresultimo böte sich es an. Fragen Sie einfach, ob ihr Versicherer sich auch schon nach den stolzen Apothekenrossen erkundigt hat. Sie fliegen entweder raus oder haben einen genialen Gesprächseinstieg.

Zu einem weiteren Fall, diesmal aus dem aktuellen Vertriebsleben. Viele von Ihnen können diese leidvolle Geschichte sicher nachzeichnen, waren vielleicht sogar dabei: Vor drei Jahren sangen wir den Apothekern alle das Lied von der „ApothekenRente". Ein Trupp von Versicherungscowboys und Gesellschaftsrittern umkreiste die deutschen Apotheken. Papiergeschosse flogen in schieren Massen, die telefonische Erreichbarkeit näherte sich über Wochen einem unter anderen Umständen erfreulichen Mindestmaß.

Erste Pharmazierat-Sheriffs wollten schon besorgt die Dienstfähigkeit erfragen – allein, auch sie kamen nicht durch zu ihren Leuten. Kurzum: Es lief ein regelrechter Akquise-Western. Die Konsortialgang von der Apo-Rente zog durchs Land und in ihrem Gefolge eine Schar Geschäfte witternder Versicherungsgesellschaften, Grüppchen von autonom agierenden Vertrieblern und reichlich bärbeißige Gesellen der hartgesottenen Vertriebe. Sie alle folgten dem Lockruf des Geldes.

Aus Pietätsgründen soll hier auf eine weiterführende Filmkritik verzichtet werden. Sergio Leone, der legendäre Italo-Western-Regisseur, hätte jedenfalls seine helle Freude an dem Schauspiel gehabt; und Ennio Morricone (dem Genre ebenso verbundener Musiker) hätte nicht einmal eine neue Titelmelodie komponieren müssen. Denn drehbuchkonform hat am Ende kaum einer unter den Haudegen geschrieben. Bis heute werden sich immer noch viele aus der Originalbesetzung fragen, warum das so war.

Hier nun die Lösung zu dieser Vertriebs-Massenkarambolage: Die aufgeführten Beteiligten hatten alle das falsche Kaliber geladen. Mit ihrem raubeinigen Auftritt haben sie die Apotheker nur scharenweise gegen sich und damit auch gegen das Thema betriebliche Altersversorgung aufgebracht, statt ihnen Unterstützung anzubieten. Und wer sich vorab nur ein klitzekleines persönliches Bild vom Apotheken-Alltag gemacht und dieses in seiner Akquisestrategie nicht nur berücksichtigt, sondern sogar konsequent nach vorn gestellt hätte, der hätte – wie sicher nicht nur die Erfolge der Kollegen der IAP beweisen – betriebliche Altersversorgung in großen Einheiten geschrieben.

Das schlagende Argument eines jeden serviceorientierten Beraters in Sachen betriebliche Altersversorgung sollte bekannt sein. Was überzeugt unvermeidlich in einhundert von einhundert bAV-Akquisegesprächen, womit gewinnt der bAV-affine Makler jeden Firmenkunden? Na klar: Zeit sparen und Arbeit abnehmen. „Ich mach‘ das für Sie! Eine kleine Mitarbeiterversammlung…“. Aber erstaunlicherweise kommt das Gespräch in jeder Apotheke an diesem Punkt abrupt zu seinem Ende.

War es nicht gerade das, was dieses Buch bislang empfohlen hat? Vermittler sollten genau dies für ihre Apotheker tun: Zeit sparen und Arbeit abnehmen. Warum also soll genau das jetzt gerade falsch sein?

Eine Mitarbeiterversammlung bildet in Apotheken, zusammen mit dem Pharmazierat und dem Fall eines plötzlich langzeiterkrankten Approbierten, das Trio der drei apokalyptischen Visionen. Wenn diese dann noch von einem aktionistischen Vermittler beschwört wird, beginnt auch der gestandene Apotheker zu streiken.

► Eine Mitarbeiterversammlung wird in Apotheken nicht gern gesehen. Schließlich herrscht hier Präsenzpflicht, immer muss jemand den Betrieb aufrechterhalten. Eine Beratung vor versammelter Mannschaft ist damit kaum möglich.

Zur Erklärung: In Apotheken herrscht Schichtdienst. Viele Mitarbeiter sind teilzeitbeschäftigt. Manche arbeiten nur samstags, andere schließen nur auf. Es gibt keinen Raum, in dem man sich versammeln könnte, und gäbe es ihn – wäre das verboten. Schließlich herrscht in Apotheken eine Präsenzpflicht in der Offizin, denn Kunden- oder Lieferantenverkehr herrscht eigentlich immer. Abgesehen davon, ist das Telefon zu besetzen und so weiter. Wie viel Zeit und Arbeit kostet es also einen Apotheker, die Mindestmenge von zwei Mitarbeiterversammlungen zu realisieren? Und was ist mit der Zeitplanung? Für wie lange wirft es dann seinen Dienstplan durcheinander? Schon der Versuch, eine Versammlung in Erwägung zu ziehen, wird umgehend bestraft.

Sie haben nun zwei von Aberhundert Gepflogenheiten kennengelernt, die in unserer Branche ihr Unwesen treiben, aber dem Usus in Apotheken widersprechen. Und die sicherlich auch ein wenig die dort vorhandene Abneigung erklären, sich mit unseren Themen zu beschäftigen.

Jeder Versicherungsordner in Apotheken ist voll von unsinnigen Formularen. Oder sie liegen in einem der gen Decke wachsenden Stalagmiten. Am besten fangen Sie beim Stapel „Wichtig, aber keine Zeit zum Ablegen" an. Heften Sie den Kram ab, bevorzugt unter großzügiger Beteiligung der Rundablage „P" wie Papierkorb. Zeigen Sie das Ergebnis Ihrem Apotheker – gerade auch mit explizitem Hinweis auf „P" – und er wird Sie mit Sicherheit umgehend in sein Herz schließen.

Praxistipp

Wer in Apotheken bAV schreiben will, der sollte keine Taktung planen, sondern muss dem Inhaber anbieten, sich „hinten" hinzusetzen und immer, wenn gerade mal Ebbe ist, einen Mitarbeiter zu beraten. Bieten Sie aktiv an, dass das Gespräch sofort unterbrochen wird, wenn der Kundenstrom wieder anschwillt. Kommen Sie zum Aufschluss und zum Wochenenddienst. So lange, bis Sie alle Mitarbeiter erreicht haben. Das geht übrigens schneller als Sie denken, denn diese selbst wollen Sie so schnell wie möglich „da hinten" wieder raushaben.

„Unapothekerische" Bürokratie vermeiden

Es sind nicht nur apothekenspezifische Einschlüsse in den Bedingungswerken, auf die es bei der Wahl der geeigneten Versicherungspartner ankommt. Die zigfach existierenden sogenannten weichen Kriterien sind oft einfacher zu erreichen und können nicht selten den ausschlaggebenden Unterschied ausmachen.

Apotheker dürfen, wie beschrieben, bis zu vier Apotheken als Inhaber betreiben. Der Mehrbesitz breitet sich am Markt zunehmend aus. So sollte es möglich sein, alle Apotheken, die ja ein grundsätzlich ähnliches bis gleiches Risiko darstellen, auch tatsächlich in einer Police zusammenzuführen, die dann das Gesamtrisiko abbildet.

Dies würde dem Apotheker Bürokratie ersparen. Es würde ihm auch deutlich mehr Flexibilität, was die Verteilung der Lagerwerte oder die Schwerpunktbildung angeht, erlauben. Darüber hinaus ist eine gebündelte Betrachtung in aller Regel nicht nur einfacher aktuell zu halten, sondern auch verwaltungstechnisch und preislich günstiger.

Und es dürfte doch wirklich kein Problem sein, sich beispielsweise bei dem aus Apothekersicht völlig unsinnigen Formblatt mit der veterinärwissenschaftlichen Zählung von Tierköpfen in Apotheken – ausschließlich derer, die bereits seit Jahrzehnten in Formalin einliegen – um eine Alternative zu kümmern. Setzen Sie sich dafür ein, dass Ihre Apotheken ein um den beanstandeten hinteren Teil reduziertes Formular zugeschickt bekommen. Und wenn die Postabteilung des Versicherers das nicht kann, dann kümmern Sie sich selbst drum.

Praxistipp

Sollten Sie aus organisatorischen, zeitlichen oder entfernungstechnischen Gründen nicht in der Lage sein, aktive Hilfe zu leisten, wählen Sie am besten unter den in Frage kommenden Premiumapotheken-Spezialkonzeptanbietern denjenigen aus, der Apothekern generell am wenigsten Papier zuschickt, die wenigsten Fragen stellt und diese am verständlichsten erfragt.

Aus Erfahrung kann ich Ihnen sagen, dass Versicherungspost und Apothekerdenken in aller Regel zwei Welten mit geringer Schnittmenge darstellen. Häufig treffen hier zwei diametral entgegengesetzte Absicherungsdenken frontal aufeinander. Obwohl – oder besser gerade weil – es sich um zwei Professionen handelt, die beide nur allzu gern alles auf die Goldwaage legen.

Aus dem Wunsch, alles richtig und vollständig auszufüllen, ergeben sich bei den von Aktuaren oder Hausjuristen getriebenen Formblättern, deren Sinn selbst Fachleuten manchmal nicht sofort einleuchtet, immer wieder Missverständnisse und Nachfragen. Das fängt bei der Antragstellung an, geht über die jährliche Datenerhebung weiter und endet bei der Schadenbearbeitung nicht selten im Fiasko. Deshalb seien Sie willig, bereit und in der Lage, Ihren zukünftigen Apothekerkunden bei dieser Arbeit aktiv zu assistieren.

Zur besseren Vergleichbarkeit nutzen Sie eine stichwortartige Auflistung dessen, was ein guter Versicherungspartner können und wollen müsste, damit er als Partner eines Apotheken-Spezialmaklers in die engere Wahl kommt.[1] Natürlich dürfte es so gut wie unmöglich sein, alles auf einmal „eingedeckt" zu bekommen. Aber je mehr Vermittler danach fragen, desto eher wird es möglich werden, für spezielle Kundengruppen auch die passend adaptierten Lösungen zu bekommen. Am besten, Sie gehen die Liste im Anhang Punkt für Punkt danch durch, was die Partner Ihrer Wahl bereits heute anbieten.

3. Apothekerspezifische Risiken, auf die es ankommt

a) Der Apothekenwert

Auch wenn Apotheker üblicherweise eine auskömmliche Zusage seitens des zuständigen Versorgungswerkes in Aussicht haben; das Risiko eines signifikanten Einkommensverlustes ist für einen Apothekeninhaber recht groß.[2] Denn neben der jederzeit möglichen Arbeitsunfähigkeit durch Erwerbs- oder Berufsunfähigkeit lauern auch hier Gefahren, die es in anderen Berufen zumindest in dieser Ausprägung nicht gibt. Hierzu zählt bereits der eigentlich harmlose Wegzug einzelner oder gar aller umliegenden Ärzte, zum Beispiel in ein neu gebautes Ärztehaus.

Am anderen Ende der Skala der möglilchen Risiken droht die Katastrophe des Approbationsentzuges. Doch das betrifft immer nur

1 Im Anhang finden Sie eine Musterliste als Vorlage.

2 Quelle: VersicherungsJournal.de vom 13. Juni 2014.

Einzelfälle. In großer Zahl hingegen können Apotheker massive finanzielle Einbußen erleiden, wenn – wie mehrfach geschehen – eine Änderung der Apotheken-Betriebsordnung, die mit den Gegebenheiten der eigenen Apotheke nicht in Einklang zu bringen ist, Gesetzeskraft gewinnt.

Das absolute Horrorszenario für alle Apotheker ist der sogenannte *Fremdbesitz*. Damit ist das Aufweichen der ApBetrO gemeint, das darauf zielt, dass ein Apothekeninhaber nicht mehr zwingend approbiert zu sein hat.

Die Fremdbesitz-Welt sähe in kürzester Zeit so aus, dass sich die einschlägigen Drogerieketten ebenso wie die Discounter dieser Welt darum reißen würden, angestellte Apotheker zu gewinnen, die in ihren Märkten Apotheken als Filialleiter betreiben. Das Schicksal und damit Ende der inhabergeführten Apotheke wäre dann ebenso in kurzer Zeit besiegelt wie das des selbstständigen Apothekers als Beruf. Und gleichzeitig mit großer Wahrscheinlichkeit auch das Ende einer flächendeckenden Versorgung der Bevölkerung.

Dass dies kein Science-Fiction-Szenario ist, beweist der aktuelle Vorstoß des stellvertretenden Vorsitzenden des Spitzenverbands der gesetzlichen Krankenversicherung (GKV-Spitzenverband), Johann-Magnus von Stackelberg. Hatte er doch im Januar 2015 im Rahmen einer Pressekonferenz das Modell der inhabergeführten Apotheke als „mittelalterliche Gildenstruktur“ bezeichnet.

Die Krankenkassen, meinte er weiter, wollten den Apothekenmarkt umkrempeln, auch wenn sich die Regierung für den Erhalt des Fremd- und Mehrbesitzverbots ausgesprochen habe. „Ich glaube, dass die Struktur des Apothekenmarktes dringend zur Diskussion gestellt werden muss“, sagte von Stackelberg wörtlich. Dies kam einer Kriegserklärung erster Güte an alle Apotheker gleich. Bei der ABDA stand man dann auch gleich (wieder und völlig zu Recht) auf den Barrikaden.[1]

1 Siehe Apotheke Adhoc vom 30. Januar 2015, www.apotheke-adhoc.de/nachrichten/nachricht-detail/apothekenmarkt-gkv-spitzenverband-kritisiert-strukturen-apothekenketten-filialapotheken-1/.

Auch Lücken im Versicherungsschutz gehören zum Arsenal der möglichen Rücklagen-Killer. Denn gerade einige der apothekenspezifischen Risiken, auf die wir im letzten Kapitel dieses Buches zu sprechen kommen, können das im Alter zur Verfügung stehende Kapital auf einen Schlag deutlich schmälern.

Andere Ursachen führen zu einem eher schleichenden Einnahmerückgang bei Apotheken. Sie sind auf einen steigenden Marktdruck zurückzuführen, der mehr und mehr Apothekenschließungen zur Folge hat. Diese werden wiederum immer häufiger durch Insolvenzen ausgelöst.

Der dauerhafte Druck auf Preis und Margen, ausgeübt von Regierungen, Krankenkassen, Großhandel und Industrie, sowie die zunehmend preisaktive Discounter- und Internetkonkurrenz fordern zusätzlich ihren Tribut. Aus diesen Gründen hat die Bundesregierung Recht mit ihrer Aussage, dass es Selbstständige ohne Alterssicherung nicht mehr geben sollte.[1]

Besonders hart trifft es all diejenigen, bei denen gravierende Änderungen der ApBetrO die Altersvorsorgepläne platzen und Altersrücklagen schmelzen ließen. So geschehen, als zum Beispiel die Einrichtung eines Notausgangs für das Labor oder als 2012 ein barrierefreier Zugang zur Apotheke gefordert wurden. Das traf und betrifft weiterhin alle, die entweder ihr Labor im Keller eingerichtet haben, oder bei denen zum Beispiel eine hochherrschaftlich-elegante Treppe hoch zur Offizin führte.[2]

Für beide Vorgaben galten übrigens die sonst üblichen langen Übergangsfristen nicht. Im günstigsten Fall hatte das massive Umbaukosten, nicht selten im sechsstelligen Bereich, zur Folge. Diese gingen natürlich zulasten der Rücklagenplanung des Inhabers. Dem stand zumindest ein entsprechender späterer Veräußerungswert entgegen.

Deutlich schlimmer traf es Apotheken, für die eine bauliche Lösung nicht umsetzbar war. Beispielsweise weil vor dem Apothekeneingang

1 Vergleiche VersicherungsJournal.de, Ausgabe vom 10. August 2012.

2 Vergleiche Apotheke Adhoc vom 20. Februar 2015.

nicht genügend Platz für eine Rampe oder einen Aufzug vorhanden war oder weil die Stadtverwaltung einen Umbau verbot. In manchen Fällen ließ es das Labor im Keller nicht einmal zu, einen Notausstieg über ein Fenster einzurichten.

Manches Mal war der Apotheker schlicht zu alt, um die Neuerungen noch durchführen zu wollen. Oder (was ganz profan auch passiert ist) die Bank stellte sich quer und lehnte der ohnehin nicht gut gehenden Apotheke die Finanzierung ab.

Ein drittes Beispiel für die weitreichenden Folgen von geänderten Verordnungen war die Herausnahme der Sanitäreinrichtungen sowie der Pausen- und Büroräume, soweit sie nicht als Notdienstzimmer ausgelegt waren, aus der Berechnung für die Mindestgröße einer Apotheke. Dies geschah 1995, seitdem wird nur noch die Flächensumme von Offizin, Lager, Labor und Notdienstzimmer zur Ermittlung der vorgegebenen Mindestgröße von 110 m^2 herangezogen.

Mit den bereits bekannten langen Übergangsfristen war das auch für Inhaber kleinerer Apotheken, die ohne diese zuvor in der Aufstellung berücksichtigten Räume nun nicht mehr auf die geforderte Mindestgröße von exakt 110 m^2 kamen, kein Problem. Denn solange sie weder grundrenovieren noch die Apotheke abgeben wollten, blieb erst einmal alles wie es war.

Das Problem trat in dem Moment auf, in dem sie aufhören wollten oder es in Zukuft tun wollen. Da ein möglicher Nachfolger keine neue Betriebserlaubnis für die abzugebende Apotheke bekäme, kaufte sie auch keiner. Der zu erzielende Erlös war also null, was ein riesiges Loch in der privaten Rentenschatulle aufriss. Dem Inhaber – vom unmöglichen Umbau oder der nun zu kleinen Apotheke betroffen – blieben nur drei Alternativen, die allesamt durch erheblichen Mehraufwand an Zeit und Geld, den Verzicht auf Verkaufserlöse oder Freizeit im Alter die eigene Lebensplanung radikal verändern würden:

- noch einmal von vorn anfangen und rechtzeitig woanders neue Apothekenräume anmieten.

- Den Mietvertrag nicht mehr verlängern und die Apotheke schließen oder
- einfach Augen zu und durch, das heißt unermüdlich weiterarbeiten wie weiland der hochbetagte Johannes Heesters.

„Im Rentenalter noch in der Apotheke stehen und arbeiten – für gar nicht so wenige Apothekeninhaber ist das Alltag: In Bayern und Baden-Württemberg etwa sind 14 Prozent der aktiven Apothekenleiter älter als 65, in Niedersachsen sind noch ein 91-jähriger Apotheker und eine 90-jährige Apothekerin aktiv und in Hamburg hat in dieser Woche ein 73-Jähriger eine neue Apotheke eröffnet.“[1]

Die beiden ältesten betroffenen Apothekerinnen in Berlin waren knapp unter beziehungsweise deutlich über 80. Die Ältere ist letztes Jahr im Dienst verstorben.

► Geänderte Verordnungen und deren Folgen oder eine falsche Ruhestandsplanung können große Löcher in die Rentenkasse der Apotheker schlagen. Dann muss nicht selten noch bis ins hochbetagte Alter im HV gearbeitet werden.

b) Die Versicherungswerte

Vermittler, die in Heilwesenbranchen tätig sind, benötigen zur Absicherung meist mehr als den üblichen Standard. Gerade bei Fachärzten, Chirurgen und erst Recht bei selbstständigen Hebammen bildet die

1 Quelle: Apotheke Adhoc, Newsletter vom 4. Februar 2015.

Haftpflicht oft ein Eindeckungsproblem. Deshalb gibt es zunehmend Experten wie beispielsweise das jüngst gegründete Heilwesennetzwerk.de. Es hat sich dem Risiko-Management für Heilberufler verschrieben und kooperiert in der Umsetzung mit Versicherungsvermittlern.

Um Apotheken in geeigneter Höhe versichern zu können, sind unbedingt einige Spezialitäten aus dem Apothekenrecht zu beachten. Die damit implizierten versicherungstechnischen Konsequenzen sollten dem Apotheker-Kunden verdeutlicht und im Beratungsprotokoll dokumentiert werden. Ansonsten entstehen Haftungsrisiken, die es nur und ausschließlich in der Apothekenversicherung gibt.

Werteversicherung

Der Wert des Apothekeninhalts ergibt sich aus der Addition von Warenlager, Apothekeneinrichtung sowie der technischen Ausstattung. Entscheidend ist hier, dass alle drei Werte nur und ausschließlich zum Neuwert zu kalkulieren sind. Das Warenlager ist in jeder Werteversicherung grundsätzlich zum Neuwert versichert, denn Medikamente können wegen ihrer Verfallsdaten grundsätzlich nie in den Zeitwertvorbehalt fallen. Nicht so jedoch die in vielen Apotheken vorhandenen älteren Einrichtungen.

Gemeinsam mit Antiquariaten, Kaffeehäusern oder so manchem Juwelier gehören auch Apotheken zu den Geschäftsmodellen, deren historische Einrichtung einen Wert sui generis darstellt.

Die Inhaber pittoresker alter Betriebe sind sich sehr bewusst, wie wichtig gerade das Flair, das dieser ausströmt, in der lokalen Konkurrenzsituation zur Abgrenzung zu den doch meist aseptisch wirkenden modernen Discounter-Apotheken ist. Am alten Offizin-Mobiliar hängt ein Großteil ihres Geschäftserfolges, denn viele Kunden bevorzugen und genießen heute noch den Einkauf in einer historischen Apotheke.

Soweit die Kundensicht im vorderen Bereich der Räumlichkeiten. Und weiter hinten – im Lager, Labor, dort, wo nie ein Kunde hinkommt – besteht erst Recht kein Grund, die seit Jahrzehnten bewährten Apothekerschränke und Laboreinrichtungen ohne Not zu verändern. Ein Generalalphabet ist in aller Regel eine Maßanfertigung, denn es galt bereits vor 50 Jahren, jeden Winkel einer Apotheke optimal auszunutzen.

Mit Aufkommen der *Fertigarzneimittel* stieg schließlich in kurzer Zeit der Lagerbedarf für Packungen aller Art und Größe. So finden sich im hinteren Bereich von Apotheken immer wieder Musterbeispiele alltagserprobter handwerklicher Möbelbaukunst: solide, funktional und „unkaputtbar". Selbiges gilt analog für viele Laboreinrichtungen. Warum also austauschen? Es sei denn, irgendwann einmal muss wegen akuten PKA-Mangels doch ein Kommissionierautomat angeschafft werden.

Stellen wir uns nun diese historische Apotheke nach einem größeren Schaden vor. Wie wird eine einfache Police von der (AVB-) Stange, die die gängigen Allgemeinen Versicherungsbedingungen hinterlegt hat, die entstandenen Schäden regulieren? Schlagen Sie einfach in den AVB der Werte- und Inhaltsversicherung jeder beliebigen Versicherungsgesellschaft nach: Dort werden Sie mit höchster Wahrscheinlichkeit sinngemäß die nachfolgend aufgeführte Vereinbarung finden:

- § XY Versicherungswert – Der Versicherungswert der Betriebseinrichtung ist:
- „1.1 der Neuwert. Dies ist der Betrag, der aufzuwenden ist, um Sachen gleicher Art und Güte in neuwertigem Zustand wiederzubeschaffen oder sie neu herzustellen; maßgeblich ist der niedrigere Betrag;
- 1.2 der Zeitwert, falls er weniger als 40 Prozent des Neuwertes beträgt […] Der Zeitwert ergibt sich aus dem Neuwert der Sache durch einen Abzug entsprechend ihrem insbesondere durch den Abnutzungsgrad bestimmten Zustand".

Wie wird heutzutage im Zweifel nach dieser Klausel in unserer älteren Apotheke reguliert? Waren zum Neuwert, neuer Medizinkühlschrank zum Neuwert, sonstige Einrichtung und technisches Gerät zum Zeitwert. Einrichtung 43 Jahre alt, Zeitwert nach Abnutzung nahe null Euro. Aus Kulanzgründen wird der Versicherer dem Apotheker für die Schäden an seiner alten Offizin-Einrichtung sowie für Lager und/oder Labor schätzungsweise runde 10.000 oder 20.000 Euro bieten.

► Müssen nach einem Schaden Automatiktüren oder Mobiliar neu angeschafft werden, beginnen meist erst die Probleme. Die Versichererleistung reicht dafür oft nicht aus. Ohne funktionierende Ausstattung darf der Apotheker aber nicht öffnen.

Das wäre de jure sogar ein überbedingungsgemäß optimales Angebot, denn hier wäre grundsätzlich lediglich eine Summe leicht über dem gemeinen Wert zu erstatten gewesen. Wie oder wann der Besitzer an neues Mobiliar käme, wäre seine Sache. Zunächst könne man sich ja erst einmal auch provisorisch behelfen. Das funktioniert eben nicht in Apotheken!

Das damit verbundene Problem liegt, wie so oft, in der Apotheken-Betriebsordnung begründet. Nach deren Vorgaben darf eine Apotheke nach einem Schadenfall, der zu einer Betriebsunterbrechung führte, erst dann wieder öffnen, wenn eine erfolgreiche Wiedereröffnungsrevision stattgefunden hat. Doch diese wird erst dann anberaumt, wenn „Lager, Labor und Offizin in einem revisionsfähigen Zustand“ sind, wie es § 4 der ApBetrO verkürzt vorschreibt.

Zur Erteilung der Wiedereröffnungserlaubnis prüft der Pharmazierat, ob sowohl im Lager als auch im Labor alle vorgeschriebenen Aufbewahrungs- und Herstellungsutensilien vorhanden sind. Dabei will er alles sehen und geht einmal durch die gesamte Inventarliste, vom Apothekerschrank bis zur letzten Feinwaage. Provisorien jedweder Art wird er garantiert nicht durchgehen lassen.

In der Zeit, als diese Zeilen geschrieben wurden, kämpfte ein junger Apotheker in Berlin um die Eröffnung seiner neu erworbenen Apotheke. Dies wurde ihm vom Pharmazierat verweigert, weil der Öffnungsmechanismus der Automatiktür nicht mehr vorschriftsmäßig funktionierte. Die Tür ging zwar rechtzeitig auf, schloss aber zu schnell. Eine sofortige Reparatur war unmöglich, denn alsbald stellte sich heraus, dass es für dieses ältere Modell keine Ersatzteile mehr gibt. Die geplante Eröffnung zum ersten Februar 2015 war damit geplatzt.

► Historische Apotheken wirken malerisch und begeistern die Kunden. Für ihre Inhaber bergen sie meist ein unbekanntes finanzielles Risiko, da sie de jure oft nicht zum Neuwert versichert sind.

Bis zur Drucklegung dieses Buches war noch keine bezahlbare Lösung gefunden worden und die ansonsten voll eingerichtete Apotheke blieb weiterhin zu. Natürlich mussten Miete und die längst eingestellten Mitarbeiter bezahlt werden. Der Inhaber erwägt nun, die gesamte Tür herauszureißen und gegen einen konventionellen Eingang auszutauschen; bis das Geld verdient ist, eine komplett neue Automatiktür einbauen zu lassen.

Dieses aktuelle Beispiel illustriert aber auch die Probleme eines nach dem Prinzip Nullachtfünfzehn versicherten Apothekers: Er steht mit höchst kulant gewährten 10.000 Euro da, darf aber erst wieder eröffnen, wenn er für mehrere Zehntausend Euro eine komplett neue Apothekeneinrichtung angeschafft hat. Eine gebrauchte, die genehm ist, bekommt er schließlich nicht.

Nun zur Gretchenfrage: Wie beschafft sich der Apotheker auf die Schnelle, ohne aktuelle Einnahmen, aber bei voll weiterlaufender Kostenbelastung die fehlende Liquidität für die bis zur Wiedereröffnung anfallenden Kosten und die neue Einrichtung? Für Apotheker war das früher kein Problem: Man ging zu seiner Hausbank und bekam ohne große Umstände einen Überbrückungskredit gewährt. Heute, bei den jetzigen Usancen des Kreditgewerbes, kann man jedem Apotheker nur viel Erfolg, noch mehr Langmut und möglichst 150 Prozent private Sicherheiten wünschen, wenn er zum Gespräch mit dem Ratingbeauftragten an den bankinternen Bonitäts-PC gebeten wird.

Sie können sich ausrechnen, wie lange es in dieser Situation dauern wird, bis sich Ihr Kunde fragt, warum die von Ihnen vermittelte Versicherung eigentlich nicht alles bezahlt hat und warum Sie ihn damals bei Vertragsabschluss seiner vermeintlichen Neuwertersatz-Police nicht über dieses Risiko informiert haben. Denn irgendwo auf Seite eins bis drei der Police steht natürlich dick und fett: Versicherung zum Neuwert.

Praxistipp

Bieten Sie unabhängig vom Inventaralter niemals einer Apotheke eine Versicherungssumme von unter 300.000 Euro zuzüglich Warenwert an. Das ist die unterste Grenze und auch nur für ganz kleine Apotheken akzeptabel. Mittlere Größen sollten bis 500.000 Euro versichert sein und große nach individueller Kalkulation entsprechend höher. Am besten wäre eine hohe pauschale Summe für Ihren gesamten Bestand.

Haftpflichten

> Ich hatte, wie vorgeschrieben, eine Haftpflichtversicherung abgeschlossen und als vorsichtiger Mensch für eine höhere Deckungssumme auch höhere Beitragszahlungen in Kauf genommen." (Wahl, Straub: Rezeptfrei)

Bei vielen meiner Policenchecks in Apotheken musste ich leider feststellen, dass Apothekerin Wahl mit dieser oben zitierten vorbildlichen Haltung offensichtlich einer Minderheit angehört – zumindest in „meinem Revier". Denn die in vielen, vornehmlich kleineren Apotheken real vorzufindende Haftpflicht-Deckungssumme rangiert zwischen 1,5 und drei Millionen Euro. Mittlere bis große Apotheken weisen gewöhnlich versicherte Summen zwischen drei und fünf Millionen aus.

Beides ist, gelinde gesagt, viel zu wenig. Auch Apothekerin Wahl empfiehlt zehn Millionen Euro Haftpflichtsumme. Bitte bedenken Sie, dass Apotheken, bei aller Sorgfalt, Kontrolle und zertifizierten Prozessen, tagtäglich hundertfach der Gefahr eines Personenschadens ausgesetzt sind, der schwerste gesundheitliche Konsequenzen mit sich bringen und schlussendlich auch tödlich enden kann.

Das passiert öffentlichen Bekundungen zufolge selbstverständlich nie – und doch hatte laut einem Praxisbericht eine Mitarbeiterin in einem speziellen Fall „offenbar ein falsches Medikament an einen Kunden abgegeben. Sie hatte zwei Packungen, die sich ähnlich sahen und sogar ähnliche Namen trugen, schlicht verwechselt. So einfach war das. Und so folgenschwer."[1]

Der Kunde von Apothekerin Wahl hat übrigens glücklicherweise überlebt. Doch wie hoch ist im Zweifel die Rechnung für ein halbes Jahr Aufenthalt in der Intensivstation? Und worauf könnten sich die Kosten bei einer dauerhaften Schädigung summieren?

Genug der Risikoszenarien, von denen darüber hinaus garantiert auch kein Apothekeninhaber hören will. Es gibt viel bessere

1 In Wahl, Karin: Risiken und Nebenwirkungen.

Zahlenbeispiele, die zur Überzeugung unserer Kunden herangezogen werden können.[1]

So ist hierzulande für jeden Kfz-Halter eine Mindest-Haftpflichtsumme für Personenschäden in Höhe von 7,5 Millionen Euro gesetzlich vorgeschrieben. Doch wie hoch ist fast jeder Autofahrer in Deutschland versichert? Meist mit pauschalen 100 Millionen Euro, darunter machen es die meisten Versicherten nicht. Bei ihnen scheint die Risikoeinschätzung also nicht getrübt zu sein.

Wenn selbst der sprichwörtliche Sonntag-Nachmittag-Kaffeefahrt-Lenker mindestens 7,5 Millionen Versicherungssumme nachweisen muss, warum sollte dann eine Apotheke, die – um im Bild zu bleiben – werktäglich zwischen neun und zwölf Stunden höchst aktiv am Geschäftsverkehr teilnimmt, mit weniger als der Hälfte dieses Haftpflichtschutzes hinkommen?

Praxistipp

Bieten Sie Apothekern niemals weniger als fünf Millionen Euro zuzüglich Haftpflichtsumme an. Das ist die grade noch vertretbare unterste Grenze. Setzen Sie Ihre Fachkompetenz und Ihre Haftungsübernahme voll ein. Apothekeninhaber sitzen diesbezüglich mit Ihnen in einem Boot. Sie verstehen Ihre Bedenken viel besser als andere Kunden. Ich gehe mit zehn Millionen Euro an den Start und bestehe darauf, damit am Ende auch ins Ziel zu kommen. Oder die Apotheke möge sich woanders versichern.

Ein weiterer sich anbietender Beratungsansatz stützt sich auf die Herstellerhaftpflicht, die sogenannte AMG-Deckung. Diesen pauschalisierten Versicherungsschutz müssen – oder besser: sollten, denn hierzu gibt es in der Apothekerschaft deutliche Meinungsverschiedenheiten – alle Apotheker vorweisen können, die Defekturen oder

1 Vergleiche VersicherungsJournal.de vom 5. März 2015.

Eigenmarken selbst herstellen. Die vorgeschriebene pauschale Versicherungssumme für die AMG-Deckung beträgt übrigens 120.000.000 Euro. Warum wohl, darf man getrost einmal fragen, wurden diese 120 Millionen Euro gesetzlich festgelegt?

c) AVB allein ist keine Lösung

Apotheken lediglich nach den bekanntlich bis auf geringe Unterschiede identischen, ja oft absolut wort- und inhaltsgleichen allgemeinen Standard-Bedingungswerken zu versichern, ist keinesfalls lege artis – also nach allen Regeln der Kunst unzureichend. Es erfüllt auch nicht im Ansatz die Anforderungen an den Mindestkonsens eines „suitable advice". Vielmehr tut sich eine gravierende Haftungsfalle auf, sollte es deutlich bessere Alternativen geben.

Und die gibt es tatsächlich in Form von Spezialpolicen aller Art. Einige unter ihnen kappen nur die größten Risiken, andere decken einzelne Zusatzrisiken ab und wieder andere erlauben dem Vermittler, nach Lust und Laune dieses oder jenes Risiko unter den Policenschutzschirm zu versammeln. Sehr wenige Konzepte setzen voll auf Enthaftung und bieten ausschließlich maximale All-Risk-Deckung. Sie schließen alle versicherbaren Risiken ein oder lehnen die Policierung ab.

Praxistipp

Bei Apothekenpolicen sind Sie als Vermittler tatsächlich in der glücklichen Lage, Ihr Haftungsrisiko, wie bei einem Lautstärkeregler, von voll auf null selbst zu bestimmen. Nutzen Sie diese Chance im eigenen und im Interesse Ihrer Kunden. Deshalb: Sollten Sie Ihr Rezept vom Kochstudio nun nicht mehr ganz so schmackhaft finden, dann gehen Sie am besten jetzt sofort zurück an den Herd (beziehungsweise ins Kapitel VI.).

Im Folgenden gehen wir nun die wichtigsten Risiken durch, die es entweder nur in Apotheken gibt, oder denen dort aus berufsrechtlichen Gründen eine besonders gravierende Bedeutung zukommt. Sollten Sie Apotheker-Kunden diese Lösungen mit einem Produktpartner nicht bieten können, nehmen Sie Abstand von dem Tarif oder lassen Sie sich vom Kunden unterschreiben, dass er freiwillig deutlich schlechter versichert sein möchte als es am Markt (und oft sogar für einen ähnlichen Beitrag) möglich ist.

d) Die Must-haves

Versicherungswert
Obwohl die Zeitwertregel auch vorher schon in den Bedingungen niedergelegt war, konnten Versicherungsnehmer bis ins Jahr 2000 darauf vertrauen, dass alle im Gebrauch befindlichen und ordnungsgemäß gewarteten Betriebseinrichtungen stets zum aktuellen Neuwert ersetzt wurden. Denn bis zu diesem Zeitpunkt fand die sogenannte „Goldene Regel" Anwendung, die fast alle Mitglieder des Gesamtverbands der Deutschen Versicherungswirtschaft e.V. (GDV) einvernehmlich anerkannt haben.

Was viele Vermittler nicht wissen: genau diese Empfehlung wurde vom GDV im Folgejahr wieder zurückgezogen, viele Gesellschaften wollten das Risiko nicht mehr tragen. Ist also ein Apothekeninhalt zu Bedingungen ab 2001 zum Neuwert versichert, so muss das trotzdem nicht für Inhalte gelten, deren Zeitwert unter 40 Prozent gesunken ist.

- Verhandlungsziel: Abbedingung der 40-Prozent-Klausel für Apotheken. Ohne Wenn und Aber.

Unterversicherung
Die Unterversicherungsklausel beziehungsweise die damit zusammenhängenden Mitwirkungspflichten stellen die meisten Apotheken vor große Probleme.

Während eine Auflistung aller defekten oder abhandengekommenen Dinge leicht erstellt werden kann, gestaltet sich die Auflistung aller heilen und vorhandenen Sachen regelmäßig sehr schwierig. Viele Apotheken haben das Inventar bereits vom Vorbesitzer übernommen, die Anschaffungsbelege für älteres Laborgerät et cetera sind oft nicht mehr aufzufinden. Somit sind die Inventarwerte meist, wenn überhaupt, nur mit großem Aufwand zu dokumentieren. Hier muss also ein externer Schätzer hinzugezogen werden – mit allen damit verbundenen Risiken und Nebenwirkungen.

Der Wert des Warenlagers ist zwar problemlos zu ermitteln, doch dessen Bestand unterliegt im Jahresverlauf erheblichen Schwankungen. Das hochvolatile Lager birgt also ein anderes Risiko. Üblicherweise beträgt der Lagerwert in kleineren Apotheken mindestens 40.000 bis 60.000 Euro. Wenn jedoch eine Grippewelle anrollt, kann sehr schnell das Doppelte der sonst bevorrateten Medikamente auf Lager genommen werden.

Bei einem Schadenfall zum falschen Zeitpunkt besteht also fast immer Unterversicherung. Oder aber der Inhaber müsste das ganze Jahr über die höchsten Wertspitzen versichert haben, was er in aller Regel nicht tut. Dieses Ärgernis ist am besten dadurch zu vermeiden, dass der Policengeber auf Unterversicherung verzichtet. Das ist jedoch weitestgehend marktunüblich, denn lediglich einzelne Spezial-Deckungskonzepte haben die Unterversicherungsprüfung generell abgeschafft.

- Verhandlungsziel: Vereinbaren Sie einen Unterversicherungsverzicht. Die Unterversicherungsprüfung muss komplett weg.

Betriebsunterbrechung (BU)

Häufiger und länger als die meisten anderen Unternehmen müssen Apotheken nach einem versicherten Sachschaden eine Weile schließen. Die Gründe dafür liegen in den zuvor beschriebenen schärferen Hygiene- und Lageranforderungen aus dem Apothekenrecht sowie in der Notwendigkeit, dass der für die Region zuständige Pharmazierat eine erfolgreiche Wiedereröffnungsrevision durchführt. „Ein solches Schadenereignis kann das finanzielle Aus für den Apotheker bedeuten.“[1]

Üblicherweise findet sich in bestehenden Inhaltsversicherungen von Apotheken der Einschluss einer „kleinen BU“ dokumentiert. Diese versichert den Rohertrag bis zur maximalen Versicherungssumme von einer Million Euro. Da dieser auf die gesamte Haftzeit bezogene Maximalwert jedoch in Bezug auf den tatsächlichen Schließungszeitraum oft nicht ausreichend ist, sollte eine „große BU“ entweder eingeschlossen oder als eigenständiger Vertrag beigestellt werden.

- Beratungsziel: Das Thema Betriebsunterbrechung ist immer im Kontext dessen zu beraten, was im obigen Abschnitt über den Pharmazierat und weiter unten über Betriebsunterbrechungen durch Krankheit oder Unfall geschrieben steht.

Gutachterverfahren

Versicherer und Apotheker benennen je einen Gutachter. Diese bestimmen einen Obmann, der schlussendlich über die Schadenregulierung verbindlich entscheidet. Angemessen ist dieses Verfahren für Apotheken eigentlich nicht.

Welche Waren nach einem Schadenereignis noch abgebbar sind und welche nicht, entscheidet – wie bereits im Kap. IV.1. dargelegt – im Zweifel ausschließlich der zuständige Pharmazierat. Er legt auch fest, ob eine Apotheke nach einem Schaden geschlossen werden muss, und wenn ja, wann sie wieder öffnen darf. Bleibt die Apotheke also länger als nötig geschlossen, fallen Mehrkosten an, die irgendjemand tragen muss.

- Ihr Verhandlungsziel mit dem Versicherer: Es gilt das Votum des Pharmazierates. Basta.

1 In Büser, Schütt: Gut versichert in Apotheken, Seite 32.

Kühlgut

Der Inhalt von Kühlschränken ist gewöhnlich entweder aus der Versicherung ausgeschlossen, oder nur bei einem Stromausfall des öffentlichen Netzes mitversichert – meist in einer für Apotheken lächerlich niedrigen Summe. In Apothekenkühlschränken lagern jedoch empfindliche Medikamente, die deshalb meist sehr teuer sind. Insbesondere für Impfstoffe, Hormone, Onkologika und Zytostatika für die Krebs- oder Aids-Behandlung regelt eine eigene Verordnung den Transport und die Lagerungstemperatur.

In Apotheken sind diese Waren grundsätzlich in speziellen Kühlschränken für Arzneimittel zu lagern, die die DIN 58345 erfüllen. (Die bei Verordnungen üblicherweise geltenden langen Übergangsfristen sind Ihnen ja mittlerweile hinreichend vertraut.)[1]

Kühlgutwarenwerte in Höhe von rund 10.000 Euro sind üblich. Aber auch Werte von 20.000 bis 50.000 Euro sind keine Seltenheit. Diese sind nicht nur durch einen möglichen Ausfall der öffentlichen Stromversorgung bedroht. Wegen der exakt einzuhaltenden Lagervorschriften können Kühlkettenunterbrechungen von wenigen Grad Celsius bereits ausreichen, damit das Kühlgut nicht mehr abgebbar ist.

Praxistipp

Praxistipp: Da bisher längst noch nicht alle Apotheken entsprechend umgerüstet haben, sind noch viele Kühlschränke im Gebrauch, die diese Norm nicht erfüllen. Sie wurden meist mit Temperatursonden nachgerüstet, die täglich abgelesen werden. Sie sollten sich also vor einer Aussage zum Versicherungsschutz die Kühlschränke Ihrer Kunden genauer ansehen.

Ein Ausfall der Messelektronik durch Überspannung oder technisches Versagen führt damit fast regelmäßig zu einer Unter- oder

1 Quelle: Arzneimittel- und Wirkstoffherstellungsverordnung (AMWHV), www.gesetze-im-internet.de/amwhv/BJNR252310006.html.

Überkühlung. Letztere ist ebenso fatal, da die genannten Medikamente auf keine Fall gefrieren dürfen. Apotheken tragen also ein Kühlgutrisiko, das deutlich über das Risikopotenzial handelsüblicher Kühlschrankinhalte hinausgeht. Es sollte nicht unversichert bleiben. Für Vermittler gilt es, einen Einschluss per BVB zu erreichen oder, wenn das nicht möglich ist beziehungsweise bei höheren Risikosummen, eine gesonderte Kühlgutversicherung zu empfehlen.

- Verhandlungsziel: Erweiterter Kühlgutschutz auch bei Sicherungsdefekt und technischem Versagen. Mindestens 20.000 Euro Versicherungssumme. Alternative: Anbieten einer gesonderten Kühlgut-Versicherung

Erweitere Außenversicherung

Grundsätzlich sind Waren dann in der Außenversicherung mit versichert, wenn sie vorübergehend nicht an ihrem eigentlichen Standort sind. Mit dem Wort „vorübergehend" ist meist „längstens drei Monate" gemeint.

Apotheken brauchen jedoch eine erweiterte Definition, denn ihre „aushäusigen" Waren bestehen in der Masse aus Impfstoffen, die zum Beispiel in Kinderarztpraxen vorgehalten werden, oder in *verblisterten* oder *gestellten* Medikamenten für die Heimbelieferung. Diese Ware kommt nicht wieder, sondern wird in Arztpraxen, Seniorenheimen oder sonstigen Pflegeeinrichtungen aufgebraucht beziehungsweise von Betriebsärzten bei Belegschaftsimpfungen oder sonstigen Vorsorgebehandlungen verabreicht.

- Verhandlungsziel: Erweiterung der Außenversicherung auf Stellen und Verblistern sowie Praxen- und Hausbelieferung. Auch wenn nichts davon jemals zurückkommt.

Feuerhaftung

Viele Apotheken liegen in historischen Ortskernen mit dichter und alter Bebauung (zum Beispiel Fachwerkhäuser) oder in Ärztezentren, in denen teuer ausgestattete Praxen untergebracht sind. Kommt es in der Apotheke zu einem Brand, besteht die Gefahr, dass das Feuer auf andere Gebäudeteile oder umliegende Häuser übergreift.

Wer in solch einem Fall für umfassende Ertragsausfälle anderer Unternehmen in Haftung genommen wird, läuft ohne passende Absicherung mit entsprechender Versicherungssumme schnell Gefahr, auf einem immensen Schuldenberg sitzen zu bleiben. Mit Blick auf die oft sehr exponierte Lage von Apotheken etwa an denkmalgeschützten Marktplätzen, in Einkaufszentren, Bahnhöfen oder Ärztehäusern erscheint eine Deckungssumme von zehn Millionen Euro angemessen.

- Verhandlungsziel: Einschluss Feuerhaftung in den Versicherungsschutz der Betriebs- und Umwelthaftpflicht. Im Zweifel gegen Zusatzprämie.

Einschluss – AMG-Deckung/Herstellerhaftpflicht

Wie bereits weiter oben in Kap. V.2.e) beschrieben, sind Rezepturen in jeder Betriebshaftpflicht eingeschlossen, Defekturen jedoch nicht. Denn ab diesem Moment bringt der Apotheker als pharmazeutischer Unternehmer Arzneimittel unter seinem Namen in den Verkehr. Dies ist nach §§ 84 bis 94 Arzneimittelgesetz verpflichtend mit einer ergänzenden Herstellerhaftpflicht, kurz AMG-Deckung genannt, abzusichern.

Jede Apotheke sollte für diesen Fall der Fälle zumindest mit einer Vorsorgedeckung abgesichert sein. Schließlich ist die Medikamentenherstellung eine originäre Aufgabe in jeder Apotheke und ein Apotheker kann jederzeit in die Situation kommen, eigenständig Medikamente herzustellen.

(Zum Beispiel, weil ein Heilpraktiker oder Arzt in die Nachbarschaft der Apotheke ziehen und Letzterer in großer Menge entsprechende Rezepturen ausstellt. Oder auch, weil gerade eine besondere „Homöopathie-Mode“ durchs Land zieht und diese dann eine große Nachfrage nach einem bestimmten Mittel erzeugt.)

Auch wenn aus der Apothekerschaft immer wieder zu hören ist, dass eine AMG-Deckung wegen der sogenannten Hunderterregelung für kleinere Mengen nicht erforderlich sei (siehe Kapitel V.2.e), sollte dieser Versicherungsschutz Apothekern grundsätzlich angeboten werden. Denn bei jeder hundertundersten Einheit, die an irgendeinem Tag die Rezeptur verlässt, könnte bereits der gesamte Versicherungsschutz versagt werden.

Es empfiehlt sich daher prinzipiell der Einschluss mindestens einer AMG-Vorsorgedeckung. Am Ende wird ein Gericht im Einzelfall entscheiden, wie belastbar die oben skizzierten Spielräume tatsächlich sind – und darauf sollte es wirklich kein Apotheker als Versicherungsnehmer ankommen lassen.

▸ Beratungsziel: Abschluss einer AMG-Deckung. Ansonsten dezidierte Dokumentation darüber, dass diese vom Apotheker nicht gewünscht wird.

Rechtsschutzversicherung

Je enger der gesetzliche Rahmen, desto wichtiger ist der Rechtsschutz (RS). Für Apothekeninhaber ist diese Absicherung im beruflichen Kontext unabdingbar. Und wenn man das eh schon braucht, sollte auch der private Bedarf gleich kostenschonend mit eingeschlossen werden.

Da nie vorhergesagt werden kann, in welchem Rechtsgebiet die Übernahme von Prozesskosten erforderlich sein wird, macht es wenig Sinn, einzelne Wagnisse auszuschließen. Benötigt werden neben dem Privat- und Berufsrechtsschutz für Selbstständige auch der Vertrags-, Verkehrs- und Immobilien-RS, denn schließlich ist mindestens das Apothekengebäude vorhanden. Deshalb empfiehlt es sich, eine RS für Apothekeninhaber gleich als Allgefahrenschutz auszulegen.

▸ Beratungsziel: Abschluss einer umfassenden RS-Deckung. Ansonsten dezidierte Dokumentation darüber, dass diese vom Apotheker nicht gewünscht wird.

Einschluss – Umweltschaden mit Zusatz Baustein 1

Jede Apotheke ist ein kleines oder auch mittleres pharmazeutisches Lager, das Umweltschäden verursachen kann. Gelangen zum Beispiel im Schadensfall Medikamentrückstände in großem Stil ins Erdreich – etwa durch die Beschädigung von Flüssigkeitsbehältern bei einem Brand oder ausgeschwemmt durch die Feuerlöscharbeiten –, kommt die in der Betriebshaftpflicht der Apotheke enthaltene Umweltschadenhaftpflicht bis zur maximalen Versicherungssumme für alle Fremdschäden auf.

Für alle Eigenschäden jedoch, also Umweltschäden auf dem eigenen Grundstück, muss der Apotheker selber aufkommen. Da sehr viele Apotheken auf eigenem Grund und Boden stehen, können diese Kosten im Einzelfall exorbitant ausfallen. Nur der Zusatzbaustein 1 schützt davor, denn er trägt die Kosten auch für den Eigenschaden des Apothekeninhabers.

- Beratungsziel: Abschluss einer Betriebshaftpflichtversicherung mit eingeschlossenem Zusatzbaustein 1. Zumindest für alle Apotheken, die auf eigenem Grund und Boden betrieben werden.

Einschluss grob fahrlässig

Das Thema der groben Fahrlässigkeit behandelt einen delikaten Aspekt. Die vielen Gesetze und Vorgaben, die in Apotheken zu beachten sind, wurden in diesem Buch bereits vorgestellt. Sie führen dazu, dass streng genommen kaum ein Eigenschaden denkbar ist, der nicht über den gesetzlichen Rahmen der Fahrlässigkeit hinausgeht.

Damit unterliegt die Masse aller Eigenschäden der latent vorhandene Gefahr, mit dem juristischen Vorhalt der groben Fahrlässigkeit konfrontiert zu werden. Da jedoch in Apotheken die gesamte Verantwortung beim Inhaber persönlich liegt, sollten zumindest Schäden, die durch Mitarbeiter verursacht werden, trotzdem regulierungspflichtig bleiben.

- Verhandlungsziel: Einschluss der groben Fahrlässigkeit für alle Apothekenmitarbeiter bis zur maximalen Versicherungssumme. Ideal ist es, auch beim Inhaber die Quotelung bis zu einer Höchstsumme auszuschließen. Aktuell sind bis 100.000 Euro für Ihre Apothekenkunden vereinbar.

Repräsentantenklausel – Ausschluss der Schadensregulierung bei grober Fahrlässigkeit

Ein Apothekeninhaber muss sich den Bedingungen der meisten Policen nach „die Kenntnis und das Verhalten seiner Repräsentanten zurechnen lassen“. Wenn diese als „alle approbierten Mitarbeiter“ oder gar „alle pharmazeutischen Fachkräfte“ definiert werden, steht der Inhaber bei von Mitarbeitern verursachten Eigenschäden latent ohne belastbaren Versicherungsschutz da. Dem folgend, ist bereits 1967 der Inhaber statt des abgebenden Apothekers in einem Fall verurteilt worden.[1]

Für Apotheker stellt die Repräsentantenklausel bereits dann eine signifikante Verbesserung dar, wenn sich diese nur auf die Ersten Damen/Ersten Herren beschränkt. Noch besser (und im Markt durchaus zu finden) ist die Eigenschadenbegrenzung ausschließlich auf Inhaber persönlich. Hier wären auch Eigenschäden aller Mitarbeiter vom Versicherungsschutz gedeckt. Ideal wäre es, für diesen Personenkreis auch die sonst vorgesehene Quotelung ausschließen zu lassen.

- Verhandlungsziel: Ausschluss der Apothekenmitarbeiter aus der Repräsentanten-Definition. Dazu muss vereinbart sein, dass der „Repräsentant ausschließlich der Inhaber persönlich“ ist. Alternativ: Auswahl eines Spezialkonzeptes, dass diese Regelung grundsätzlich so vorsieht.

Rezept-Versicherung

Für Apotheker bedeuten Rezepte bares Geld. Für Diebe sind sie jedoch völlig wertlos, weshalb sie meist zwar aus dem Tresor oder samt demselben mitgenommen, dann aber einfach entsorgt werden.

1 Vergleiche Spiegel-Artikel in Heft 48/1968, Seite 163.

Da Rezepte versicherungstechnisch zu den Urkunden gehören und nicht zur Betriebseinrichtung, sind sie nicht automatisch in der Werteversicherung eingeschlossen. Vom Vermittler ist das ebenso zu prüfen, wie die gegebenenfalls mitversicherte Rezepthöhe. Letztere deckt in aller Regel nur einen Bruchteil dessen ab, was an Rezeptwerten üblicherweise vorliegt.

Die weit überwiegende Anzahl an Apotheken reicht ihre Rezepte über eine sogenannte *Rezeptabrechungsstelle* ein. Diese steht dann für den Rezeptwert gerade. „Meine Rezepte sind über die Rezeptsammelstelle versichert", diesen Einwand werden Sie deshalb häufig hören. Vergessen wird dabei leider immer der Zeitraum, in dem die Rezepte schon in der Apotheke, aber noch nicht von der Rezeptabrechnungsstelle übernommen worden sind.

Manchmal belaufen sich die Abholzeiträume auf eine Wochenfrist. Gelegentlich werden Rezepte nur zwei Mal im Monat abgeholt. Dieser Zeitraum ist dann nicht versichert und – was noch schlimmer wiegt – die Dokumentation der verbrannten oder geklauten Rezepte gestaltet sich für den Apotheker regelmäßig höchst schwierig und aufwendig.

Es gibt aber auch Rezeptsammler, die den Zeitraum ohne Versicherungsschutz quasi auf null reduzieren, wie beispielsweise die ALG aus Datteln. Zu deren Abrechnungssoftware gehört auch ein Scanner, mit dem alle Rezepte sofort dokumentiert werden können. Die Rezepte sind dann auch versichert. Ein Hinweis darauf wäre ein nützlicher Tipp, den Sie Ihrem Kunden geben können. Denn ein zusätzlicher Versicherungsschutz wäre dann in diesem Fall nicht notwendig.[1]

- Verhandlungsziel: Ausdrücklicher Einschluss von Rezeptwerten in ausreichender Höhe in die Inhaltsversicherung. Alternativ: Vorschlag zur Nutzung einer Rezeptabrechnungsstelle mit Scan-Dialog.

1 Vergleiche auch Büser, Schütt: Gut versichert in Apotheken.

Nachhaftung

Die sogenannte Nachhaftungszeit ist in der Betriebshaftpflicht festgelegt – oder eben auch nicht. Oft findet sich dazu in den Bedingungen keine Regelung. In manchen Fällen ist diese auf drei Jahre, selten auch auf fünf Jahre definiert. Nachgekauft werden kann sie jedoch immer, meist gegen eine halbe Jahresprämie pro Nachhaftungsjahr.

Mit dem Nachhaftungsschutz bleiben nach einer Betriebsaufgabe mögliche Spätschäden über das Erlöschen der Police hinaus „wegen Wegfall des versicherten Risikos" abgesichert. Im Gesundheitssektor insgesamt und eben auch in Apotheken bedeutet dies ein nicht zu unterschätzendes Risiko. Denn Haftpflichtschäden können Monate oder Jahre nach dem auslösenden Ereignis auftreten. Und da ein Apotheker nie ganz genau sagen kann, wann und unter welchen Umständen er seine Apotheke abgibt, ist eine Betriebsaufgabe zumindest stets eine, wenn auch unbeliebte Option. Deshalb ist der Einschluss einer kostenfreien Nachhaftung hier von besonderer Bedeutung.

- Verhandlungsziel: Grundsätzlicher Einschluss der Nachhaftung für mindestens fünf, bei Apothekern besser zehn Jahre in den Betriebshaftpflichtschutz. Am besten kostenfrei!

e) Die „should have"

Glas-Versicherung

Wenn nicht bereits in der Inhaltsversicherung mitversichert, ist eine hochwertige Glasversicherung für Apotheker in jedem Fall anzuraten. Denn viele Apotheken (insbesondere diejenigen, die um die Jahrtausendwende eröffnet wurden) kann man scherzhaft durchaus als „Aquarium-Apo" bezeichnen. Diese Exemplare bestehen innen wie außen fast ausschließlich aus Glas oder glasähnlichen Kunststoffen. Zudem kommt in Apotheken recht viel und oft großflächiges

Spezialglas zum Einsatz, so zum Beispiel für den erforderlichen Wärmeschutz der Schaufenster, eingebaute Notdienstklappen oder Dachkuppeln.

Innen finden sich häufig Regalsysteme oder aufwendig gefertigte Wandverkleidungen aus Glas oder Kunststoff, außen sicher diverse Werbeleuchtschriften an oder in der Nähe der Apotheke. All das muss eine Glaspolice selbstverständlich beinhalten. Eine Nachmessung zur Überprüfung ist dringend angeraten: Oft scheitert die vorhandene Absicherung an der simplen Quadratmeter-Begrenzung – der Vorvermittler hatte wohl keinen Zollstock dabei.

Erweiterter Versicherungsort

Laut Apothekenbetriebsordnung hat jede Apotheke über eine Schleuse zu verfügen. Diese muss aber nicht zwingend immer am Versicherungsort sein. So ist es erforderlich, die Schleuse samt Inhalt als grundsätzlich mitversichert einzuschließen, wo immer sie sich auch befindet.

Weiterhin sollten – wenn auch als apothekenüblich anzusehen – grundsätzlich alle Werbemittel unabhängig vom Standort ausdrücklich mit eingeschlossen sein. Und zwar nicht nur die, welche, wie bereits öfters geschehen, direkt vor der Apotheke stehen.

Unterhaltsansprüche bei ungewollter Schwangerschaft

Ein derzeit in Apothekerkreisen intensiv diskutiertes Thema ist die kürzlich erfolgte Freigabe der „Pille danach" durch die EU-Kommission und der in deren Folge von der Bundesregierung beschlossene Wegfall der Rezeptpflicht für entsprechende Präparate in Deutschland.

Bei den Apothekern ist, mangels gesetzlicher Vorgaben, die konkrete Umsetzung der Beratungspflichten bei der Abgabe der „Pille danach" in der Diskussion. Aktuell gibt es zwei solcher *Notfallkontrazeptiva*: „PiDaNa" mit dem Wirkstoff Levonorgestrel und „ellaOne" mit dem Wirkstoff Ulipristal. Beides kann eine Schwangerschaft nach ungeschütztem Geschlechtsverkehr verhindern, die Abgabe bedarf jedoch intensiver Beratung und den Abgleich diverser Kontraindikationen.[1]

Durch den Wegfall der Verschreibungspflicht gehen mögliche Beratungshaftungsrisiken vom Arzt auf den Apotheker über. Aus Versicherungssicht sind vor allem zwei Szenarien von Bedeutung. Erstens: Während Schwangerschaft oder Geburt kann es zu Gesundheitsschäden der Patientin kommen. Das wäre im Rahmen der Personenschäden über jede Betriebshaftpflichtversicherung versichert, gesetzt den Fall, die Versicherungssumme reicht aus.

Zweitens: Es können Unterhaltsforderungen wegen einer ungewollten Schwangerschaft an den Apotheker herangetragen werden. Das wären dann Vermögensschäden, die in Standardpolicen durch einen weitverbreiteten Ausschluss im AGB-Passus zu „Vermögensschäden“ oftmals ausdrücklich ausgeschlossen sind.

Mit der Abgabe der „Pille danach“ sind erhebliche Anforderungen an Beratung und Dokumentation verbunden, die Apotheker zwingend einzuhalten haben. Diese sind jedoch noch nicht endgültig definiert: „Faktisch heißt das, dass sich jeder Apotheker zuerst einmal seine eigene Rechtsauffassung machen muss. Zumindest, bis ein Richter etwas anderes sagt“, wie der selbst ernannte „Fachapotheker für Bürokratie“ in einem Apotheke-Adhoc-Blog anmerkt.

Deshalb, und weil sich die Beratungssituation potenzieller, sich in Not befindender Kundinnen voraussichtlich problematisch gestalten wird (insbesondere, weil die Beratung meist nachts am Notdienstfenster stattfindet), ist es sinnvoll, seinen Apothekern hier mehr Sicherheit zu verordnen.[2]

Es folgt ein weiteres Beispiel zur Veranschaulichung der Risiken, die mit einer Medikamentenabgabe verbunden sind. Der unumstrittene Klassiker innerhalb der Apothekerschaft, eine Art Running Gag, ist die Geschichte einer Eugynon-Enzynorm-Verwechselung

1 Siehe www.apotheke-adhoc.de/nachrichten/nachricht-detail/notfallkontrazeptiva-pille-danach/ und wikipedia.org/wiki/Pille_danach.

2 Quellen: Apotheke Adhoc, Newsletter vom 14., 15., 17. und 29. Januar 2015 sowie vom 3. und 4. März 2015.

aus dem Jahr 1967. Die Zeitschrift Der Spiegel hat diesen Fall in einem Artikel (Ausgabe 48/1968) einst in all seinen Facetten aufgerollt – Prädikat: extrem amüsant. Im Nachfolgenden werden die Ereignisse in einer Kurz-Zusammenfassung aufgeführt (Leserinnen mögen den etwas betulichen Tonfall ihrem Geschlecht gegenüber verzeihen).

- „Am 25. Januar 1967 legte die Bahnwärtersfrau Ursula Knack, 27, in der Königlich-privilegierten Apotheke von 1740 zu Kellinghusen […] ein Rezept vor." Ihr Hausarzt hatte der Mutter von fünf Kindern die Antibabypille ‚Eugynon' verschrieben.

  „68 Tage lang nahm Frau Ursula die Pille." Dann wurde sie erneut schwanger. Die Verwunderung darüber „wich erst, als Frau Knack dem Mediziner die leere Packung des Präparates brachte, das ihr Pharmazeut Hans G. Behrmann in der […] Apotheke verkauft hatte: Die Bahnwärtersgattin hatte nicht ‚Eugynon'-Antibabypillen geschluckt, sondern insgesamt 200 ‚Bohnen' des verdauungsfördernden Mittels ‚Enzynorm'."

  Nach neuerlichem Blick auf das Rezept gestand der Apotheker Behrmann, fälschlicherweise ‚Enzynorm' gelesen zu haben. Nach der Geburt verklagten die unfreiwilligen Eltern den Besitzer der Apotheke auf Schadenersatz. Ihr Anwalt forderte Unterhaltsleistungen bis zum 18. Lebensjahr des Kindes. Der Anwalt des Apothekers argumentierte, dass ein Kind kein Schadensfall, sondern ein freudiges Ereignis sei, das den materiellen Schaden ausgleiche. Seiner Ansicht nach könnte höchstens ein Schmerzensgeld für die während der Schwangerschaft ertragenen Mühen und Plagen erwogen werden.

  Die Richter erkannten die ungewollte Geburt als Schadensfall an, „und verkündeten: Der Apotheker habe einen Schaden verursacht, der in Unterhaltskosten besteht." Der Apothekeninhaber wurde jedoch nur zum hälftigen Unterhalt verurteilt, „weil Ehefrau Ursula ihre allgemeine Pflicht versäumt habe, das zu prüfen, was sie gekauft hat."

Sie sehen: Am Ende entscheidet ein Gericht, ob ein Schaden vorliegt oder nicht. Selbst der *Beipackzettel* nutzt da nur bedingt. Und genau weil es diesen einen Fall gab, findet sich *„Fehlabgabe von Kontrazeptiva"* als rechtsverbindlich versichertes Risiko in Bedingungswerken einzelner Spezialdeckungskonzepte für die Apothekenabsicherung.

Zwingend zu prüfen ist der Haftpflichteinschluss „Abwehr unberechtigter Unterhaltsansprüche". Ergänzt um eine zusätzliche Klausel zur Sicherung von Unterhaltsansprüchen Dritter wegen ungewollter Schwangerschaft in ausreichender Versicherungshöhe, wären die neuen Risiken durch „PiDaNa" und „ellaOne" versicherungstechnisch deutlich abgefedert.

► Die Medikamentenabgabe ist mit einigen Risiken verbunden, eine Fehlabgabe kann fatale Folgen haben. Haftpflichteinschlüsse sind deswegen unbedingt zu prüfen.

Elektronikversicherung

Diese Versicherung umfasst alle elektronischen Geräte, Anlagen und Systeme einer Apotheke. Das beinhaltet auch Computer, Alarmanlage und die Automatiktüren sowie die Laborgeräte. Allerdings ist der Versicherungsschutz oft auf die Hauptgeräte beschränkt, während Zubehör wie beispielsweise die Maus oder eine externe Festplatte nicht mitversichert sind. Der Bedarf und der Umfang einer möglicherweise bereits vorhandenen Absicherung sind auf jeden Fall zu überprüfen.

Um hier endgültige Sicherheit zu schaffen, empfiehlt es sich, vom Versicherer eine präzisierende schriftliche Bestätigung einzuholen, dass der Geltungsbereich auch Kommissionierautomaten, Registrierkassen, sonstige real vorhandene wertvolle Apothekenelektronik sowie deren Zubehör umfasst.

► Wenn die automatische Eingangstür einer Apotheke streikt und repariert werden muss, wird der Apotheker schnell mit Kosten im mittleren vierstelligen Bereich konfrontiert. Zu Defekten kommt es oft nach einem versuchten Einbruch.

Insbesondere wichtig ist die Nennung des elektrisch angetriebenen Öffnungs- und Schließmechanismus von Automatiktüren. Denn dieser ist nach einem versuchten Einbruch meist dekalibriert oder komplett defekt. Da er jedoch als Zubehör gilt, verweigern Versicherer gern bei einer Reparatur die Kostenübernahme. Ein solcher Türendefekt ist übrigens ein recht häufig vorkommender Schaden. Die Kosten für die Reparatur liegen meist im mittleren vierstelligen Bereich.

Rezeptbetrug

Es kommt immer wieder zu Betrugsfällen mit gefälschten Rezepten. Hier können Mehrfachtäter durchaus großen Schaden anrichten. Ein Rezept ist – ebenso wie Bargeld – grundsätzlich nur für den Fall eines Einbruchdiebstahls versicherbar.

Viele Versicherungsgesellschaften schließen aber auch dieses Risiko aus, begrenzen es auf bestimmte Summen oder binden die Erstattung an die Nutzung besonderer Aufbewahrungsorte (Safe, gesicherte Kasse et cetera).

Internet-Transportversicherung

Der bequeme Einkauf von der heimischen Couch aus dürfte – vor allem, wenn es nicht um verschreibungspflichtige Mittel geht – immer mehr Freunde gewinnen. Auf dieses Potenzial zu verzichten, könnte sich für Apotheker spürbar negativ auswirken.

Apotheken mit Internethandel ist eine Transportversicherung bereits heute gesetzlich vorgeschrieben. Schließlich sind mit dem Internetversand neue Risiken verbunden, die abgesichert werden müssen. In Zukunft wird daher eine Transportversicherung für die meisten Apotheker mit eigenem Internetauftritt wohl unverzichtbar sein.

Ersatzapotheker-Kosten

Ein Unfall, eine Krankheit, dazu noch eine Reha – das reicht schon aus, um einen Apotheker für längere Zeit außer Gefecht zu setzen. Wer in solch einer Situation seine Apotheke schließt, muss nicht nur finanzielle Einbußen hinnehmen, sondern auch damit rechnen, dass sich ein Teil seiner Kundschaft verabschiedet.

Jeder Apotheker wird das mit allen Mitteln zu verhindern suchen. Der Einsatz eines Ersatzapothekers ist daher die deutlich bessere Alternative. So läuft das Geschäft weiter, und wenn die Versicherung noch die Kosten für den Ersatz übernimmt, entfallen sogar die finanziellen Einbußen.

RS-Ergänzung um Spezial-Strafrechtsschutz

„Versicherungen sind für Apotheken super wichtig, da man schon in meiner Ausbildungszeit ein Bonmot hatte, nämlich: Wenn man die Türe der Offizin morgens aufschließt, steht man schon mit einem Bein im Gefängnis“.[1] Dumm nur dabei: Jede normale Rechtsschutzversicherung steigt beim Vorwurf einer Straftat leider aus und selbst der einfache Strafrechtsschutz leistet bei vermeintlichen

1 Zitat von Apothekerin Karin Wahl.

Vorsatzstraftaten erst nach dem Urteil – gesetzt der Fall, es erfolgt ein Freispruch.

Wer jedoch eine Apotheke betreibt, der hat ständig mit gefährlichen Stoffen zu tun und ist sich dessen auch voll bewusst. Darüber hinaus muss der Inhaber mit ständig neuen Abrechnungsregeln zurechtkommen.

Ob beim Vorwurf vorsätzlicher Körperverletzung (Abgabe eines falschen Medikaments) oder Betrug (Abrechnung bei Krankenkassen): Beide Fälle ziehen meist einen langwierigen Prozess nach sich mit Kosten, die auch Apotheker höchst ungern verauslagen möchten. Hier hilft der Einschluss des Spezial-Strafrechtsschutzes in der RS-Police weiter, denn dann werden Kosten bereits vor dem Urteil übernommen. Sollte es am Ende doch zu einem Schuldspruch kommen, wären diese zwar zurückzuzahlen, aber dann kommt es wahrscheinlich darauf auch nicht mehr an.

Der Spezial-Strafrechtsschutz deckt obendrein einige teure Positionen ab, die in anderen RS-Policen gedeckelt oder gar ausgeschlossen sind. So ist beispielweise meist die Expertise eines auf das Apothekenrecht spezialisierten Anwaltes erforderlich. Dessen Stundenhonorar liegt erfahrungsgemäß deutlich über dem, was von normalen RS-Policen übernommen wird. Der Spezial-Strafrechtsschutz mit Erweiterung auf Betrugsvorwurf dagegen leistet auch bei hohen Anwalts- und Gutachterkosten in voller Höhe.

Einfacher Diebstahl

Wie schnell ist ein Regal mit hochwertiger Freiwahl leergeräumt? In Großstädten wie Berlin, Hamburg oder Leipzig haben sich offensichtlich Banden darauf spezialisiert, Apotheker systematisch um ihre wertvollste Ware zu erleichtern. Der Eine lenkt ab, zwei schieben körbeweise Ware in mitgebrachte Beutel – und dann rauschen alle wieder ab.

Da Apotheker jedoch Präsenzpflicht haben, können sie nicht einfach alles stehen und liegen lassen, um die Diebe zu verfolgen. Deshalb wurde in vielen Apotheken dazu übergegangen, die hochwertige Freiwahl nur mit Leerpackungen zu bestücken.

Der zeitliche und organisatorische Aufwand, diese wieder korrekt zu befüllen, wenn ein Kunde nach einem bestimmten Kosmetikartikel oder einem besonderen Nahrungsergänzungsmittel fragt, wird zähneknirschend in Kauf genommen. Ein entsprechender Versicherungsschutz bei einfachem Diebstahl würde Ihre Kunden beruhigen. Und eine Absicherung ist möglich und wird auch angeboten.

Einfache Beschädigung

Ebenso gelagert ist der Fall bei einfacher Beschädigung. Achten Sie darauf, dass nicht nur böswillige Beschädigung versichert ist. Denn leicht kann einem Mitarbeiter ein teures Arzneimittel aus der Hand fallen oder eine Arzneiflasche zerbrechen. Bereits bei viel leichteren Beschädigungen wie einer eingedrückten oder verschmutzten Umverpackung sind Arzneimittel meist nicht mehr abgebbar.

Ein anderes durchaus auftretendes Risiko ist die Beschädigung von Laborwaagen. Diese hochpräzisen Waagen sind sehr empfindlich und können nach einer Fehlbedienung schnell als Totalschaden enden. Auch hier ist ein Versicherungsschutz, der im Zweifel Ersatz für die beschädigten Gerätschaften oder ihre meist aufwendige Reparatur bietet, in Apotheken gern gesehen. Entsprechende Angebote sind heute schon zu finden.

4. Leben & Sach: die Magie des Cross-Sellings

> Für mich ist die Zielgruppe der Apotheken so spannend und interessant, weil man hier neben den Sachversicherungen auch im Leben-Bereich, etwa bei Krankheit – Stichwort Vertreterkostenschutz – sowie BU/EU, mit Sonderkonzepten und Spezialklauseln punkten kann, während sich der Wettbewerb hauptsächlich an den medialen Themen wie etwa der betrieblichen Altersvorsorge abarbeitet. (Daniel Nömayr, Versicherungsmakler aus Ganghofen)

a) Die betriebliche Altersversorgung

Hinweis für den Vermittler

Als Netzwerker möchte ich meinen Kunden für jedes Thema die bestmögliche Beratung anbieten und bAV gehört sicher nicht zu meinen Stärken. Deshalb hat Kollegin Birgit Kolb, eine ausgewiesene Expertin mit bester bAV-Betreuung, eigenverantwortlich die bAV-Beratung „meiner" Apotheken übernommen. Konsequenterweise hat Birgit Kolb auch die beiden folgenden Absätze des bAV-Kapitels verfasst.

bAV in Apotheken

Wer Apothekentüren nicht mit Sach-Themen öffnen möchte, dem bietet sich ein ebenso weites Betätigungsfeld. Wegen der Kammerversorgung ist in Apotheken gerade bei Leben-Themen viel Glaube und weniger Wissen im Spiel.

Die meisten selbstständigen und angestellten Apotheker vertrauen stark auf die gute berufsständische Versorgung. Doch die Leistungen aus der Kammerversorgung greifen de facto erst ab 100 Prozent Berufsunfähigkeit statt wie sonst üblich ab 50 Prozent. Die berufliche Tätigkeit gilt nämlich so lange nicht als eingestellt, wie das Mitglied Arbeitsentgelt bezieht oder die Apotheke unter seiner Verantwortung geleitet wird. Ob die Leistungen des Versorgungswerkes im Fall der Fälle dann auch dem konkreten Bedarf der Apothekerfamilie entsprechen, haben sicher die wenigsten potenziellen Leistungsempfänger jemals nachgerechnet.

Wer sich hier fachlich sicher einarbeitet – am besten im Praxistest bei einem Bestands-Apotheker – kann dann vielen anderen Apothekern eine willkommene Aufklärungsleistung in Bezug auf das Versorgungswerk, die dortigen Regelungen und Absicherungsdetails anbieten.

Bis 2011 war die bAV-Beratung in Apotheken eine Seltenheit. Da in Apotheken oft ältere oder sehr junge Mitarbeiter beschäftigt sind, diese meist noch mit hohem Teilzeitanteil, hat sich die betriebliche Altersversorgung dort traditionell schwer getan. Das ist auch einer der Hauptgründe, warum der Tarifvertrag von 1. Januar 2012 Apothekeninhabern so stringente Durchführungsvorgaben vorschreibt.

Um jedem Einzelnen die Einsicht zu vermitteln, wie sich die bAV auf sein Gehalt auswirkt sowie durch Entgeltumwandlung Steuer- und Sozialversicherungsabgaben einsparen und für die eigene Alterszusatzrente verwenden lassen, ist fachliche Beratung erforderlich, die Apothekeninhaber nicht leisten können. Sie brauchen also Hilfe, aber die muss eben – wie in Kapitel V.2.c) bereits beschrieben – in den Apothekenalltag passen.

Aus Inhabersicht kommt es dabei unter anderem darauf an, dass alle Mitarbeiter den großen Vorteil, der ihnen durch eine gute Arbeitgeberbeteiligung gewährt wird, erkennen. Nur so wird der gewünschte Bindungseffekt auch realisiert. Und natürlich erwarten die Arbeitnehmer, dass ihre bAV-Lösung zu ihrem individuellen Background und den eventuell bereits vorhandenen Sparplänen für das Alter passt. Daher ist es wichtig, einzeln zu beraten, und alle Fragen, die entstehen, zu beantworten.

Betriebsversammlungen also gehen gar nicht. Individuelle bAV-Beratungen lassen sich allerdings anderweitig gut in den Apothekenalltag integrieren. Wenn nämlich auf eher kundenschwache Zeiten ausgewichen wird, vor Ort beraten wird und auch die in der Beratung sitzende Kollegin zur Unterstützung schnell nach vorne gerufen werden kann.

Keiner bekommt gerne ein fertiges Produkt wie die ApothekenRente (siehe auch den nachfolgenden Abschnitt) als einziges Allheilmittel präsentiert. Daher erscheint es mir als unabhängiger Versicherungsmakler absolut notwendig, einen Vergleich der ApothekenRente (GarantieRente / ÜberschussRente) mit anderen in Frage kommenden Versicherungsprodukten mit dem Inhaber einer

Apotheke zu besprechen und, je nach Lage, zwei oder drei unterschiedliche Lösungen anzubieten.

Einige Apothekeninhaber müssen in Sachen bAV noch umdenken, da viele es bisher ihren Mitarbeitern freigestellt haben, ob, und wenn ja, wie sie die Möglichkeiten der bAV nutzen. Das führte dann unweigerlich zur parallelen Existenz unterschiedlicher Durchführungswege, diversen Ansprechpartnern und allgemeiner Intransparenz. Kurzum: zu der allseits zu hörenden Einschätzung, bAV in Apotheken sei eher ein Ärgernis denn eine Chance.

Um den Apothekerinhaber tatsächlich nachhaltig zu entlasten, ist es absolut notwendig, die Zusammenarbeit von Makler und Apothekeninhaber in einem Maklermandat festzuschreiben und dies auch gegenüber den Mitarbeitern klar zu kommunizieren. Die gesamte Beratung, Beantragung, Dokumentation sowie die Umsetzung inklusive An- und Abmeldung erfolgen direkt über das Maklerbüro. Ebenso die Lieferung der erforderlichen Kennzahlen für das umsetzende Lohnbüro, in der Arbeitgeberanteil und Entgelt getrennt aufgeführt werden.

Sehr wichtig ist auch der Informationsfluss: Nicht nur der Apothekeninhaber sondern alle Mitarbeiter müssen sich jederzeit direkt an den Makler wenden können. Sei es beispielsweise bezüglich eines Namenswechsels oder zur Meldung von Elternzeiten.

Mit dem Maklermandat steht es nur dem beauftragten Makler zu, den Apothekeninhaber in bAV-Fragen zu vertreten. Dazu hilft es sehr, wenn der Chef verinnerlicht hat, dass sein Makler ihm gegenüber für diese Arbeit haftet.

Die Mitarbeiter wiederum müssen auf die Besonderheit dieses Mandates bei der Umsetzung der betrieblichen Altersversorgung hingewiesen werden. Viele denken, dass irgendwer diese Aufgabe für sie erledigen könnte. In Zukunft neu eingestellte Mitarbeiter werden, auch wenn sie mit einer bereits bestehenden bAV in die Apotheke wechseln, von dem beauftragten Makler des Apothekers beraten und vertreten. Genau das stellt einen echten Wert- und Qualitätszuwachs für Arbeitgeber wie auch Arbeitnehmer dar.

Die ApothekenRente

> „Der Arbeitgeberverband Deutscher Apotheken (ADA) und die Apothekengewerkschaft (ADEXA) haben auf den demografischen Wandel reagiert und zur Verbesserung der Altersbezüge von Apothekenmitarbeitern den ‚Tarifvertrag zur betrieblichen Altersvorsorge für Mitarbeiter und Auszubildende zur pharmazeutisch-kaufmännischen Angestellten in Apotheken' vereinbart." (www.apothekenrente.info)

Hinter dem Modell der „ApothekenRente" stehen die R+V Gruppe sowie die Condor Versicherungen. Zunächst waren auch die Versicherungsunternehmen Axa und Alte Leipziger mit im Konsortium vertreten, beide haben sich jedoch nach kürzester Zeit wieder zurückgezogen.

Vertragspartner der „ApothekenRente" ist die ARB ApothekenRente Beratungsgesellschaft mbH, hinter der ein Münchener Versicherungsmakler nach § 34d der Gewerbeordnung steht. Seine Aufgaben umfassen unter anderem die verpflichtende Beratung aller Mitarbeiter über die Inhalte des Tarifvertrages und die Möglichkeiten der bAV.

Der betrieblichen Altersversorgung kommt seit der Überarbeitung des Tarifvertrages zwischen dem Arbeitgeberverband ADA und der Gewerkschaft ADEXA eine ganz neue Bedeutung zu. In ihm wurde nämlich festgelegt, dass neben einem festen Arbeitgeberanteil, gestaffelt nach Arbeitsstunden, weitere 20 Prozent des vom Mitarbeiter umgewandelten Betrages quasi durchgereicht werden und so die Höhe des Beitrages deutlich erhöhen.

- Beispiel: Möchte eine Mitarbeiterin 100 Euro ihres Brutto-Einkommens zurücklegen, liegt der Arbeitgeberanteil (Arbeitszeit über 30 Stunden) bei 27,50 Euro fix plus 20 Prozent (Sozialversicherungsersparnis des Arbeitgebers). Das ergibt 20 Euro. Insgesamt beläuft sich somit der Beitrag zur betrieblichen Altersversorgung auf 147,50 Euro.

Die im Tarifvertrag festgelegten Eckpunkte gelten auch dann, wenn der Vermittler dem Apothekeninhaber aus gutem Grund andere bAV-Lösungen als die „ApothekenRente" anbietet und er sich für eine davon entscheidet.

Fazit: Die Rente, selbst wenn sie vom Versorgungswerk kommt – was nur für die Approbierten gilt –, wird aufgrund des demografischen Wandels garantiert nicht mehr werden. Und letztendlich ist die bAV eines der wenigen verbliebenen Versicherungskonzepte, die sich trotz niedriger Garantiezinsen über den Hebel des Differenzsteuersatzes noch ordentlich rechnen. Deshalb lohnt es sich, in bAV-Sachen mit Spezialisten zu arbeiten. So wird der „leidige" Versicherungsbereich ein echter Mehrwert ohne weitere Belastung für den Apothekeninhaber.[1]

Die eigene Apo-Bank

„Im Bereich der betrieblichen Altersvorsorge haben sie für die beiden bestehenden Apotheken ein eigenes Versorgungswerk eingerichtet. Dadurch konnte ich einerseits Liquidität gewinnen und bankenunabhängiger agieren, aber auch meine Mitarbeiter motivieren. Zudem habe ich ein echtes Argument bei der Gewinnung von neuem Personal. Völlig losgelöst von Versicherungen, kann ich das Versorgungswerk oder auch ‚Profit Center der Zukunft' wirklich jedem Unternehmer nur empfehlen." (Dr. Thomas Weeber, Apotheker, Königstein im Taunus, zitiert aus einer Referenz für Vermittler Holger Steinhardt, Gesellschaft für Honorarberatung, www.hb-hessen.de)

1 Quelle Birgit Kolb, unabhängige Versicherungsmaklerin und Spezialistin für betriebliche Altersvorsorge (DMA), Berlin.

Das Thema Finanzierung ist für Mittelständler derart akut, dass Medien Sonderausgaben hierzu herausbringen. So zum Beispiel das Heft „Zeit Spezial“ im Frühjahr dieses Jahres; ein weiteres ist für Oktober 2015 angekündigt. Der Tenor klingt überall ähnlich: Bankkredite allein reichten nicht mehr aus, um jederzeit Unternehmensliquidität zu sichern. „Dieses Finanzierungsinstrument hat Konkurrenz bekommen.“[1]

Der als Clash of Clans in Kapitel III.2.c) beschriebene Kampf darum, welche Apothekendynastie in einer Region dominiert, ist nicht zuletzt deswegen neu entflammt. Diesmal wird jedoch nicht um Gebiete gestritten, sondern um Köpfe. In Zeiten des signifikant steigenden Fachkräftemangels gewinnen Mitarbeitergewinnung und -bindung zunehmend an Bedeutung.

Längst sind PTA Mangelware und gute PKA werden aktiv abgeworben, wo immer es geht. Die unternehmerische Devise lautet heute: „Wie wird meine Apotheke für die besten Fachkräfte der attraktivste Arbeitgeber in der ganzen Region?“ Dieser Ansatz liefert bekanntermaßen das überzeugendste Argument für jede bAV-Terminierung.

Das Hauptproblem der bAV liegt jedoch in ihrer Rückdeckung mit Lebensversicherungen. Diese haben aktuell Sorge, selbst die früher garantierte Verzinsung zu erwirtschaften – von den versprochenen Erträgen spricht längst niemand mehr. Heute liegt der Garantiezins bei 1,25 Prozent. Allerdings nicht auf die eingezahlten Beiträge, sondern nur auf einen Sparanteil in Höhe von 65 bis 70 Prozent Einzahlungen. Wahrlich keine sonderlich attraktive Marke, um darauf die eigene Altersvorsorge aufzubauen.

Aus Sicht des Unternehmers noch problematischer ist jedoch die Tatsache, dass das bAV-Kapital, das Mitarbeiter für sich zurücklegen und Arbeitgeber für ihre Mitarbeiter zuzahlen, für die Apotheke unweigerlich verloren ist. Es liegt bis zur Auszahlung an den ehemaligen Apothekenmitarbeiter bei der Versicherung und

1 In Zeit Spezial: Mittelstandsfinanzierung, angekündigt für 23. April 2015 und 15. Oktober 2015.

ist damit aus Unternehmersicht weg. Was jedoch im Unternehmen verbleibt, ist die Haftung. Garantiert wäre es dem Inhaber andersherum viel lieber.

Das geht tatsächlich. Die Formel, auf die Makler, Vermittler und bAV-Berater gerade umschwenken, heißt PDUK, die auf § 4D EStG und dem Betriebsrentengesetz basierte pauschaldotierte Unterstützungskasse. Sie ist für größere Apotheken ab zehn Mitarbeitern aufwärts und insbesondere bei Mehrbesitz interessant. Für die vielen immer noch existierenden Apothekerdynastien mit zusammen zehn, 20 oder mehr Apotheken im Familienbesitz sowieso. Und selbst bis zu fünf lediglich befreundete Apotheker können sich dafür zusammenschließen.

Die PDUK funktioniert wie eine kleine Apo-Bank im eigenen Unternehmen. Das in die betriebliche Altersversorgung investierte Geld verlässt das Unternehmen nicht, es steht vielmehr für unternehmerische Zwecke wie Investitionen, Expansion oder Tilgung von Verbindlichkeiten in vollem Umfang zur Verfügung.

Im Gegenzug ist die Haftungsfrage geklärt, denn die Einlagen sind über den Pensions-Sicherungs-Verein (PSVaG), einer Einrichtung der deutschen Wirtschaft zum gesetzlichen Schutz der betrieblichen Altersversorgung, bei Insolvenz des Arbeitgebers geschützt. So kann Wertschöpfung im Unternehmen stattfinden, die dann letzten Endes wieder den Arbeitnehmern zugute kommt, da sie später mehr Rente erhalten, als ihnen die ApothekenRente oder andere konventionelle Durchführungswege der betrieblichen Altersversorgung bieten können.

Sie können im Normalfall mit einer doppelt so hohen Betriebsrente rechnen, als andere Durchführungswege üblicherweise bieten können. Für die Apotheke ergeben sich demgegenüber je Jahr und Mitarbeiter durchschnittlich etwa 1.500 bis 2.500 Euro mehr an Liquidität.

Bislang ist die pauschaldotierte Unterstützungskasse eher eine Domäne der Großunternehmen gewesen. Bei den bekannten Gesellschaften im DAX bis hin zu Krankenhäusern in privater Trägerschaft steuern PDUK einen signifikanten Anteil zur Unternehmensliquidität bei.

Eine auf betriebliche Altersvorsorgemodelle spezialisierte Nürnberger Kanzlei hat nun diesen, angesichts der aktuellen Finanzmarktlage und bei Finanzierungsfragen zugeknöpften Banken, interessanten Durchführungsweg auch für Apothekeninhaber geöffnet. Damit ist ein neues Netzwerkangebot für Versicherungsvermittler entstanden. Im F.E.L.S Institut für moderne Vergütungssysteme, um ein aktuell in den Medien sehr präsentes Beispiel zu nennen, beschäftigten sich Juristen, Wirtschaftsprüfer und Steuerberater mit der Ausgestaltung solcher Mini-Apo-Banken für Apothekeninhaber.

b) Die biometrischen Risiken

Vertreterkostenschutz

Wann immer der Inhaber einer Apotheke aus Unfall- oder Krankheitsgründen ausfällt, braucht er sofort einen Vertreter. Sei es ein eigener Mitarbeiter, der dann reichlich Überstunden schieben muss, oder aber ein *Vertretungsapotheker* von außen. Beide sind natürlich zu bezahlen.

Viele Apotheker haben dazu auf Anraten ihres Vermittlers eine größere Krankenhaustagegeldversicherung abgeschlossen, die sie aus privatem, bereits versteuertem Einkommen bedienen. Das Geld aus der Versicherung würde dann im Bedarfsfall wieder in die Apotheke fließen, um den Vertreter oder die Mehrarbeit zu bezahlen. Das private Geld kann also im Krankheitsfall nicht selbst genutzt werden, es wird stattdessen an die Firma ausgezahlt. Das ist eine vertrackte Konstellation – und damit ein sehr guter Ansatz, den Murks demonstrativ zu entwirren.

Wie viel geeigneter für diesen Fall wäre eine Vertreterkostenschutzpolice, die einige Versicherer anbieten, manchmal sogar rabattiert in Verbindung mit einer Apotheken-Spezialpolice. Die Apotheke schließt die Police auf die Gesundheit des Inhabers ab. Die Kosten bleiben also als Betriebsausgaben in der Apotheke und reduzieren die Steuerlast. Ebenso fließt die Versicherungssumme direkt der Apotheke zu. Sie kann also einwandfrei verbucht und sofort für die Bezahlung des Vertreters eingesetzt werden. Dabei steigen dann meist auch die versicherten Summen deutlich.

Des Weiteren ist moderner Vertreterkostenschutz heute sogar mit Einschluss von Burn-out und in Verbindung mit Einmalzahlungen bei schweren Erkrankungen zu einer kleinen Keymen-Absicherung erweiterbar.

Wenn Sie dann noch mit einer Gesellschaft zusammenarbeiten, die sehr kurze Wartezeiten bietet, macht es die Sache perfekt. Ihr Ziel sollte sein, eine Police anzubieten, die bei Krankenhausaufenthalt auf Wartezeiten vollständig verzichtet. Die Vorteile dieser Lösung befördern nachdrücklich die Einsicht bei Ihrem Kunden, wer denn mehr Ahnung von Bedarf eines Apothekers hat.

Betriebsunterbrechungs-Schutz

In Arztpraxen stellt die Betriebsunterbrechung ein größeres Risiko dar, weil der Ausfall des Arztes oder Zahnarztes oft nur schwer zu kompensieren ist und Patienten meist keine Ersatzperson konsultieren wollen.

Dieses Risiko tritt in Apotheken eher selten auf, denn es bezieht sich hier meist nur auf äußere Auslöser wie etwa Seuchen, Epidemien, Pandemien oder behördliche Anordnungen. So mussten zum Beispiel im Winter 2009/2010, während die Schweinegrippe in Deutschland wütete, eine größere Anzahl Apotheken geschlossen bleiben.

Selbiges drohte im Jahr 2014 bei Ausbruch der sogenannten Vogelgrippe. Auch Apotheken, die beispielsweise wegen Bombenalarm im Gebiet von Feuerwehr- oder Polizeiabsperrungen liegen, müssen schließen. Diese Risiken sind ebenfalls mit speziellen Betriebsunterbrechungspolicen abzusichern. Die bei Apothekern verbreitetsten Adressen für eine solche Absicherung wie auch für den Vertreterkostenschutz dürften die Basler Versicherungen und Mannheimer Versicherungen sein.

Keymen-Absicherung

Vor schweren Erkrankungen sind auch Apotheker nicht gefeit. Werden sie als Inhaber plötzlich und unerwartet aus der Bahn geworfen oder trifft es eine ihrer unverzichtbaren Schlüsselkräfte, die sogenannten Keymen, wie insbesondere Pharmazie-Ingenieure, Vorexaminierte oder die Erste Dame beziehungsweise den Ersten Herren, dann bleibt kurzfristig nur der Ersatz der eigenen Arbeitskraft durch einen angestellten Apotheker mit Führungserfahrung. Dieser kostet natürlich Geld, zusätzlich zu den privat anfallenden Mehrkosten. Auch ein Apothekeninhaber stemmt dies nicht einfach mal so.

Hier bietet sich gerade für junge Apotheker, die obendrein die volle Finanzierungsbelastung für ihre neue Apotheke zu tragen haben, eine Vorsorgepolice für schwere Krankheiten an. Solche Dread-Disease-Policen gibt es als eigenständigen Schutz oder als Zusatzpolice bei einigen wenigen Anbietern in Deutschland.

Da die Versicherungssumme in aller Regel bereits nach der Diagnose zur Auszahlung kommt, verschaffen diese Policen den betroffenen Apothekern die nötige finanzielle Freiheit, um sich mit der Zukunftsplanung für ihre Apotheke etwas mehr Zeit zu lassen. Das bedeutet für Apothekeninhaber einen großen Mehrwert. Und da sie in der Regel sehr gesund leben – im Berufsunfähigkeits-Ranking der gesündesten Berufe finden sich Apotheker regelmäßig unter den Top Ten – , dürfte auch die Annahmequote überdurchschnittlich positiv ausfallen.[1]

Gruppenunfallversicherung

Ein weiterer interessanter Ansatz zur Absicherung biometrischer Risiken bei Ihrem Kunden kann ein apothekeninterner Rahmenvertag

1 Vergleiche VersicherungsJournal.de, Ausgabe vom 23. September 2011.

für eine Gruppenunfallversicherung sein. Die durch den möglichen Ausfall von Mitarbeitern bedingten Kostenrisiken sind immer ein guter Gesprächsanlass, weil so gut wie jeder Apotheker schon mindestens einmal in der Situation war, eine Arbeitskraft ersetzen zu müssen. Er weiß also genau, wie teuer das für seine Apotheke werden kann. Die inhaltliche Ausgestaltung dieses Gruppentarifes lässt sich mit dem ausgewählten Produktpartner natürlich beliebig gestalten.

Risiko-Leben-Policen

Gerade junge Apotheker, die erstmals eine eigene Apotheke übernehmen, brauchen zur Kreditrückdeckung höhere Besicherungen durch eine Risikolebensversicherung. Meistens haben Banken recht klare Vorstellungen, welche Police zu zeichnen ist.

In manchen Fällen aber kann man als Versicherungsvermittler recht gut punkten. Und sei es nur, indem Sie dem Inhaber ex post aufzeigen, wie viel weniger es bei Ihnen gekostet hätte, wenn ihn seine Bank nicht verhaftet hätte. Das bringt zwar keinen zusätzlichen Vertrag in den Bestand, steigert aber die Neugier auf andere Lösungen erheblich.

c) Das „heilig Blechle"

Flotten-Lösung

„Auto" – so geht ein Branchenkalauer – fängt mit „Auu" an und hört mit „ohh" auf. Auch in Apotheken kommen wir ums „heilig Blechle" nicht herum.

Aber wenn schon, dann richtig: Oft lassen sich in der Apothekerfamilie recht leicht neben dem apothekeneigenen Lieferfahrzeug noch weitere zwei bis drei Gefährte versichern. Damit wird die Mini-Flotte zur ersten Wahl. Und selbst wenn sich auf diese Weise keine monetären Vorteile ergeben, vereinfacht es zumindest die apotheken- und familieninterne Verwaltung. Was für Apothekeninhaber meist schon ein attraktiver Mehrwert an sich ist.

Dienstreise-Kasko

Spannend wird es, wenn Apothekenmitarbeiter – und das kommt gerade im ländlichen Bereich recht häufig vor – nach Dienstende auf ihren jeweiligen Heimwegen noch eben schnell Medikamente ausliefern. Dabei geschieht es des Öfteren, dass die Mitarbeiter über das Wechselgeld hinausgehende Beträge bei der Bank einzahlen. In einem Flächeneinzugsgebiet ist dies oft eine effizientere Lösung als den Lieferfahrer überall hinzuschicken.

Auch Fahrten zu Weiterbildungsveranstaltungen, die von Apothekerkammer oder -verband organisiert werden, erfolgen durchaus häufig. Doch wer kommt im Schadenfall für die Kosten auf, und seien es auch nur die Selbstbehalte und Rückstufungsdifferenzen? Sicherlich ist kein Mitarbeiter gewillt, diese Last aus eigener Tasche zu zahlen.

„Kommt es zu einem Unfall, ist der Arbeitgeber gesetzlich verpflichtet, dem Arbeitnehmer sämtliche damit zusammenhängenden Kosten zu ersetzen. Voraussetzung für den verschuldensunabhängigen Ersatzanspruch (analog § 670 BGB) des Arbeitnehmers ist lediglich die Übertragung einer Aufgabe, die ohne ein Fahrzeug nicht zu erfüllen ist und für die kein Dienstfahrzeug zu Verfügung steht.“[1]

Hier hilft eine Dienstreise-Kaskoversicherung weiter, die entweder für den gesamten Schaden (große Lösung) oder lediglich für die Differenzkosten (kleine Lösung) aufkommt. Allerdings knüpfen die Versicherer diese Zusatzversicherung sehr häufig an Bedingungen, die in Apotheken kaum zu erfüllen sind. So zum Beispiel jene, dass alle Mitarbeiter beim selben Kfz-Versicherer wie die Apothekenautos abgesichert sein müssen. Hier bedarf es noch einiger Gespräche mit den Anbietern.

Auch ein alternativer Kasko-Zusatzschutz wäre denkbar. Insbesondere, wenn der Inhaber nur den Selbstbehalt und die Schadenfreiheitsrabatt-Rückstufung übernimmt, weil seine Mitarbeiter für ihr neues, geleastes oder finanziertes Privatkraftfahrzeug schon über Vollkasko-Schutz verfügen.

1 Verkürzt zitiert nach Büser, Schütt: Gut versichert in Apotheken.

Die bereits erwähnte Interessenvereinigung Apotheken- und Praxisschutz e.V. (IAP) hat unter anderem dieses Thema für erste apothekengerechte Zusatznutzentarife auf die Agenda gesetzt.

d) Die technischen Versicherungen

Elektronik-Versicherung

Elektronik-Schutz brauchen insbesondere Apotheken, die über moderne Kommunikations-, Präsentations-, Verwaltungs- und Lagerelektronik verfügen (siehe hierzu auch die Ausführungen im Vorwort und zu den „should have"). Solche Apotheken sind bei Elektronikschäden besonders anfällig, so dass eine sofortige Betriebsunterbrechung in vielen Fällen unausweichlich ist. Ein ganz besonderes Risiko besteht dabei, wie in anderen Zusammenhängen bereits angemerkt, mit Bezug auf die Öffnungsmechanismen von Automatiktüren.

Eine weitere Elektronik-Problematik wird vermutlich dann offenbar, wenn die Apotheke über einen Kommissionierautomaten verfügt. Hier möge der geneigte Vermittler bitte prüfen, ob es a) eine Elektronikpolice gibt, b) der Automat darin rechtsverbindlich mitversichert ist, und wenn ja, c) ob in den Leasingverträgen der Herstellerfirma eine gesonderte Versicherung für den Kommissionierer eingeschlossen ist. Letzteres wissen die meisten Inhaber nicht sicher und freuen sich dann sehr über die Auflösung dieser Doppelversicherung – natürlich aufseiten des Herstellers.

Kühlgutversicherung

Eine größere Anzahl von Medikamenten in Apotheken ist in bestimmten Klimabereichen zu lagern, oft in speziellen Kühlschränken für Medikamente nach DIN 58345. Bei diversen Präparaten – und es sind dann auch die hochpreisigen – muss zwingend die Kühlkette eingehalten werden. Dadurch entsteht in allen Apotheken das grundsätzliche Risiko eines Kühlschrankausfalls.

In den meisten Versicherungsverträgen der Apotheken ist der Kühlschrankinhalt entweder gar nicht versichert oder nur bei Ausfall des öffentlichen Stromnetzes (siehe hierzu auch das Kapitel Musthaves). Dann allerdings meist zu einer so absurd kleinen Summe, dass kaum eine einzige hochpreisige Packung vollständigen Schutz genießt. Die meisten Versicherer halten offensichtlich den Warenwert einer mittelmäßig sortierten Tiefkühltheke im Supermarkt für den heranzuziehenden Grenzwert.

Apotheken-Kühlschränke jedoch sollten regelmäßig mit einer Versicherungssumme von mindestens 25.000 Euro, besser jedoch zur doppelten Summe versichert sein. Und der Versicherungsschutz darf sich nicht auf die Lieferungsunterbrechung vom Stromanbieter beschränken.

Auch Sicherungsschäden im eigenen Gebäude, Versagen der maschinellen Kühleinrichtung inklusive Kühlmittelaustritt und dadurch verursachte Abweichungen von der vorgeschriebenen Temperatur oder Luftfeuchtigkeit sollten mitversicherte Risiken sein. Dieser Versicherungsschutz ist am Markt sowohl als Einzelpolice als auch integriert in die gängigen Spezialpolicen zu bekommen.

Reinraum-Versicherung

Zum Ende dieses Kapitels muss noch ein sich aktuell abzeichnendes Risiko angesprochen werden, für das es noch keine befriedigenden Versicherungslösungen gibt. Die Interessenvereinigung Apotheken- und Praxisschutz hat nämlich in ihren Versichertenbeständen festgestellt, dass zunehmend häufiger auch in Apotheken Reinräume zur schmutzfreien Herstellung spezieller Medikamente und zur Verblisterung entstehen. Getrieben von einer aktuell erfolgten Anforderungsänderung für Zytostatika-Präparate, rüsten spezialisierte Apotheken zurzeit entsprechend auf. Denn die früheren mobilen Reinraumzellen sind zukünftig für die Herstellung bestimmter Produkte nicht mehr zugelassen.

Versicherungstechnisch hatten diese mobilen Speziallabore den Charme, dass sie nach einem Versicherungsschaden – sofern heil geblieben – einfach in einen anderen Raum verbracht werden konnten. Die Produktion konnte dann weitergehen.

Das ist mit den neuen Reinräumen nicht möglich. Wenn im Umfeld dieser Räume zum Beispiel ein Feuchtigkeitsschaden entsteht, wären sie für Wochen und Monate nicht verwendbar. Bis die Trocknung soweit fortgeschritten ist, dass die geforderten strengen Grenzwerte wieder eingehalten werden – und es hoffentlich keinen Sporenfund beim Pilzgutachten gibt.

Da jedoch in genau diesen Räumen die Masse des Apothekenumsatzes generiert wird, kämen sämtliche Betriebsunterbrechungs-Versicherungen hier sehr schnell an ihre Maximalgrenze. Eine Lösung hierfür, wie erwähnt, steht wohl noch aus, die IAP arbeitet jedenfalls bereits daran.

5. Services, die ankommen

a) Marktpräsenz: Expertenstatus muss sichtbar sein

Neben der sicher entscheidenden Partnerauswahl im Versicherungsbereich gibt es noch weitere Faktoren, mit denen Versicherungsvermittler bei der Betreuung von Apotheken und übrigens auch Arztpraxen ganz besonders punkten können. Hierzu gehören zunächst einmal eine klare Positionierung und ein angemessener Betreuungsservice.

Angemessen, das heißt im Wesentlichen: Da sein, wenn Sie gebraucht werden, also insbesondere im Schadenfall und zur Hauptfälligkeit der Sachversicherungen beziehungsweise zum Jahresgespräch im Leben-Bereich. Ansonsten lediglich erreichbar sein und den Kunden ungestört seine Apotheke oder Praxis führen lassen.

Heilberufler kann man langfristig nur auf Augenhöhe beraten und betreuen. Zeigen und beweisen Sie Ihren Apothekern, dass Sie für Ihre Kunden so etwas wie ein ausgelagertes Kompetenzzentrum sind; eine Art Abteilungsleiter für Absicherung und Vorsorge, ebenso wichtig wie ein Pharmazie-Ingenieur.

Am besten funktioniert das, wenn Sie beim Termin, in dem der Kunde Ihnen das Maklermandat erteilt, kurz und bündig Ihr Leistungsbild präsentieren. Bereiten Sie es für ihn in schriftlicher Form auf. Dabei bietet sich eine kurze Reflexion zum Maklerberuf an, denn auch die beruflichen Wurzeln unserer Profession reichen bis tief ins Mittelalter hinein.

Außerdem sollten Sie die konkreten Leistungen auflisten, die Sie für Ihre Kunden erbringen, und zwar vor, während und nach einem Kundentermin. Schließlich sollte vereinbart werden, welche Leistungen Ihren Gesprächspartner konkret interessieren und angegangen werden sollen. Viele Apotheker möchten den privaten und den beruflichen Teil ihrer Angelegenheiten nicht in eine Hand geben, anderen ist genau das wichtig. Mit der Vereinbarung dazu ist die wichtige Basis für die haftungstechnische Eingrenzung Ihres Maklermandates erfüllt.[1]

Praxistipp

Am besten, Sie nutzen zur Kundenansprache eine eigene Web-Adresse. Gerade sind die neuen Top-Level-Domains dot.versicherung herausgekommen. Da lässt sich ganz einfach eine eigene Zielgruppenadresse zuschalten, sei es beispielsweise www.apotheke-hessen.versicherung oder www.sylt-apotheke-arzt.versicherung. Und schon haben Sie Ihren regionalen Expertenstatus im Netz untermauert.

Arzt und Apotheker sind hochspezialisierte akademische Berufe. Sie stellen sich üblicherweise mit Firmenschild, Visitenkarte oder Apotheken-Flyer sowie im Internet mit ihren Spezialgebieten vor. Deshalb haben auch Pharmavertreter immer Visitenkarten, Flyer und Angebotskataloge dabei, wenn sie in Apotheken akquirieren. Dasselbe sollte für jeden Versicherungsvermittler gelten, wenn er

1 Kommunikate GmbH: Wir schaffen Werte, 2008, www.kommunikate.de.

sich auf irgendeine Zielgruppe oder Kommunikationsgemeinschaft spezialisiert.

Als Mindestanforderung an eine apothekentaugliche Geschäftsausstattung gelten deshalb eine entsprechende Visitenkarte und ein auf den Apothekenbedarf ausgerichteter Flyer. Wählen Sie also nicht Ihr Standard-Infoblatt nach dem Muster „von A wie Auto bis Z wie Zahnzusatz für den Privatkunden".

Weiterhin sollte ein auf Ihre Zielgruppe ausgerichteter Internetauftritt vorhanden sein, und sei es nur eine Seite im Rahmen des Gesamtauftritts Ihres Unternehmens. Ihr Produktpartner sollte als Ergänzung die nötigen Vorlagen zu seinem Angebot zur Verfügung stellen, also ebenfalls Logos, Flyer-Vordrucke (zum Download), Webtexte, Verlinkungen et cetera.[1]

Praxistipp

Ständige Bitten der Versicherer, beim Kunden – wenn dieser nicht antwortet – nachzufragen, ob denn ihre Post angekommen sei, haben uns umdenken lassen. Wir lassen alle Versicherer-Post in unser Büro schicken, terminieren mit einer nicht abzuwehrenden klaren Begründung („Nachrichten für Sie!") und verbinden den notwendigen Servicebesuch – „wo wir schon mal da sind" – gleich mit anstehenden Jahresgesprächen und Cross-Selling-Themen. Die allermeisten Apotheker finden das großartig.

Immer dann, wenn Versicherer den Kunden wichtige Briefe schicken – sei es die Jahresrechnung, Meldebögen oder Schadenformulare, ja selbst Regulierungsbriefe oder Schecks – besteht in Apotheken die latente Gefahr, dass zunächst die Papierberge im Büro weiter gen Decke wachsen. Bis dieses zugeschickte Blatt dann zur Bearbeitung kommt, haben die meisten Versicherer längst die Geduld verloren.

1 Für weitergehende Informationen siehe Asscompact, Heft 12/2009, Seite 54 f; Finanzwelt, Heft 03/2010, Seite 120 f.

Wohlgemerkt auch hier: Ausnahmen gibt es reichlich, denn manchmal wird solche Post auch sofort beantwortet. Aber darauf sollte man sich bei Heilberuflern eben nicht verlassen, den sie haben in der Tat meist Besseres und Wichtigeres zu tun.

b) Assistance: Schadenmanagement für Apotheker

Gerade im Schadenfall geraten Heilberufler schnell an die Grenzen ihrer Organisationsfähigkeit, denn der Betrieb von Apotheke und Praxis geht immer vor. Im Schadenfall wird sich der Apotheker erst zwei Fragen stellen, bevor er sich den Obliegenheiten des Bedingungswerkes widmet: 1. Was muss ich tun, um meine Betriebserlaubnis nicht zu gefährden, und 2. wie kann ich trotz des Schadens meine Kunden bedienen? Beides geht einer geordneten Schadenmeldung vor.

Wenn der Versicherungsvermittler – wie wir es konsequent bei jedem Schaden tun – seinen Kunden die Schadenbearbeitung abnimmt. Wenn diesem also ein Anruf genügt, um alle Obliegenheiten und die damit verbundenen Fristen zu erfüllen, dann erlebt der Apotheker einen nicht selbstverständlichen Mehrwert, den sogar er gern im Kollegenkreis lobend erwähnt. Das ist dann jeweils eine 1a-Empfehlung.

Die Maßnahme, die uns den größten Zulauf an interessierten Apothekern gebracht hat, ist unser Handwerkerservice. Um ein derartiges Angebot zu machen, können alteingesessene Vermittler zum Beispiel eigene Handwerkerkunden einbinden. Das wirkt sich dann auch als bestandsbindende Maßnahme aus.

Doch selbst Neueinsteigern fällt der Aufbau eines solchen Netzwerkes relativ leicht. Denn geeignete Unternehmen kristallisieren sich im konkreten Schadenfall schnell heraus. Einige Kriterien müssen erfüllt sein: Wer hat einen fairen Kostenvoranschlag (ohne Apothekenrabatt, also mit 15 bis 20 Prozent Aufschlag) eingereicht, wer war pünktlich, hat seine Arbeit ordentlich abgeliefert? Und vor allem: Wer hat dabei nicht den Apothekenalltag behindert? Betriebe, die all das erfüllen, kommen für Ihr Netzwerk in Frage.

Doch welche Gewerke werden in Apotheken gebraucht? Nach knapp vier Jahren Erfahrung im Apotheken-Absicherungsmarkt und der Bearbeitung einer satten Anzahl an Schäden sind uns die Prioritäten klar geworden.

► Glasschäden kommen in Apotheken immer wieder vor. Obendrein sind häufig die Automatiktüren oder die Schleuse betroffen. Glaser, Schlosser sowie Alarm- und Fachfirmen für Türanlagen bieten also einen stark gefragten Service.

Glaser

Schauen Sie sich nach einem Glaserbetrieb um, der beziehungsweise besser dessen Besitzer quasi rund um die Uhr erreichbar und abrufbar ist. Denn bei einem Apothekeneinbruch geht so gut wie immer auch eine Glasscheibe zu Bruch.

Wie Sie wissen, heißt das dann: Der Inhaber oder jemand anderes muss so lange in der Apotheke bleiben, bis die Apotheke wieder ordnungsgemäß geschlossen werden kann. Es ist also fast immer der Glaser, der Apothekern im konkreten Schadenfall am schnellsten aus der Patsche helfen kann.

Schlosser

Zur Erweiterung Ihres Netzwerkes sollten Sie einen engagierten Experten in Verschlussfragen finden, am besten einen Schmied, Schweißer, Schlosser und Bastler in Einem. Hier bieten sich Inhaber von

Schlüsseldiensten an, denn sie sind jederzeit erreichbar und darauf eingestellt, jedwede Tür auf- und irgendwie auch wieder zuzubekommen. Dem Apotheker hilft's aus den oben genannten Gründen.

Automatiktür-Firma

In den meisten Fällen versuchen Einbrecher, entweder durch die Schleuse oder durch die Automatiktür in eine Apotheke hineinzugelangen. Die automatische Eingangstür ist dann meist defekt und muss schnellstmöglich repariert werden. Die Fähigkeiten eines Glasers reichen in einem solchen Schadenfall nicht aus, denn meist bereitet der beschädigte Öffnungsmechanismus Probleme. Apotheken haben zwar oft Wartungsverträge mit den Lieferanten; diese kommen jedoch erstens nicht immer und zweitens in aller Regel nicht sofort. Die Tür muss aber zu – Sie wissen inzwischen, warum.

Praxistipp

Bitte missverstehen Sie dies nicht als Produktplacement, sondern werten Sie es als einen höchst wirksamen Tipp dazu, wie Sie die Automatiktüren „Ihrer" Apotheken von Einbruchsversuchen weitestgehend verschonen können. Denn es gibt aktuell ein System – und meines Wissens wohl auch nur eines –, das erfahrene Einbrecher von dem Vorhaben, gewaltsam in eine Apotheke einzudringen, abhält. Das System heißt Abus STS 600, liegt im Preis nur etwas höher als hochwertige neue Schlösser und wird von einigen Versicherern als zusätzlicher Einbruchschutz honoriert.

Reinigungsfirma

Jede Verschmutzung in Apotheken, gerade nach einem Schadenfall, birgt die latente Gefahr einer Betriebsunterbrechung. Das kann nur vermieden oder (tritt diese ein) verkürzt werden, wenn schnell und unbürokratisch eine professionelle Putzmannschaft bereitgestellt wird.

Am besten eignen sich hierfür Dienstleister beziehungsweise Reinigungskräfte, die bereits mit der Betreuung von Krankenhäusern oder sonstigen hygienekritischen Kunden vertraut sind. Der schnelle Einsatz klappt erfahrungsgemäß nur nach vorheriger Absprache mit dem Inhaber der Reinigungsfirma und im Schadenfall direkt über diesen. Sie brauchen also seine persönliche Handynummer.

Trocknungsfirma

Bei Wasserschäden in Apotheken droht immer die Gefahr eines Pilzbefalls. Schnelle Trocknung ist deshalb das Gebot der Stunde. Ein gravierendes Problem ist dabei zu lösen, denn der mit den Trocknungsarbeiten einhergehende Lärm belastet zu Öffnungszeiten die Kundenberatung erheblich. Sie sollten also eine Firma zur Hand haben, die flexibel genug ist, Nachts und am Wochenende zu trocknen.[1]

Safehändler

Ein funktionierender Safe und ein safeähnlicher BTM-Schrank gehören zur Pflichtausstattung jeder Apotheke. Wurde der alte, aus welchen Gründen auch immer, entwendet oder beschädigt, gilt es, schnell Ersatz zu organisieren.

Dazu haben wir in Berlin beispielsweise mit dem Unternehmen Geldschrank-Krause eine Art Gebrauchtsafehändler gefunden, der kostengünstige Wertschränke aller Sicherheitsstufen auf Lager hat und diese auch sofort liefert und montiert. So können wir quasi über Nacht das nötige Pflichtinventar wiederbeschaffen, ohne dass der Inhaber einen Finger rühren muss. Und das zu einem Preis, der jeden ersatzpflichtigen Inhaltsversicherer überzeugt.

Alarmanlagen-Bastler

Ungebetene Gäste neigen dazu, vorhandene Alarmanlagen final abzuschalten. Leider verfügen viele ältere Apotheken zudem, wenn überhaupt, über eine deutlich in die Jahre gekommene Warntechnik. Längst ausgelaufene Serien, keine Ersatzteile erhältlich – die

1 Für mehr Informationen siehe Performance, Heft 12/2013. Seite 32 f.

altbekannten Probleme wiederholen sich. Entweder muss dann eine neue Anlage installiert werden, oder Sie kennen einen brillanten Elektronikbastler, der das System zur Freude aller Beteiligten wieder zum Laufen bringt.

Weitere Gewerke

Weiterhin interessant, aber nicht ganz so bedeutend (weil an fast jeder Ecke vorhanden) sind Parkett- und Teppichleger. Sie müssen nach Bodenschäden – ebenso wie Maler und Trockenbauer, die mal eben schnell die eingedrückte Rigips-Trennwand neu stellen oder übermalen – beauftragt werden.

Obwohl von Schadenfällen seltener betroffen, werden immer wieder auch Markisenbauer für die Schaufensterbeschattung, Klimaanlagentechniker zur Einstellung der Raumtemperatur, Werbefirmen für die Gestaltung und Anbringung neuer Schilder, Aufkleber oder Werbeleuchttafeln sowie günstige aber zuverlässige Websiten-Gestalter und -Pfleger gebraucht.

c) Experten jenseits der Versicherungswirtschaft

Wer sich vornimmt, hinreichend Bestandsapotheken zu gewinnen, wird sehr schnell feststellen, wie viele weitere Experten sich im Umfeld von Apotheken bewegen. Einige davon können sich als sehr hilfreich für Ihr Geschäft herausstellen. Sie zu kennen, lohnt sich meist für beide Seiten.

Dies beginnt bei den Apothekern am nächsten stehenden Institutionen, das sind die Kammern, Verbände, Vereine und Weiterbildungsanbieter. Diese werden allesamt zwar von Kooperationsangeboten regelrecht umzingelt. Das sollte uns Versicherungsvermittler aber nicht davor abschrecken, die eigene Chance zu suchen.

An zweiter Stelle stehen die Zahlen-Partner, also allen voran die Ärzte- und Apothekerbank, der Steuerberater – bei Apothekern ist die Treuhand Hannover traditionell stark vertreten – sowie die

Rezeptabrechnungsstelle wie die bereits erwähnte ALG mit ihrem Scan Dialog.

Auch Apotheken-Management- und Marketing-Berater wie beispielsweise in Berlin die Eigens.net, ein Anbieter von Kommunikationsleistungen für Apotheken, die es bundesweit für regionale Märkte gibt, eignen sich für eine Kooperation. In Zusammenarbeit mit diesen Partnern können eventuell Vorträge gehalten oder Informationen gestreut werden.

Für Vermittler kann es auch sinnvoll sein, zu ausgewählten Themen die Apotheker-Informationsveranstaltungen der Apo-Bank zu besuchen. Ebenso hilfreich kann es sein, den Gebietsverantwortlichen der Treuhand Hannover sowie den regionalen Repräsentanten der ALG persönlich kennenzulernen. Denn beide arbeiten mit Apothekern zusammen, die in aller Regel gerade die Eröffnung neuer Apotheken planen.

An dritter Stelle kommen die Pharmareferenten. Sie bieten sich besonders an, wenn in einer Region konzentriert Ärzte und/oder Apotheker angesprochen werden sollen. Besonders erfolgversprechend ist es, solche „Türöffner auf zwei Beinen" fest ins Team zu integrieren. Auch die sogenannten Apothekenbörsen im Internet können von ähnlichem Interesse sein.

Hier gibt es diverse Anbieter, die abgabe- und übernahmewillige Approbierte zusammenbringen. Neben den großen Adressen gibt es verschiedene weitere kleinere Anbieter. Die BFDA (Börse für Deutsche Apotheken) mit Sitz im hessischen Dillenburg, bietet zum Beispiel ebenfalls interessante Services für kooperierende Versicherungsvermittler.[1]

Last but not least werden in Apotheken immer dann, wenn Umbauten oder Besitzerwechsel anstehen, einige Spezialisten benötigt, denen jeder Vermittler in dieser Situation begegnet und die deshalb als weitere Netzwerkpartner in Frage kommen.

Es tauchen zunächst Immobilienexperten auf, die sich auf Standorterschließungen von Praxen und Apotheken oder sogar auf ganze

1 Quelle: BFDA, www.bfda.de.

Ärztehäuser spezialisiert haben. Ist ein neuer Standort gefunden, sind weitere Profis vonnöten. So zum Beispiel auf Praxis- und Apothekenbau spezialisierte Architekten wie Kolb Architektur & Praxisbau aus Berlin und auf Apothekenumbauten spezialisierte Firmen wie Hoeferlin & Hoeferlin.

Auch spezielle Lichttechnik- und Werbebeleuchtungsfirmen kommen dann zum Zug, denn in Apotheken korreliert bessere Ausleuchtung unmittelbar mit höheren Umsätzen. Der Experteneinsatz geht weiter bis zum Laboreinrichter und zu den Vertretern der Kommissionierautomaten-Firmen. All diese Multiplikatoren kennen Hunderte Apotheken und betreuen viele davon persönlich. Die Letztgenannten lernt man übrigens meist ohne weiteres Zutun kennen: Spätestens beim ersten Großschaden trifft man sich vor Ort am defekten Kommissionierer.

d) Risk-Management: Kunde sicher – Vermittler sicher

Die Beratungs- und Dokumentationspflichten, die für jeden Versicherungsvermittler gelten, sind seit dem 1. Januar 2008 klar und deutlich geregelt:

> Der Versicherungsvermittler hat den Versicherungsnehmer [...] nach seinen Wünschen und Bedürfnissen zu befragen und [...] zu beraten sowie die Gründe für jeden [...] erteilten Rat anzugeben. Er hat dies unter Berücksichtigung der Komplexität des angebotenen Versicherungsvertrags zu dokumentieren. Der Versicherungsmakler ist verpflichtet, seinem Rat eine hinreichende Zahl [...] von Versicherern zugrunde zu legen, so dass er nach fachlichen Kriterien eine Empfehlung dahin abgeben kann, welcher Versicherungsvertrag geeignet ist, die Bedürfnisse des Versicherungsnehmers zu erfüllen." (Zitat nach Charta Börse für Versicherungen AG, www.vermittlerrichtlinie.de/449,19826,1.html)

Mittlerweile sollte für jeden Vermittler hinreichend klar geworden sein, dass Apotheken und Apotheker spezifische Risiken tragen, die es in dieser Form in keinem anderen Beruf gibt. Deshalb können Standard-Policen mit Standard-Bedingungswerken, von welchem Versicherungsanbieter auch immer, ohne berufsspezifische Abänderungen die Apothekenbedürfnisse nicht abbilden.

Insbesondere die Pflicht zum „best" oder zumindest „suitable advice", sich also am Markt nach geeigneten Konzepten umzusehen und nur die geeignetsten anzubieten, führt bei Apotheken regelmäßig direkt in die Haftungsfalle. Abhilfe schaffen hier spezialisierte Partner wie das Heilwesennetzwerk.de, dass sich als „die Interessenvertretung für Hebammen, Krankenhäuser/Pflegeeinrichtungen und Heilberufe/Pflegeberufe in allen Fragen des Risiko Managements"[1] versteht und das Vermittler und Heilberufe nicht nur fachlich enger zusammen bringen will.

Das ist ebenso für Apotheker, die ihre spezifischen Risiken tragen, von Bedeutung. Denn diese Sondersituation hat diverse Makler und Assekuradeure motiviert, spezielle Bedingungswerke für die Apothekenabsicherung zu erstellen und in den Markt zu tragen. Auf den haftungstechnisch wichtigen Unterschied zwischen Deckungskonzeptmaklern und Assekuradeuren wurde schon am Ende des Kapitels VI.2.a) ebenso hingewiesen, wie auf die zwingende Notwendigkeit, der Liquidität der schlussendlich haftenden Gesellschaft oder Person besondere Aufmerksamkeit zu widmen.

Neben der generellen Produktauswahl verbirgt sich in der Breite der Risikoabdeckung das zweite Haftungsrisiko, dem sich jeder Spezialmakler für die Zielgruppe Apotheker zu stellen hat. Denn in Apotheken lauern die Schadenquellen überall und in jeder Versicherungssparte. Alles kann passieren und geschieht auch – nur, dass in Apotheken Schäden in allen Sparten und bei allen Schadenhöhen gleichermaßen erhebliche Konsequenzen für den Gesamtbetrieb der Apotheke mit sich bringen können. Das macht jeden Ausschluss tendenziell zu einem Risiko, das nur bei eindeutiger

1 Heilwesennetzwerk RM eG., www.heilwesennetzwerk.de.

Dokumentation keine erhöhte Haftung für den Vermittler nach sich ziehen dürfte.

Von daher besteht für jeden Vermittler ein erhöhtes Interesse, bei seinen Apothekerkunden ein Verständnis dafür zu erzeugen, warum alle Inhalts-, Haftpflicht- und Betriebsunterbrechungs-Risiken zunächst auf den Tisch und dann in den Versicherungsordner gehören. Ein Ausklammern einzelner Aspekte, etwa weil der Prämienpegel steigt und steigt, kann und wird unweigerlich zu erhöhter Haftung führen.

Zusätzlich droht bei einer solchen Strategie im Schadenfall ein deutlich erhöhtes Risiko für den Versicherungsvermittler, seine Kunden zu verlieren. Denn wer nicht regulieren kann, bleibt irgendwann auf der Strecke.

Dieses Problem haben all jene Vermittler nicht, die sich für eines der Vollkasko-Konzepte entschieden haben, in denen die unterschiedlichen betrieblichen Versicherungen zu einem Bündel geschnürt wurden. Für die Konzepte also, die in der Tat alle versicherbaren Risiken in einer einzigen Police abbilden. Dadurch ergeben sich im Vergleich zu Einzelpolicen Rabattierungsvorteile, die auch für den Kunden den Prämienpegel nachhaltig abschmelzen lassen.

Praxistipp

Haben Sie immer einige bunte Post-it-Pfeile und Mini-Notizzettel dabei. Die Ausschließlichkeit hat das Haftungsproblem zwar nicht in dem beschriebenen Maße, aber sie kann oft nur Standard-AVB liefern. Vermittler, die mit einem passgenauen Spezialkonzept antreten, sollten wenig Probleme damit haben, die gültigen AGB nach einschlägigen Schwachstellen zu durchforsten und diese mit den Stickern und Kurznotizen zu kennzeichnen. Am Ende sieht das Ganze dann schön bunt aus und bringt die Mängel richtig zur Wirkung. Lassen Sie die Sticker kleben und wirken, wenn es nicht sofort passt.

VII. „Tschaka" – Du schaffst es: ein Schlusswort

Je sicherer die Apotheke ist, desto weniger haftet der Vermittler. So einfach kann versichern sein.

In diesem Buch sind alle relevanten und versicherbaren apothekenspezifischen Risiken vorgestellt, in den Apothekenalltag eingebunden und erklärt worden. Die damit verbundenen versicherungstechnischen Herausforderungen wurden beschrieben und ihnen aktuell mögliche Lösungen zugeordnet.

Garniert mit vielen Beispielen aus der Praxis und Tipps, die in der Kundenansprache angewendet werden können, sollte jeder interessierte Versicherungsvermittler unter den zuvor geschilderten Wegen einige Anregungen für seine eigenen ersten Erfolgsschritte finden können.

Das Buch soll Apothekerschaft und Vesicherungsvermittler enger zusammenbringen, ihre oft unterschiedlichen Welten angleichen und für mehr gegenseitiges Verständnis werben. Nur so ist eine gemeinsame Basis für mehr Sicherheit in Apotheken und bessere Betreuung von Apothekern zu schaffen. Das heißt eine engere, vertrauens- und verständnisvolle Zusammenarbeit, der regelmäßige Austausch über sich ergebende Absicherungsbedürfnisse und belastbare Versicherungspolicen, die noch mehr halten, als der Vermittler verspricht.

Doch trotz aller guten Intentionen sollte man realistisch bleiben: Dieses Buch allein wird in Apotheken weder viel ändern, noch wird es dort zur Pflichtlektüre werden. Es kann auch Apothekentüren nicht allein öffnen und sein Wissen selbst zum Kunden tragen. Das können nur Sie, liebe Leserin und lieber Leser.

Wenn die Lektüre dieser Zielgruppenanalyse Ihnen den Weg nur etwas schmackhafter gemacht oder ihn im günstigsten Fall sogar erleichtert hat, dann ist der Zweck des Buches erfüllt. Gehen Sie es einfach an.

„Der einzige und vernünftige Weg, als Einzelkämpfer oder kleines Maklerbüro effizient und erfolgreich agieren zu können, ist die Konzentration auf eine klar definierte Klientel. Dafür brauchen wir die richtigen Deckungskonzepte mit Alleinstellungsmerkmalen. Am besten in Nischen, die von wenigen Vermittlern gesucht werden. Apotheker, das zeigt dieses Buch, aber auch niedergelassene Ärzte und Zahnärzte sind solch attraktive Zielgruppen." (Peter Weibelzahl, unabhängiger Versicherungsmakler in Coburg)

Ich selbst habe im Winter 2010 begonnen, diesen Weg zu beschreiten. Nach meiner Ausbildung zum Versicherungsfachmann (IHK) habe ich im November mein Maklerunternehmen gegründet und mir fest vorgenommen, niemanden anders als Apotheker zu versichern. Das hat zwar nicht ganz geklappt, denn mittlerweile gehören auf Apothekerempfehlung auch diverse Arztpraxen zu meiner Kundschaft. Aber mit aktuell 157 Vollmandaten von Apothekeninhabern (Stand 1/2015) ist mein Kundenstamm weitgehend homogen geblieben.

Auch unternehmerisch wurde diese Entscheidung bisher bestätigt, denn mit rund drei Neukunden pro Monat und einer Durchdringung von 100 Prozent Sach, 40 Prozent bAV und 25 Prozent Leben bei einem Storno von drei Mandaten (zwei wegen Betriebsaufgabe und einem wegen Besitzerwechsel mit bestem Freund mit Maklerbüro) ist die Sache ganz ordentlich gelaufen. Und langsam, ganz langsam fangen meine Apotheker nun auch an, aktiv Empfehlungen auszusprechen.

An dieser Stelle gilt mein besonderer Dank Ibrahim Nassar und den Kollegen von PAÄV Deutschland, den Apothekerinnen Dr. Sabine Göhr-Rosenthal, Claudia von Lehmann, Ulrike von Wilmowski, Anke Rüdinger und Claudia Rosenberg, den Apothekern Dirk-Oliver Beyer, Dr. Frank Kiesewalter, Hassan Ayada, Mathias Mallach, Dietmarc Riedel, Klaus Ikels sowie Thomas Schmidt von Eigens.net, Yves Sieber von der ALG und Jens Uwe Rümmler von der Treuhand Hannover.

Vermittler lieben Zahlen, die Ziele benennen. Deshalb habe ich Ihnen nicht nur meinen bisherigen Weg geschildert, sondern auch die aktuellen Koordinaten meines noch jungen Unternehmens offen gelegt. Ein Weg, der auch Ihnen offen steht.

▶ Seit fünf Jahren ist der „Eilige Apotheken-Helfer" im Dienst und fährt seinen Kunden bis vor die Ladentür.

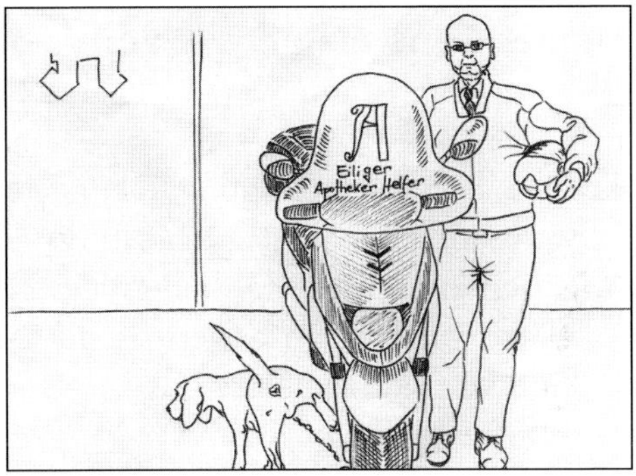

Starten Sie also durch – jetzt, nicht morgen! Und wenn Sie merken, dass in den Apotheken Ihrer Gegend schon jemand aktiv ist, dann schauen Sie einfach mal bei Ärzten oder Zahnärzten vorbei. Irgendwo ist mit Sicherheit eine Nische frei.

Aus Erfahrung kann ich sagen, dass die Mehrheit unter den Gesundheitsdienstleistern – seien es Ärzte, Apotheker, Physiotherapeuten, Sanitätsfachhäuser oder jedes andere Gesundheitshandwerk – unerkannte aber eklatante Risiken in ihren Versicherungen versteckt haben. Deren jetzige Vermittler wissen nichts davon und würden sie erst als tickende Zeitbomben erkennen, wenn es bereits zu spät ist. Kommen Sie dem einfach zuvor. Denn versichern kann ebenso einfach wie spannend sein.

Mit kollegialen Grüßen
Ihr

VIII. Anhang

1. Fließend kundig: Wörterbuch der Apothekersprache

Kleines Generalalphabet von Aaa bis Zzz

ABDA: Bundesvereinigung Deutscher Apothekerverbände, Berlin, www.abda.de. Siehe auch Linkliste.

Abgabeplatz: Auch Zahltellerplatz genannt. Das sind die Kassenplätze am HV, an denen Medikamente abgegeben werden. Um eine vertrauliche Beratung zu ermöglichen, sind diese Bereiche sichtbar abzugrenzen.

Abgeben / Abgabe: „Verkaufen“ in der Apothekersprache. Sowohl Waren werden abgegeben als auch Apotheken, wenn der Inhaber verkauft. (Typischer Einwand älterer Apotheker: Ich werde bald abgeben. Tipp: Einwandbehandlung über Nachhaftung.)

Abholregal: Ablageplatz für vorbereitete Kundenbestellungen, insbesondere Verschreibungen, die am Vormittag „nicht da“ waren. Immer direkt hinter der Sichtwahl, um die Wege kurz zu halten.

ADEXA: Apothekengewerkschaft, www.adexa-online.de.

Allopathie: Wird oft als Synonym für Schulmedizin verwendet, ist aber ursprünglich die Lehre von der Behandlung mit gegensätzlichen Wirkstoffen. Beispiel: Bei Fieber machte die Großmutter früher kalte Wadenwickel, sie bekämpfte also Hitze mit Kälte. (Siehe hierzu auch „Homöopathie“.)

Alphabet: Auch Generalalphabet. Steht für Apothekerschrank. Schubladenregister für Arzneimittel in alphabetischer Reihenfolge angeordnet.

AMG-Deckung: Herstellerhaftpflicht für Defekturen gemäß Arzneimittelgesetz (AMG). Die AMG-Deckung ist auf jeden Fall erforderlich, sowie die Bestimmungen von § 21 Absatz 2 Ziffer 1 nicht mehr erfüllt sind, wonach bis 100 Einheiten täglich abgegeben werden können, ohne dass es einer AMG-Deckung bedarf.

Antidot: Auch Antidoton. Das aus dem Latein abgeleitete Wort bedeutet so viel wie Gegenmittel oder Gegengift, das gegen Stoffe wie etwa Gifte, Toxine, Medikamente, die sich negativ auf den Körper auswirken, eingesetzt wird.

Apotheken-A: Das rote A in Frakturschrift dient zur Kennzeichnung für Apotheken in Deutschland, nicht aber im Ausland. International gängig ist ein grünes Kreuz, das sich auch bei deutschen Apotheken mit internationalem Publikumsverkehr gelegentlich findet. Das heutzutage verwendete A geht auf einen Entwurf von Fritz Rupprecht Mathieu aus 1951 zurück. Achtung: Es gilt strenger Urheberschutz! Nicht kopieren oder werblich nutzen.

Apotheken-Abgabe: Je nach Sinnzusammenhang Apothekenverkauf oder Verkauf von Medikamenten (siehe auch „abgeben").

Apotheken-Betriebsordnung (ApBetrO): Eigentlich die Verordnung über den Betrieb von Apotheken. Ein zentraler Gesetzestext in Deutschland, der grundlegende Bestimmungen für Apotheken und Apotheker festschreibt.

Apothekendienstkalender: Auch Notdienstkalender. Jede Apotheke ist in ein Notdienstsystem eingebunden. Dieses wird in der Regel von Städten und Gemeinden im Internet veröffentlicht. Ist eine Apotheke, zum Beispiel wegen eines Versicherungsschadens, nicht dienstfähig, so muss sie sich bei der Kammer aus dem Kalender streichen lassen. (Tipp: guter Fundort für die Apothekensuche).

Apothekeninhaber: Besitzer einer Apotheke, darf seit 2004 neben der Hauptapotheke bis zu drei sogenannte Filialapotheken betreiben.

Apothekenpflicht / apothekenpflichtig: Medikamente und Substanzen, die nur in Apotheken erhältlich sind.

Apothekenübliche Waren: Unter diesem Begriff werden Medizinprodukte (auch solche, die nicht der Apothekenpflicht unterliegen), Mittel und Gegenstände, die der Gesundheit von Menschen und Tieren förderlich sind (auch Informationsmedien), Prüfmittel, Chemikalien, Reagenzien, Laborbedarf,

Schädlingsbekämpfungs- und Pflanzenschutzmittel sowie Mittel zur Aufzucht von Tieren gefasst (vergleiche § 25 Apothekenbetriebsordnung).

Applikationsform: Art der Verabreichung von Medikamenten, zum Beispiel oral, rektal, intravenös.

Approbation: Latein für „Genehmigung“. Staatliche Zulassung zur Ausübung eines Heilberufs. Apothekeninhaber müssen in Deutschland eine gültige Approbation vorweisen können.

Arznei oder Arzneimittel: Nach gesetzlicher Definition „Stoffe oder Stoffzusammensetzungen, die als Mittel mit Eigenschaften zur Heilung oder zur Verhütung menschlicher oder tierischer Krankheiten bestimmt sind oder aber im oder am menschlichen oder tierischen Körper verwendet oder einem Menschen beziehungsweise Tier verabreicht werden können, um entweder die menschlichen beziehungsweise tierischen physiologischen Funktionen durch eine pharmakologische, immunologische oder metabolische Wirkung wiederherzustellen, zu korrigieren oder zu beeinflussen oder eine medizinische Diagnose zu erstellen.“ (Quelle: Wikipedia, 10. Dezember 2014)

Arzneibuch: Eine Sammlung pharmazeutischer Vorschriften zur Qualität, Prüfung, Lagerung, Abgabe und Bezeichnung von Arzneimitteln sowie deren Verpackungen. Historisch wird zwischen amtlichen Arzneimittelbüchern, die auf einem gesetzgeberischen Akt beruhen und verbindlich sind, sowie solchen, die auf Übereinkünften von Heilberufen beruhen, unterschieden.

Arzneimittelverzeichnis: Medikamentenlisten für die ärztliche, tierärztliche oder zahnärztliche Therapie sowie die Selbstmedikation. Die wichtigsten Arzneimittelverzeichnisse sind der ABDA-Artikelstamm und die Lauer-Taxe, ein Artikelverzeichnis der in Deutschland zugelassenen Arzneimittel, Medizinprodukte und apothekenüblichen Waren. Diese Liste wird alle 14 Tage aktualisiert.

Ärztehäuser: Auch (Fach-) Ärztezentrum. Hier versammeln sich Ärzte verschiedener Fachrichtungen – und in aller Regel mit einer

Apotheke im Erdgeschoss – unter einem Dach. Patienten haben somit nur eine Anlaufstelle bei unterschiedlichen Beschwerden und müssen keine weiten Wege zurücklegen.

Aufschließen: Bezeichnet nicht nur das morgendliche Öffnen, das nur in Anwesenheit eines Approbierten geschehen darf, sondern steht für den ersten Arbeitszeitabschnitt des Tages, meist bis circa 9.00 Uhr.

Auseinzeln: Die Abgabe von einzelnen Tabletten oder Teilmengeneiner Packung anstelle einer ganzen Packung. Dem Apotheker nur erlaubt, wenn eine entsprechende Verordnung eines Arztes vorliegt. Die Medikamente werden mit dem Beipackzettel abgegeben, der restliche Packungsinhalt darf nicht mehr abgegeben werden.

Aut idem: Lateinisch für „oder ein Gleiches". Apotheker sind angehalten, ein vom Arzt verordnetes Medikament gegebenenfalls durch ein gleichwertiges, aber günstigeres zu ersetzen (aus dem unteren Preisdrittel der zugelassenen Medikamente). Hat allerdings der Arzt auf dem Rezeptschein ein Kreuz bei „Aut idem" gesetzt, dann muss der Apotheker genau das verschriebene Medikament ausgeben.

Beipackzettel: Auch Packungsbeilage, Gebrauchsinformation, umgangssprachlich Waschzettel. Der Beipackzettel ist Fertigarzneien beigelegt und soll die für den Verbraucher wichtigen Informationen enthalten – vor allem für eine korrekte Anwendung, aber auch als Warnung vor bekannten Unverträglichkeiten. In den meisten Ländern sind Beipackzettel verpflichtend vorgeschrieben, auch (zumindest teilweise) deren Inhalte.

Blister: Siehe verblistern.

Blisterautomat: Gerät zur Verpackung von Arzneimitteln, insbesondere Tabletten u. ä. Üblicherweise werden bei Medikamenten zur Verblisterung Kunststoff und Aluminiumfolie verwendet.

BTM: Abkürzung für Betäubungsmittel. In den Anlagen des Betäubungsmittelgesetzes finden sich mehr als 200 Stoffe gelistet, die damit als Betäubungsmittel im juristischen Sinn gelten. Dabei wird unterschieden in a) nicht verkehrsfähige Betäubungsmittel, b) verkehrsfähige, aber nicht verschreibungsfähige, und c) verkehrsfähige und verschreibungsfähige Betäubungsmittel. Nur Letztere dürfen in Apotheken abgegeben werden.

Darreichungsformen: Auch Arzneiform oder galenische Form. Die Zubereitung eines Arzneimittels. Üblich sind a) flüssige Mittel, b) feste (z. B. Puder, Tabletten), c) halbfeste (z. B. Cremes, Emulsionen) und d) andere (etwa Pflaster, Sprays).

Defektur: Anfertigung (in einer Apotheke) eines Arzneimittels im Voraus. Wird auch „verlängerte Rezeptur" oder „Rezeptur auf Vorrat" genannt. Rezepturen werden im Unterschied zu Defekturen auf eine individuelle Verschreibung oder einen individuellen Kundenwunsch hin angefertigt. Achtung: Herstellerhaftpflicht dringend anzuraten. Bei Ablehnung den Kundenwunsch dokumentieren.

Diagnostikum: Mehrzahl Diagnostika. Bezeichnet entweder ein Erkennungsmerkmal, mit dem eine bestimmte Erkrankung diagnostiziert werden kann, oder ein Hilfsmittel (z. B. chemische Substanzen, Tests), die zur Identifikation einer Krankheit beitragen.

Diskretionszone: Die Beratungsbereiche einer Apotheke vor dem HV und in den Beratungsräumen sind sichtbar mit einer Diskretionszone zu kennzeichnen. Diese soll von Kunden und darf von Vertretern niemals ohne Aufforderung betreten werden.

Drogensortiment / Drogen-Auslage: Im pharmazeutischen Sinne sind Drogen natürliche Stoffe (z. B. Harze, von Pflanzen oder Tieren), die zur Gewinnung von Arzneimitteln gebraucht werden. Mit „Drogensortiment" ist in aller Regel das Teesortiment gemeint. Denn Tees (natürliche Pflanzen) heißen apothekerisch „Drogen".

Drogerie: Ein Fachgeschäft für Heilmittel (z. B. Tees, Essenzen, Vitamine zur Ernährungsergänzung), Kosmetika, Pflegemittel (z. B. für Möbel) sowie für biologische Nahrungsmittel u.ä. Das Sortiment von Drogerien verfügt heutzutage über eine große Schnittmenge mit dem der Freiwahl in Apotheken.

Einkäufer/in: Kümmert sich in einer Apotheke um das Warenwirtschaftssystem, organisiert und managt den Einkauf von Waren und Dienstleistungen, verhandelt mit Vertretern. Die Funktion des Einkäufers können sowohl Pharmazeutisch-kaufmännische Angestellte (PKA) als auch das pharmazeutische Personal übernehmen.

Eigenmarke: Handelsmarke im Besitz eines Händlers. In Apotheken gibt es zwei Sorten: selbst hergestellte Produkte – das sind dann meist bestimmte Salben oder Magenbitter et cetera – und vom Hersteller individuell gelabelte Produkte, oft Bonbons, lösliche Tees und Ähnliches.

Enzynorm: Traditionell angewendet als mild wirkendes Arzneimittel zur Unterstützung der Magenfunktion, www.aponet.de/wissen/arzneimitteldatenbank/suchergebnis/arzneimitteldetails/enzynorm-f_3341997400/.

Eugynon: Antibabypille aus den 1960er Jahren. Heute in Deutschland nicht mehr erhältlich.

Erfa-Gruppe: Eigentlich Erfahrungsaustauschgruppe. Eine Gruppe von Kaufleuten, die sich zum Erfahrungsaustausch (regelmäßig) trifft. Gerade bei Apothekern und Ärzten sehr verbreitet. Grundsätzlich eine gute Gelegenheit, mehrere potenzielle Kunden gesammelt und außerhalb von Praxis oder Apotheke zu erreichen.

Eröffnungsrevision: Laut Handelsgesetzbuch (HGB) besteht vor Eröffnung eines Geschäfts die Pflicht, eine Revision vorzunehmen. In Apotheken führt diese Revision der zuständige Pharmazierat durch. Sie bezieht sich auf alle Bereiche der ApBetrO. Apotheken dürfen erst öffnen, wenn keine Mängel (mehr) bestehen. (Vergleiche auch „Wiedereröffnungsrevision".)

Fachapotheker für Offizinpharmazie: Apotheker, der sich nach der Approbation in einem einjährigen Zusatzstudium weitergebildet hat. Da das Studium in der ehemaligen DDR ein Jahr länger gedauert hat, gilt der Titel für diese Apotheker automatisch.

Fertigarzneimittel: Ein Arzneimittel, das von einem pharmazeutischen Hersteller produziert und abgepackt wurde. In Apotheken werden diese nur abgegeben. Deshalb fallen sie nicht unter die Herstellerhaftpflicht sondern sind – sofen sie unverändert abgegeben werden – durch die Betriebshaftpflichtversicherung abgedeckt.

Filial-Apotheken: Auch Mehrbesitz. Apotheken, die ein Inhaber neben der Hauptapotheke besitzt. Seit 2004 dürfen Apotheker in Deutschland bis zu drei Filial-Apotheken betreiben. Jede muss von einem approbierten Filialleiter geführt werden.

Freiwahl: Umfasst die Produkte einer Apotheke, die für Kunden ungehindert zugänglich sind. Im Bereich der Freiwahl dürfen sich keine Arzneien befinden, sondern nur apothekenübliche Waren – zum Beispiel Hustenbonbons und Kosmetika.

Fremdbesitz: Im Fremdbesitz wären Apotheken, wenn Inhaber keine gültige Approbation mehr vorweisen müssen, wie es heute (noch) gesetzlich vorgeschrieben ist. Das wäre wohl das Ende der freien Apotheke, denn Handelsketten und Discounter würden diese Chance sicher nutzen und voraussichtlich in großem Stil Apotheken in ihre Filialen integrieren. (Siehe auch „Mehrbesitz".)

Generalalphabet: Siehe Alphabet.

Generikum: Mehrzahl Generika. Auch Nachahmerpräparate genannt. Wenn der Patentschutz eines bestimmten Medikaments abgelaufen ist, können andere Hersteller das Mittel nachahmen und verkaufen. Üblicherweise sind Generika preisgünstiger als die Originalpräparate.

Gesundheitstees: Siehe Drogen.

Handverkauf: HV. Früher Rezepturtisch. Der HV trennt die Offizin in einen öffentlichen Teil für Freiwahl-Artikel und einen nur dem Fachpersonal vorbehaltenen hinteren Teil mit der Sichtwahl. In den HV sind die Abgabeplätze mit den Kassen integriert.

Herstellerhaftpflicht für Apotheken: Siehe AMG-Deckung.

Homöopathie: Wird oft als Synonym für „Naturmedizin" verwendet, ist aber die Lehre von der Behandlung mit Gegensätzlichem.

Beispiel: Bei Fieber sagte früher die Großmutter „Ab ins Bett, Wärmflasche, dicke Socken, zweite Decke drüber". Sie bekämpfte also Hitze mit Hitze. Homöopathie wird im laienhaften Verständnis auch oft mit Globoli, sanfter Medizin oder „homöopathischen Mengen" in Verbindung gebracht. Das ist aber nicht korrekt, denn die Lehre besagt, dass nach Schlangenbissen ein Antidot (Gegengift) verabreicht wird, und nach einer Nervenkampfstoffkontamination hilft mit Atropin nur ein hochtoxisches Nervengift. Beides bekämpft Gleiches mit Gleichem, ist also auch Homöopathie. (Siehe hierzu auch „Allopathie".)

Hunderterregelung: Gemäß § 21 AMG Zulassungspflicht. „Einer Zulassung bedarf es nicht für Arzneimittel, die [...] auf Grund nachweislich häufiger [...] Verschreibung [...] in einer Apotheke in einer Menge bis zu hundert abgabefertigen Packungen an einem Tag im Rahmen des üblichen Apothekenbetriebs hergestellt werden und zur Abgabe im Rahmen der bestehenden Apothekenbetriebserlaubnis bestimmt sind".

Indikation: Auch Heilanzeige genannt. Sie steht für das diagnostische oder therapeutische Verfahren, das bei einer bestimmten Erkrankung angemessen ist.

Interaktion: In der Pharmazie meint Interaktion die Wechselwirkung von verschiedenen Medikamenten.

Kiez-Apotheke: Bezeichnung für typische Apotheken in städtischen Wohnlagen, die kaum einen Freiwahlbereich haben. Tritt der Kunde ein, steht er auch schon direkt an der Diskretionszone des HV.

Kommissionierautomat: Computergesteuertes Hochregallager, das die benötigten Packungen automatisch greift und per Förderband in den Sichtwahlbereich der Offizin transportiert. In Apotheken kann so Zeit für die Kundenberatung gewonnen und mindestens ein Mitarbeiter eingespart werden. Sie stellen in der Regel eine niedrige sechsstellige Investition dar.

Kontraindikation: Gegenanzeige. Bei bestimmten Beschwerden, Erkrankungen oder Umständen (wie etwa eine Schwangerschaft) können Arzneimittel negative Wirkungen für den Patienten haben. In solchen Fällen dürfen die betreffenden Medikamente nicht oder nur nach Rücksprache mit einem Arzt eingenommen werden.

Kontrazeptiva: Bezeichnung für Verhütungsmittel.

Mehrbesitz / Mehrbesitzverbot: Bis 2004 durften Apotheker in Deutschland nur eine Apotheke besitzen. Mittlerweile dürfen sie neben der Hauptapotheke bis zu drei Filial-Apotheken betreiben. (Siehe auch „Filial-Apotheken".)

Methadon: Synthetisches Opioid, das als Ersatzmittel für Heroin eingesetzt wird. Es hat ebenso wie Morphin und Heroin eine stark schmerzmindernde Wirkung, ohne jedoch starke Rauschzustände zu erzeugen. (Siehe auch www.drugcom.de.)

Naturheilmittel: Werden irrtümlicherweise oft mit Homöopathie gleichgesetzt. In der Natur vorhandene und vom Menschen genutzte Heilmittel. Da Naturheilmittel heute auch mithilfe technischer Verfahren gewonnen werden, ist die Abgrenzung zu anderen Medikamenten unscharf.

Nebenwirkungen: Man kann wohl davon ausgehen, dass (fast) jedes Arzneimittel außer den beabsichtigten Wirkungen auch noch unerwünschte hat. Diese werden, soweit bekannt, in der Packungsbeilage nach der Wahrscheinlichkeit ihres Auftretens aufgelistet.

Notfallkontrazeptiva: Bezeichnung für die „Pille danach". (Siehe Literaturverzeichnis, Apotheke Adhoc im Januar und März 2015).

Offizin: Die Offizin. Kundenraum einer Apotheke mit Freiwahl, Sichtwahl, Aktionsfläche, Diskretions-, Beratungsbereich sowie HV.

Onkologie: Wissenschaft, die sich mit Krebserkrankungen befasst. Als Onkologe wird der auf Krebserkrankungen spezialisierte Mediziner genannt. Sehr viele und hochpreisige Rezepte.

Opiat / Opiate: Apothekersprache für den volkstümlichen Begriff „Drogen". „In der modernen Pharmakologie wird der Begriff meist für Opiumalkaloide und die von ihnen abgeleiteten halbsynthetischen und nichtpeptidischen Arzneistoffe verwendet. Andere Definitionen sehen den Opiatbegriff als Synonym für Opioide, zu denen neben den Opiumalkaloiden auch andere natürlich vorkommende Opioide sowie halbsynthetische und vollsynthetische Stoffe mit morphinartigen Eigenschaften zählen." (Wikipedia, siehe auch www.drugcom.de.)

Originalpräparat: Hat ein Unternehmen die Erlaubnis erhalten, ein neues Medikament auf den Markt zu bringen, steht dieses Medikament unter Patentschutz. Damit sollen kostenintensive Forschungsleistungen und Zulassungsprozeduren in der Pharmaindustrie möglich gemacht ermöglicht werden. Erst nach Ablauf des Patentschutzes dürfen auch andere Unternehmen das Medikament als Generikum nachbauen und auf den Markt bringen.

Pharmareferent: Wirbt bei Heilberufen für Medikamente eines Herstellers oder mehrerer Anbieter. Pharmareferenten nehmen Bestellungen entgegen und informieren über Wirkungen und Nebenwirkungen der von ihnen beworbenen Präparate ebenso wie über Werbekampagnen.

Pharmazierat: Ein Titel, der an Apotheker vergeben werden kann und eine Amtsbezeichnung für Beamte des Eingangsamtes im höheren Dienst als Apotheker ist. In einigen Bundesländern ist der Pharmazierat auch ein ehrenamtlicher Sachverständiger, der bei der Apothekenüberwachung hilft.

Pille danach: Notfallkontrazeptivum. Seit Kurzem dürfen die beiden Präparate „PiDaNa" und „ellaOne" in Apotheken rezeptfrei abgegeben werden. Es sind umfangreiche Anforderungen an die Beratungsqualität zu erfüllen.

Psychopharmaka: Medikamente, mit denen psychische Erkrankungen behandelt werden. Häufig sind unter anderem Antidepressiva und Neuroleptika.

Qualitätsmanagement / Qualifizierung: Seit einigen Jahren wird in Apotheken ein Qualitätsmanagement mit Qualifizierung oder Zertifizierung etabliert. Für bestimmte Herstellungsverfahren, wie zum Beispiel im Reinraum, und Verarbeitungsmethoden, wie zum Beispiel Blistern, ist ein umfassendes Qualitätsmanagement bereist zwingend vorgeschrieben.

Reimport: Pharmaunternehmen vermarkten ihre Produkte im In- und Ausland. Von einem Reimport spricht man, wenn ein exportiertes Arzneimittel aus einem EU-Land wieder zurück nach Deutschland eingeführt und auf dem deutschen Markt verkauft wird. Reimporte können günstiger angeboten werden.

Reinraumarbeitsplatz: Ein besonders gesicherter Arbeitsplatz – zum Beispiel durch eine Abschirmung aus Glas –, der Schutz vor Verschmutzungen bietet.

Reinraumzellen: Kleine Laborarbeitsplätze unter Reinraumbedingungen zur Herstellung von speziellen Medikamenten. Die Arbeit erfolgt in der Regel über eingebaute Handschuh-Öffnungen oder unter einem Sicherheitsabzug.

Retard-Arzneimittel: Eine Medikamenten-Form, bei der der Wirkstoff verzögert freigegeben wird.

Retaxation: Auch kurz Retax genannt. Ein besonderes Regressverfahren der gesetzlichen Krankenkassen gegen Apotheker. Wenn eine Krankenkasse einen Fehler bei der Abgabe eines verordneten Arzneimittels vermutet oder die Abgabe eines Generikums oder Reimports beanstandet wird, verweigert sie die Zahlung – teilweise oder komplett (= Null-Retax).

Rezept: Eine Verordnung eines Arztes, in der steht, welches Medikament in welcher Menge vom Apotheker an den Patienten abzugeben ist. Rezepte dürfen nicht verändert werden, sonst droht die Retax. Apotheker müssen also bei Kontraindikationen oder sonstigen Änderungswünschen („Gibt es diese Pille auch in Grün?", siehe Literaturverzeichnis) mit dem Arzt Rücksprache halten. Nur wenn das Aut-idem-Feld nicht angekreuzt ist, dürfen – ja müssen sie – gleiche Wirkstoffe andere Hersteller anbieten. Diese müssen jedoch billiger als das verordnete Medikament und aus dem unteren Preisdrittel des Arzneimittelkataloges sein, sonst droht wiederum die Retax.

Rezeptabrechnungsstelle: Dienstleister für Apotheken, der die aufgelaufenen Rezepte abholt, dokumentiert, nochmals prüft, zur Abrechnung mit den Krankenkassen aufbereitet und zur Abrechnung weiterleitet. Die Abholung erfolgt nach Absprache einmal bis mehrmals im Monat. Die Rezepte sind vom Eingang in der Apotheke bis zur Ablieferung bei den Krankenkassen versichert.

Rezeptbesitzer: Patient, der mit einem von einem Arzt verschriebenen Rezept in eine Apotheke kommt.

Rezeptpflichtige Medikamente: Medikamente, die nur an Kunden mit einem gültigen Rezept abgegeben werden dürfen.

Rezeptur: Erste Bedeutung: Arbeitsplatz oder Raum, an oder in dem das pharmazeutische Personal Medikamente herstellt. Die Rezeptur ist nicht identisch mit dem Labor.

Rezeptur: Zweite Bedeutung: individuelle Herstellung von Medikamenten in der Apotheke anhand einer konkret vorliegenden Verschreibung durch einen Arzt.

Ritalin: Nach dem Betäubungsmittelgesetz verschreibungspflichtiges Medikament mit dem Hauptinhaltsstoff Methylphenidat. Es wird vor allem bei Kindern mit Zappelphillip-Syndrom, ADHS genannt, angewendet. In der Drogenszene wird Ritalin auch als „Ersatz-Speed“ gehandelt. (Siehe auch www.drugcom.de.)

Schütte: Behälter vor allem für lose Waren und Sonderposten / Sonderangebote in der Freiwahl, meist in unmittelbarer Nähe zum HV oder als zusätzliche Werbung im Außenbereich oder beim Eingang.

Sichtwahl: Auslage meist bekannter und gängiger apothekenpflichtiger, aber nicht rezeptpflichtiger Arzneimittel. Diese werden hinter dem HV für Kunden sichtbar präsentiert, dürfen jedoch nur von Mitarbeitern einer Apotheke ausgehändigt werden.

Stellen: Im Gegensatz zum Blistern werden den Pflegeeinrichtungen hierbei nur die patientenindividuellen Medikamentenpackungen zusammengestellt. Die Einzelportionen werden dann vom Heimpersonal ausgeeinzelt und verabreicht. Stellen ist die gegenüber dem Verblistern zunehmend weniger attraktive Dienstleistung, weil weiterhin ein wesentlicher Aufwand in den Heimen zu leisten ist.

Tilidin: Ein schmerzstillender Arzneistoff aus der Gruppe der Opioide. Kann missbräuchlich als Rauschmittel verwendet werden. Eine der Lieblingsbeuten vieler Apotheken-Einbrecher. (Siehe auch www.drugcom.de.)

Übergangsfristen: Ändert sich das Apothekenrecht, so gelten grundsätzlich Übergangsfristen. Für Änderungen, die entscheidend in die Apothekensituation und damit in die unternehmerische Freiheit eingreifen (insbesondere solche, die keine unmittelbare Dringlichkeit haben, aber umfangreiche Umbauten oder strengere Mindestanforderungen an Räumlichkeiten erfordern), werden in Apotheken meist zwei Kriterien festgelegt, nach denen die neuen Vorgaben erfüllt sein müssen. Ein tatsächlich stattfindender Umbau oder das Erlöschen der Zulassung für den Inhaber entweder durch Abgabe, Verrentung oder Entzug der Approbation.

Verblistern: Patientenindividuelle Verpackung von Medikamenten. Vor allem in der Heimbelieferung, aber auch für den privaten Gebrauch. Apotheken blistern kleine Mengen von Hand, die dann in den Wochenblistern (Montag bis Sonntag, morgens, mittags und abends) vorbereitet werden. In großem Maßstab werden spezielle Blisterautomaten eingesetzt oder die Apotheke bezieht die Blister über sogenannte Blisterzentren.

Verpackungseinheiten: Eine Verpackungseinheit ist eine Zusammenfassung mehrerer Verkaufseinheiten in zum Beispiel eine Packung.

Für Apotheken gilt eine Normierung der Medikamentenabgabe (vergleiche Arzneimittelmarktneuordnungsgesetz). Es gibt heutzutage drei Normgrößen: N1 (klein), N2 (mittel) und N3 (groß). Die Größe orientiert sich an der Behandlungsdauer. Eine kleine Packung ist zum Beispiel für etwa zehn Tage gedacht (N2 = circa 30 Tage, N3 = circa 100 Tage).

Vertretungsapotheker: Approbierte ohne eigene Apotheke, die sozusagen als Springer bei Urlaub, Krankheit oder sonstiger Abwesenheit den Inhaber vertreten. Gerade bei kurzfristigem Ausfall führen diese jedoch oft zu Engpässen.

Wettbewerbsverbot: Bis in die 1990er Jahre hinein ein streng gehandhabtes Werbe- und Marketingverbot für Apotheker. Damit sollten die Qualitätsstandards gesichert werden. Dazu gehörte das Mehrbesitzverbot, die Preisbindung, die Beschränkung auf apothekenübliche Waren aber auch enge Werbegrenzen.

Wiedereröffnungsrevision: Nach einer zwischenzeitlichen Schließung, etwa wegen eines größeren Schadenfalls, muss vor der Wiedereröffnung eine Revision durchgeführt werden. Sie ist dem zuständigen Pharmazierat oder der aufsichtführenden Behörde vorbehalten.

Zahlteller: Auch Zahlschalen. Teller oder Schalen, in die Geld zum Bezahlen oder Wechselgeld gelegt werden kann. Die Zahlteller werden meist von der Industrie gestellt und stellen eine aufmerksamkeitsstarke Produktplatzierung dar. Die Anzahl der Zahlteller ist meist identisch mit der Anzahl der Kassen und gibt damit Aufschluss über die Größe der Apotheke samt ungefährer Mitarbeiterzahl und dient damit letztlich auch einer ersten groben Umsatzeinordnung.

Zahltellerplatz: Siehe Abgabeplatz.

Zytostatika: Substanzen, die das Zellwachstum beziehungsweise die Zellteilung stoppen. Zytostatika müssen in einem Reinraum hergestellt werden.

2. Checkliste zur Versichererauswahl

Außertarifliches Leistungsspektrum apothekengeeigneter Versicherungsunternehmen		
Stichwort	**Bedeutung**	**Erklärung**
Antragsunterlagen reduziert auf die tatsächlich relevanten Fragen.	Sehr hoch	Apotheker erwarten gute Vorbereitung und präzise Fragestellungen.
Checklisten oder Bedingungsauszüge der apothekenspezifischen Risiken zur professionellen Darstellung von Versicherungsvergleichen.	Sehr hoch	Der Versicherer sollte aktuelle Marktvergleiche zu Standardpolicen und am besten auch zu anderen Spezialanbietern vorhalten. Diese sind als Anlage zur Dokumentation unverzichtbar.
Postverkehr ausschließlich über das Maklerbüro.	Sehr hoch	Erhöhtes Papier-Stalagmitenaufkommen in Apotheken.
Schnelle Schadensvoten und zeitnahe Regulierung.	Sehr hoch	Wenn nicht nachbeschafft werden kann, verlängert sich die Betriebsunterbrechung.

Außertarifliches Leistungsspektrum apothekengeeigneter Versicherungsunternehmen		
Stichwort	**Bedeutung**	**Erklärung**
Direkter Ansprechpartner bei der Schadenregulierung.	Sehr hoch	Apothekenschäden sind selten 08/15-Routine.
Einfache Schadenmeldung, keine großen Papiermengen.	Sehr hoch	Apotheker haben gerade im Schadenfall keine Möglichkeit, zig Seiten auszufüllen.
Erlaubnis der sofortigen Aufräumung.	Je nach Schaden hoch bis sehr hoch	Viele Schäden in Apotheken gefährden die Betriebserlaubnis, wenn sie bis zum Gutachtertermin unverändert bleiben müssten.
Gutachtertermin innerhalb von maximal einer Woche.	Sehr hoch	Um Folgeschäden zu vermeiden, die dann der Pharmazierat feststellt.
Rechtzeitige, vorab erfolgte Information und Verzugswarnungen bei allen Terminsachen.	Sehr hoch	Da Apotheker oft die Büroarbeiten auf Nacht- und Wochenenddienste verschieben, werden Termine nicht immer gehalten. Da muss der Vermittler jedoch möglichst vor der ersten Mahnung tätig werden können.

Außertarifliches Leistungsspektrum apothekengeeigneter Versicherungsunternehmen		
Stichwort	**Bedeutung**	**Erklärung**
Verlängerte Schadensmeldungsfristen.	Hoch	Apothekenschäden sind oft komplexer und der Betrieb muss immer vorgehen.
Erlaubnis einer Ad-hoc-Reparaturzusage durch Makler bei Tür-, Glas- und Schlossschäden.	Hoch	Apotheken, die zum Feierabend nicht sicher verschlossen werden können, müssen bewacht werden.
Akzeptieren von Rahmenverträgen mit „eigenen“ Handwerkern.	Hoch	Wenn der Versicherer den eigenen Handwerkerservice soweit anerkennt, dass diese bei klarer Schadenlage sofort handeln können, ist das eine wesentliche Optimierung des Schadenmanagements.
Informations- und Schadenhotline für Werteversicherung, Haftpflichtschäden und Rechtsschutzfragen.	Hoch	Alle eingehenden Schadenmeldungen sollten immer auch direkt an den betreuenden Vermittler weitergeleitet werden

Außertarifliches Leistungsspektrum apothekengeeigneter Versicherungsunternehmen

Stichwort	Bedeutung	Erklärung
Auf den Apothekenbedarf angepasste Frage- und Erhebungsbögen.	Weniger hoch	Wer in Apotheken ernst genommen werden will, sollte Apothekern keine unsinnigen Fragen stellen.
Vorgefertigte Text und Bild-Inhalte für den Internet-Auftritt des Vermittlers.	Weniger hoch	Wer in Apotheken ernst genommen werden will, sollte auf seiner Website dazu auch etwas sagen.
Vorgefertigete Akquise- und Werbemittel für die Apotheker-Ansprache.	Weniger hoch	Wenn kein geeignetes Material vom Versicherer kommt, müsste es der Vermittler für sich selbst erstellen.

Diese Tabelle dient als Vorlage, um die Eignung ausgewählter Versicherer zur Absicherung Ihres Kunden zu ermitteln. Hierzu können Sie die Tabelle auf der rechten Seite durch beliebig viele Spalten ergänzen. Tragen Sie als Überschrift der einzelnen Spalten den Namen des betreffenden Versicherers ein. Seine Eignung können Sie mit einem jeweils einzufügenden Kreuz oder Haken kennzeichnen, das zum Beispiel für „erfüllt" stehen kann.

3. Einsicht nehmen: Literatur- und Quellenverzeichnis

Einige der hier aufgeführten Bücher, insbesondere diejenigen der Apothekerin Karin Wahl und die Publikation „Pharmama“, sollten interessierte Versicherungsvermittler vor Akquiseantritt lesen. Die aufgeführten Publikationen präsentieren den Berufsalltag in Apotheken und die Eigenheiten des Berufsstandes in der ganzen Tiefe und Breite.

Apotheke Adhoc, Newsletter vom 11. August 2013, www.apotheke-adhoc.de/nachrichten/nachricht-detail/portraet-karin-wahl-kammerpraesidentin-apothekerin/.

Apotheke Adhoc, Newsletter vom 14. Januar 2015, www.apotheke-adhoc.de/nachrichten/nachricht-detail/baden-wuerttemberg-kammer-bietet-fortbildung-zu-ellaone/.

Apotheke Adhoc, Newsletter vom 15. Januar 2015, www.apotheke-adhoc.de/nachrichten/apothekenpraxis/nachricht-detail-apothekenpraxis/notfallkontrazeptiva-haftungsrisiko-apotheker-pille-danach/.

Apotheke Adhoc, Newsletter vom 17. Januar 2015, www.apotheke-adhoc.de/nachrichten/nachricht-detail/wochenrueckblick-aporetro-satire-ellaone-kw3-2015/.

Apotheke Adhoc, Newsletter vom 19. Januar 2015, www.apotheke-adhoc.de/nachrichten/nachricht-detail/boehringer-spendiert-testkauf-training/).

Apotheke Adhoc, Newsletter vom 23. Januar 2015, www.apotheke-adhoc.de/nachrichten/nachricht-detail/apothekenmarkt-gkv-spitzenverband-kritisiert-strukturen-apothekenketten-filialapotheken-1/.

Apotheke Adhoc, Newsletter vom 29. Januar 2015, www.apotheke-adhoc.de/nachrichten/nachricht-detail/abda-beratung-leitfaden-ellaone-pidana-otc-switch-bak/.

Apotheke Adhoc, Newsletter vom 31. Januar 2015, www.apotheke-adhoc.de/nachrichten/nachricht-detail/aporeto-satire-wochen-rueckblick-lebenslaengliche-geiselhaft/.

Apotheke Adhoc, Newsletter vom 4. Februar 2015, www.apotheke-adhoc.de/nachrichten/nachricht-detail/umfrage-apotheker-als-rentner-in-der-offizin/.

Apotheke Adhoc, Newsletter vom 20. Februar 2015, www.apotheke-adhoc.de/nachrichten/nachricht-detail/barrierefreiheit-15000-euro-foerderung-fuer-apotheke-fuer-rollstuhllift/.

Apotheke Adhoc, Newsletter vom 3. März 2015, www.apotheke-adhoc.de/nachrichten/nachricht-detail/aerzte-misstrauen-pidana-beratung-in-apotheken-offener-brief-an-groehe/.

Apotheke Adhoc, Newsletter vom 4. März 2015, www.apotheke-adhoc.de/nachrichten/nachricht-detail/notfallkontrazeptiva-nur-ellaone-puenktlich-in-apotheken-software-gelistet/.

Baier, Manfred: Betriebliche Altersversorgung in mittelständischen Unternehmen. Innovatives Vergütungsinstrument zur Absicherung der Arbeitnehmer. Datev eG Artikel-Nummer 36197.

Bocquel-news.de: Schutz für Freiberufler bei Betriebsunterbrechung, 4. Februar 2015, www.bocquel-news.de/Schutz-f%C3%Bcr-Freiberufler-bei-Betriebsunterbrechung.8441.php).

Büser, Wolfgang; Schmidt, Peter: Gut versichert in der Apotheke. Eschborn, 2011.

Daems, Willem Frans: Die Termini technici „apoteca" und „apotecarius" im Mittelalter. In: Veröffentlichungen der Internationalen Gesellschaft für Geschichte der Pharmazie, Neue Folge 8 (1956), Seite 39 bis 52.

Der Spiegel, Ausgabe 48/1968, nachträglich online gestellt vom 25. November 1968, www.spiegel.de/spiegel/print/d-45921998.html.

Die PTA in der Apotheke. Das korrekt geführte Lager, 36 (2007), Heft 8, www.pta-aktuell.de/media/pdf/2007/08_07/PTA_08_Intern_PKA_2_3.pdf.

Dressendörfer, Werner: Spätmittelalterliche Arzneitaxen des Münchner Stadtarztes Sigmund Gotzkircher aus dem Grazer Codex 311. Ein Beitrag zur Frühgeschichte des süddeutschen Apothekenwesens. Würzburg, 1978 (= Würzburger medizinhistorische Forschungen, 15).

Fonds professionell online, 6. Februar 2015, www.fondsprofessionell.de/news/vertrieb-praxis/nid/berater-und-makler-schwenken-in-der-bav-um-auf-u-kassen/gid/1019383/ref/4/.

Friedrich, Christoph: Apotheker erinnern sich. Autobiographien aus drei Jahrhunderten. Eschborn, 2007.

Funke, Tammo: Das Apothekenwesen in der Bundesrepublik Deutschland von 1945 bis 1961 am Beispiel der Länder Niedersachsen und Bremen. Stuttgart, 2013.

Jeinsen, Michael; Beckert, Heiko: Ehrenberuf mit Tradition. In: Cash. Special Berater/Vermittler 2008, Seite 14 bis16.

Jeinsen, Michael: Wer sich gut positioniert, den ficht keine Krise an. In: Asscompact, Dezember 2009, Seite 54 f.

Jeinsen, Michael: Vom Verkäufer zum Vertriebsunternehmer. In: Finanzwelt 03/2010, Seite 120 f.

Jeinsen, Michael: Risiko Klimawandel. In: Performance 12/2013, Seite 32 f.

Kieser, Timo: Apothekenrecht – Einführung und Grundlagen. Stuttgart, 2006.

Kommunikate GmbH: Wir schaffen Werte. Booklet zum Makler als Ehrenberuf. Liederbach am Taunus, 2008.

Maubach, Hugo: Das Charakterbild des Apothekers in der Literatur. Berlin, 1898.

Molitor, Andreas: Ungesunde Verhältnisse. Ein Besuch in der Kleinstadt Bergheim bei sieben Apotheken in einer kurzen Fußgängerzone. Über Marketing und das Problem zu vieler Apotheken in der BRD. In: Brand Eins, Ausgabe 4/2006, Seite 118 bis 124.

Pharmama: Haben Sie diese Pille auch in Grün? Risiken und Nebenwirkungen einer Apothekerin. Reinbek bei Hamburg, 2013.

Procontra online: Artikel vom 7. Juli 2014, www.procontra-online.de/artikel/date/2014/07/verschenktes-gewerbegeschaeft/.

PZ (Pharmazeutische Zeitung), Ausgabe 28/2009, www.pharmazeutische-zeitung.de/index.php?id=30313.

PZ (Pharmazeutische Zeitung), Ausgabe 39/2010.

Schmitz, Rudolf: Geschichte der Pharmazie. Fortgeführt von Christoph Friedrich und Wolf-Dieter Müller-Jahncke, Band II: Von der Frühen Neuzeit bis zur Gegenwart. Eschborn, 2005.

Schmitz, Rudolf: Geschichte der Pharmazie. Unter Mitarbeit von Franz-Josef Kuhlen, Band I: Von den Anfängen bis zum Ausgang des Mittelalters. Eschborn, 1998.

Schubert-Isringhausen, Ingrid: Apotheker – wozu? Eine Studie zur Entwicklung des Apothekerberufs in der Bundesrepublik. Stuttgart, 1995.

Urdang, Georg: Der Apotheker als Subjekt und Objekt der Literatur. Berlin, 1926.

VersicherungsJournal, Newsletter vom 25. April 2005, www.versicherungsjournal.de/versicherungen-und-finanzen/haftungsfallefuer-apotheker-30581.php.

VersicherungsJournal, Newsletter vom 23. September 2011, www.versicherungsjournal.de/versicherungen-und-finanzen/die-gefaehrlichsten-und-ungefaehrlichsten-berufe-109472.php.

VersicherungsJournal, Newsletter vom 7. Juli 2014, www.versicherungsjournal.de/medienspiegel-artikel.php?id=2804.

VersicherungsJournal, Newsletter vom 12. Juli 2012, www.versicherungsjournal.de/vertrieb-und-marketing/was-selbststaendigevon-ihrem-vermittler-erwarten-112411.php.

VersicherungsJournal, Ausgabe vom 10. August 2012, www.versicherungsjournal.de/versicherungen-und-finanzen/selbststaendige-ohne-alterssicherung-soll-es-nicht-mehr-geben-112676.php.

VersicherungsJournal, Newsletter vom 5. März 2015, www.versicherungsjournal.de/vertrieb-und-marketing/die-deutschen-sind-falschinformiert-in-vielerlei-hinsicht-121701.php?vc=nl&vk=121701.

Wahl, Karin; **Straub,** Andreas: Rezeptfrei. Apothekengeschichten mit Risiken und Nebenwirkungen. Berlin, 2013.

Wahl, Karin: CheckAp – Der Apothekenbetrieb. Tipps und Tricks für die tägliche Routine. Stuttgart, zweite Auflage 2010.

Zeit Spezial: Mittelstandsfinanzierung (Heft-Erscheinungstermine 23. April 2015 und am 15. Oktober 2015).

Zekert, Otto: Berühmte Apotheker. Stuttgart, 1955.

4. Mehr Neugier wagen: Linkliste

Einer der wichtigsten Links ist zweifelsohne der zur Apotheker-Nachrichtenredaktion von www.apotheke-adhoc.de. Denn hier erfahren Sie täglich ganz zuverlässig, was die Apothekerschaft aktuell bewegt. Doch auch andere Adressen können durchaus eine lohnenswerte Quelle für Sie als Vermittler sein. Die wichtigsten sind nachfolgend aufgeführt.

www.abda.de – Bundesapothekerkammer (BAK), Gemeinsame Geschäftsstelle der ABDA, der BAK und des DAV, Jägerstraße49/50, 10117 Berlin.

www.aponet.de – Aponet Jägerstraße 49/50, 10117 Berlin.

www.deutsche-apotheker-zeitung.de

www.dav-awa.de – Deutsche Apotheker Zeitung; Deutscher Apotheker Verlag, AWA – Aktueller Wirtschaftsdienst für Apotheker-Dr. Roland Schmiedel GmbH & Co. Birkenwaldstraße 44, 70191 Stuttgart.

www.apotheke-adhoc.de – Skalitzer Straße 68, 10997 Berlin.

www.apolista.de – Apolista (Suchportal für Apotheken) @dvertise! GmbH Industriestraße 1, 06847 Dessau-Roßlau.

www.gesetze-im-internet.de – Dienstanbieter im Sinne des TMG: Bundesrepublik Deutschland, vertreten durch den Bundesminister der Justiz und für Verbraucherschutz Mohrenstraße 37, 10117 Berlin.

5. Viele Köche verbessern den Brei: die Danksagungen

Ganz vorn steht der VersicherungsJournal-Verlag, ohne den es dieses Buch nicht gäbe. Meine besondere Hochachtung für die drei Persönlichkeiten, die mich in meinem beruflichen Leben am meisten inspiriert haben, habe ich dem Buch vorangestellt.

Das Werk basiert auf den Erfahrungen vieler Kolleginnen und Kollegen, die – meist unter anderem auch – Apotheken und Apotheker versichern. Einige treffen sich regelmäßig zur fachlichen Schulung und zum Gedankenaustausch in der sogenannten PharmAssec-Akademie, auch eine Art ERFA-Gruppe. Andere haben sich auf Vereinsebene zusammengefunden, um Apothekern und Ärzten zukünftig weitere maßgeschneiderte Pakete anzubieten. Allen diesen Kollegen gebührt mein besonderer Dank für ihren impliziten oder expliziten Input.

Ganz besonders dankbar bin ich allen Apothekerinnen und Apothekern, die mit ihren fachlichen Hinweisen verhindert haben, dass mir in einzelnen Absätzen zu apothekenspezifischen Themen trotz nunmehr schon über zwölfjähriger Tätigkeit im Apothekenbereich immer noch gravierende Fehler unterlaufen wären. Damit haben sie gerade noch rechtzeitig der Gefahr vorgebaut, die praktische Bedeutung des vorliegenden Buches durch Irrtümer über den Apothekenalltag zu marginalisieren. Niemand weiß alles und schon gar nicht alles besser – wieder einmal wurde der Wert eines umfassenden Expertennetzwerkes eindrucksvoll demonstriert.

Namentlich herauszuheben und zu danken ist insbesondere Apothekerin Karin Wahl; nicht nur für die Bereitschaft, diesem Buch ein Vorwort voranzustellen, sondern auch für zwei Tage voller akribischer Durchsicht mit wertvollen fachlichen Ratschlägen und Hinweisen, die so nur Apotheker und Apothekerinnen geben können. Dann gleich an zweiter Stelle ist Susanne (Susi) Schubert für die von ihr geschaffenen wunderbaren Illustrationen zu danken. Weiter danke ich Birgit Kolb für ihre langjährige Unterstützung im bAV-Bereich; Heiko Beckert für seine brillanten Recherchen sowie Bernd Teschner für seinen unermüdlichen Einsatz in der Kundenbetreuung, nicht nur während dieses Buch entstand.

► Apothekerin Karin Wahl gilt ein besonderen Dank. Sie hat die Entstehung des Manuskripts kritisch begleitet und den Autor mit ihrem fachlichen Rat unterstützt.

Zu guter Letzt gilt mein abschließender Dank den Ratgebern, Korrektoren, Unterstützern und Freunden, die die Entstehungsgeschichte aktiv begleitet haben, sowie meiner Lektorin Myrto Anna Rieger, die meinen zu forschen Schreibstil und die etwas laxe Grammatik erfolgreich aber schmerzfrei redigiert hat.

Über den Autor

Michael Jeinsen, Jahrgang 1961, hat Erziehungswissenschaften und Politologie in Hamburg, El Paso (in Texas, USA) und Frankfurt am Main studiert.

Zu Beginn seiner beruflichen Laufbahn hat sich der Autor auf die Branchen Gesundheitswesen und Versicherungswirtschaft spezialisiert. Nach seiner Ausbildung war Michael Jeinsen zunächst als Leiter der Öffentlichkeitsarbeit beim Zentralverband der Augenoptiker (ZVA) tätig.

Von 1994 bis 1999 verantwortete er als Abteilungsleiter die Bereiche Pressearbeit und Verkaufsförderung beim britischen Versicherer Axa Equity & Law (später Axa Leben beziehungsweise Gerling Equity & Law) in Wiesbaden.

Zur Jahrtausendwende wechselte Michael Jeinsen schließlich in die Selbstständigkeit. Der Autor arbeitet seitdem als freier Marketingtrainer und Vertriebscoach in der Finanzdienstleistungsbranche.

Im Oktober 2011 legte Jeinsen die Sachkundeprüfung für Versicherungsmakler mit Erlaubnis nach § 34d Absatz 1 GewO bei der Industrie- und Handelskammer Berlin ab. Er hat sich im November 2011 als Spezialmakler für Apotheken, Ärzte und andere Heilberufe in der Hauptstadt niedergelassen.

Weitere Informationen finden sich in Internet auf:
www.pharmassec-berlin.de und auf www.kommunikate.de.

Björn Fleck, André Becker

Versicherungsvermittler als Arbeitgeber

Leitfaden zur rechtssicheren Auswahl und Vertragsgestaltung bei Arbeitnehmern und Untervermittlern

Jeder erfolgreiche Versicherungsvermittler steht einmal vor der Frage, wie sein Unternehmen wachsen kann. Hat die Firma einmal eine gewisse Größe erreicht, können die anfallenden Arbeiten meist nur noch mit eigenem Personal erledigt werden.

Doch wie entscheidet man sich für den richtigen Mitarbeiter im Vermittlerbüro? Je nach Bedarf, kann ein Festangestellter, ein Minijobber oder auch ein Untervermittler Entlastung bringen.

Das Praktikerhandbuch „Versicherungsvermittler als Arbeitgeber" hilft, die Personalsuche zielgerichtet anzugehen, und zeigt auf, wie Fehler bereits im Vorfeld vermieden und rechtliche Hürden genommen werden. Mit konkreten Beispielen zu den Pflichten und Rechten bei der Mitarbeiterauswahl, Einstellung bis hin zur Kündigung oder Suspendierung bietet es dem Leser einen anschaulichen Leitfaden. Im Anhang finden sich zusätzlich relevante Gesetzestexte und Musterverträge.

Das Praktikerhandbuch ist im VersicherungsJournal-Verlag erschienen und als gedruckte Papierversion (ISBN 978-3-938226-27-8) oder als E-Book (ISBN 978-3-938226-28-5) zu beziehen.

Thomas Leithoff

Die fondsgebundene Versicherung

Rechtliche und fachliche Grundlagen zur Konzeption und Vermittlung von Fondspolicen

Längst hat die Diskussion über die Zukunftsfähigkeit klassischer Lebensversicherungen mit Garantiemodell auch die öffentliche Debatte erreicht. In seinem Buch „Die fondsgebundene Versicherung" greift Thomas Leithoff die Debatte auf und lenkt den Blick auf eine erprobte Alternative.

Der Jurist und Versicherungsexperte beschreibt den Produkttyp als eine sinnvolle Kombination aus einer Kapitalanlage und dem Schutz vor biometrischen Risiken. Es werden alle wesentlichen Informationen zu den rechtlichen und wirtschaftlichen Dimensionen des Themas zusammengetragen. Leithoff erklärt die Zusammenhänge zwischen Kalkulation, Versicherungsmathematik, Geschäftsplan und Allgemeinen Vertragsbedingungen und liefert die juristische Einordnung nach deutschem Recht.

Das Buch richtet sich an Fachleute, Juristen und Vermittler, die sich mit Fondsprodukten befassen, und will das Verständnis für grundlegende Begriffe und Methoden vertiefen.

Es ist im VersicherungsJournal-Verlag erschienen und als gedruckte Papierversion (ISBN 978-3-938226-35-3) oder als E-Book (ISBN 978-3-938226-36-0) zu beziehen.